O TEMPO E OS MEDOS

Blucher

O TEMPO
E OS MEDOS

A parábola das estátuas pensantes

Maria Silvia de Mesquita Bolguese

O tempo e os medos: a parábola das estátuas pensantes

© 2017 Maria Silvia de Mesquita Bolguese

© 2017 Editora Edgard Blucher Ltda.

Figura da capa: iStockphoto

Blucher

Rua Pedroso Alvarenga, 1245, 4º andar
04531-934 – São Paulo – SP – Brasil
Tel.: 55 11 3078-5366
contato@blucher.com.br
www.blucher.com.br

Segundo o Novo Acordo Ortográfico, conforme
5. ed. do *Vocabulário Ortográfico da Língua
Portuguesa*, Academia Brasileira de Letras,
março de 2009.

É proibida a reprodução total ou parcial por
quaisquer meios sem autorização escrita da
editora.

Todos os direitos reservados pela Editora Edgard
Blücher Ltda.

Dados Internacionais de Catalogação na Publicação (CIP)
Angélica Ilacqua CRB-8/7057

Bolguese, Maria Silvia de Mesquita
    O tempo e os medos : a parábola das estátuas
pensantes / Maria Silvia de Mesquita Bolguese. -- São
Paulo : Blucher, 2017.

    304 p. (Série Psicanálise Contemporânea / Flávio
Ferraz, coord.)

    Bibliografia
    ISBN 978-85-212-1140-2

    1. Psicanálise 2. Envelhecimento – Aspectos
psicológicos 3. Autoestima 4. Sofrimento 5. Idosos
- Psicologia

16-1536   CDD 150.195

Índices para catálogo sistemático:
1. Psicanálise

A Marilia e José,
velhos combatentes na travessia do tempo

Agradecimentos

Escrever está longe de ser uma tarefa solitária. Fiz-me acompanhar por tantas pessoas, tantas vozes. O "mar" de autores que me fez companhia é imenso. Dos clássicos aos contemporâneos, muitos autores – psicanalistas, filósofos, sociólogos, historiadores e outros – estiveram o tempo todo ao lado de minha escrivaninha, esparramados pelo chão, pelas estantes, até mesmo sobre a cama. Durante meses, o escritório/quarto de hóspedes de minha casa não esteve aberto a receber mais ninguém, não havia espaço. Sou profundamente grata a todos eles que estiveram a me soprar aqui e ali suas ideias instigantes, inéditas, polêmicas, revolucionárias, garantindo-me os elos da *história* e, principalmente, a sustentação das histórias aqui contadas. O trabalho que tantas vozes me deram: cantando, sussurrando, gritando, falando, todas ao mesmo tempo, foi de complexidade e de esforço. Tarefa árdua e exaustiva, mas, sem elas, seria impossível.

O processo de escrita deste livro foi longo, árduo, acidentado, mas também bastante prazeroso. Desde minhas andanças pelo velho mundo até minhas incursões em espaços acadêmicos, discussões

8 AGRADECIMENTOS

com colegas, trocas informais com amigos e pessoas do cotidiano, foram muitas conversas sobre o tema. Definitivamente, há uma legião habitando estas páginas. Aqui, citarei e agradecerei algumas delas, mas, certamente, cometerei injustiças, pois lá se foram mais de seis anos:

Flávio Carvalho Ferraz, organizador e coordenador desta Série Psicanálise Contemporânea, amigo e colega, que sempre se mostrou carinhosamente disposto a publicar o livro. Deu-me carta branca, tornando-se, assim, uma das principais fontes de incentivo para que eu prosseguisse – sua importância é inquestionável;

Marcia Maroni Daher Pereira e *Mário Eduardo da Costa Pereira*, pelo incentivo e pela acolhida em *Marselha*, quando eu ainda tateava no tema – minha participação em atividades da Aix-Marseille Université são parte da memória deste trabalho;

Nelson da Silva Jr., com quem, além de encontros acadêmicos específicos no Instituto de Psicologia da Universidade de São Paulo (IPUSP)[1], tive tantas conversas em almoços agradáveis e quem, com *Maria Helena Fernandes*, me deu o apoio carinhoso, até como audiência em eventos nos quais "meu francês" me tornava tímida e insegura;

Felícia Knobloch, quem eu conhecia há tantos anos, mas que, nesses tempos, tornou-se amiga e companheira de andanças, sugerindo e emprestando livros preciosos;

Amigos e colegas psicanalistas do Curso de Psicanálise do Departamento de Psicanálise do Instituto Sedes Sapientiae, pelas conversas específicas ou esparsas sobre o tema, pela sustentação conjunta de um projeto de formação de analistas no qual seguimos acreditando

---

1   Este livro é baseado em pesquisas e artigos publicados, requeridos no bojo do meu pós-doutoramento, realizado com o Programa de Psicologia Social do IPUSP, sob a supervisão de Nelson da Silva Jr.

há tantos anos e por seguirem trabalhando durante o ano em que me afastei para estudar e viajar;

Alunos dos seminários e supervisões do Curso de Psicanálise, que muito me escutaram e se dispuseram a conversar sobre as questões em que vinha trabalhando e que inundavam nossas reflexões sobre os textos freudianos;

Muitos interlocutores e acompanhantes, entre eles, algumas pessoas que entrevistei informalmente sobre o tema, de cujas conversas extraí, certamente, muitas das questões centrais aqui trabalhadas (não as menciono nominalmente para preservá-las, mas elas sabem quem são);

Meus analisandos que, em sua busca por respostas e alívio para suas angústias, sofrimentos e dilemas, permitiram-me entrar em seus mundos, influenciando irreversivelmente meus caminhos, como não poderia deixar de ser. Especialmente, *aqueles que emprestaram aqui suas histó*rias, o que tornou o livro vívido e instigante – não poderia tê-lo escrito sem eles;

Daniel Guimarães, que, em um dos acasos felizes que a vida nos concede, colocou-se em meu caminho como aluno. Revisor rigoroso, corrigia os aspectos formais do texto e, ao mesmo tempo, interrogava, "interpretava", mobilizando-me a cada uma de suas notas a aprofundar, reparar, corrigir, aperfeiçoar – devo a ele a leveza do estilo, a limpeza da escrita e o acréscimo de minúcias fundamentais;

Maria Laurinda Ribeiro de Souza, amiga e colega, que prontamente se dispôs a escrever o prefácio – o convite a ela se mostrou acertado, sobretudo pelas posições que defende no exercício de uma psicanálise "engajada" e por seu estilo de escrita cuidadoso, rigoroso e, ao mesmo tempo, poético e vibrante;

Marisa Scortecci e *Vera Regina Rodrigues*, amigas queridas, que me acompanharam intimamente durante os meses finais de escrita intensa, sendo pacientes e alertas a ponto de me tirarem da escrivaninha, mesmo que apenas para breve pausa em uma conversa telefônica desinteressada;

Fernanda e *Felipe Bolguese Kiyassu,* meus filhos, fãs incondicionais, incentivadores que, com meiguice e carinho, são também meus guias pela vida, numa inversão bonita e inspiradora de papéis que apenas o tempo possibilita;

Por fim, meu analista, *Mauro Mendes Dias*, que, nos momentos mais difíceis, em que eu ameaçava desistir, dizia: "Você deve isso a si mesma". Ele tinha razão.

Maria Silvia de Mesquita Bolguese

Junho de 2016

Prefácio

As dores do corpo e da velhice: as fendas no espelho

*"Para tudo há um tempo, para cada coisa há um momento
debaixo dos céus... Tempo para nascer, e tempo para morrer;
[...] Porque o destino dos filhos dos homens e o destino dos brutos é o
mesmo: um mesmo fim os espera. A morte de um é a morte do outro.
A ambos foi dado o mesmo sopro, e a vantagem do homem
sobre o bruto é nula, porque tudo é vaidade".*

Ec 3:1-2, 19

*"Vivi demais, já que em minhas dores
Caminho sem achar braços que me amparem."*

Victor Hugo, "Veni, Vidi, Vici", 1848

Maud Mannoni descreveu, em *O nomeável e o inominável* (1995), sua surpresa com os velhos que não queriam usar óculos para não ver, no olhar dos que os fitavam, o final previsto de suas vidas. A escuta também se torna seletiva para além do que a impossibilidade orgânica pode justificar. Defesas normais, podemos dizer, e, num certo sentido, sábias, pois tratam de proteger o sujeito do horror de sua exclusão do mundo dos vivos, quando ainda sentem que têm algo a dizer ou realizar no tempo que lhes resta de vida. "Uma maneira de deixar o mundo das aparências pelo mundo das essências, que lhes parece mais verdadeiro" (MANNONI, 1995, p. 121).

Mas nem sempre é possível ao sujeito criar mecanismos que preservem sua história e seus desejos. Em uma sociedade na qual a imagem é hipervalorizada, os espelhos visíveis em todos os lugares acabam, para muitos de nós, provocando experiências de estranhamento, tornando-se objetos persecutórios. Cria-se, assim, um movimento crescente de "evitação" do reflexo que se pode ver neles: autoimagens sinistramente distantes do ideal almejado ou quaisquer sinais reveladores do envelhecimento.

Maria Silvia de M. Bolguese inicia sua análise neste livro colocando em destaque uma mudança significativa no tratamento dado à velhice a partir de 1970, com a criação de uma nova categoria etária – a terceira idade – e a passagem de sua gestão do espaço privado familiar para o contexto mais amplo da sociedade. O que causou essa mudança? Que fatores estão presentes no que se passou a chamar de socialização da gestão da velhice?

Nos últimos cem anos, conforme declara a autora, a expectativa de vida da humanidade aumentou 145%. Fatores como higiene, melhores condições alimentares e sanitárias e avanços científicos da medicina contribuíram para isso. Contudo, fomentou-se, ao mesmo tempo, uma aliança perversa entre medicina, indústria farmacêutica e publicidade, criando-se demandas compulsivas de bem-estar, qualidade de vida e rejuvenescimento.

Esses ideais foram tão disseminados que a longevidade real da população vem sendo acompanhada por uma preocupação cada vez maior da própria juventude em postergar seu envelhecimento, tornando-se essa uma das principais questões do homem contemporâneo. Cria-se, como acentua a autora, uma cultura de "evitação" e horror: "evitar envelhecer, evitar adoecer, evitar viver, evitar a passagem do tempo".

Maria Silvia se pergunta quais são os mecanismos psíquicos que favorecem essa submissão aos ideais construídos pela sociedade mercantilista de nossa época. Pode a psicanálise contribuir para o desvendamento dos dilemas atravessados pelos sujeitos para responder a essa demanda de beleza e juventude e enfrentar o mal-estar provocado pelos sinais que anunciam a chegada da velhice?

Apoiando-se em Adorno e Horkheimer, a autora destaca a hipótese de que o

> *avanço científico e tecnológico, financiado pelo capital, tem "horror ao velho" e necessita ferozmente da renovação para garantir o mercado potencial que faz circular as mercadorias e promover as trocas, estendendo-se e formando o imperativo do almejado* rejuvenescimento.

Essas práticas mercadológicas e científicas ganham reconhecimento pela ressonância que estabelecem junto aos mecanismos psíquicos mais primários dos sujeitos: narcisismo, masoquismo, angústia, vivências traumáticas, ação da pulsão de morte e todas as formas de derivações possíveis para o negativo, desenvolvidos no texto freudiano e com aportes de autores pós-freudianos. Na elucidação desses conceitos, Maria Silvia retoma uma leitura crítica dos textos centrais para essas questões: *Introdução ao narcisismo*; *O sinistro*; *Além do princípio do prazer*; *O problema econômico do masoquismo*; *Inibições, sintomas e angústia*; *Mal-estar na civilização*.

As contribuições de André Green ganham relevo na leitura aqui proposta na medida em que, como a autora afirma,

> *introduzem o irrepresentável, o não representável, as manifestações do trauma em seu registro propriamente corporal, as não falas e os não sentidos como elementos que fazem parte, pela negatividade, do campo representacional dos sujeitos e que devem ser considerados e trabalhados pelo analista.*

Isso é especialmente verdadeiro quando essas questões referentes às falhas primárias no psiquismo se fazem tão presentes.

É com o prenúncio dessas questões que, a cada capítulo, desenvolve-se um breve relato clínico que introduz uma das facetas presentes na dor ou no sofrimento revelado no corpo e na alma daquele que vislumbra, no espelho, sinais de seu envelhecimento ou de sua fragilidade:

- o horror que *Helena* procura minimizar com a busca impossível de um rosto perfeito: "não suporto gente velha nem gorda";
- o drama de *Hércules*, na infância garoto gorducho e desajeitado, ferozmente atacado pelo pai, que passa a vida tentando driblar a falta de inclusão no mundo e o vazio de sua existência com a obsessão pela modelagem dos músculos na academia;
- a saga de *Maria* que, em seu desejo infantil de ser perfeita, submete-se a múltiplas intervenções no corpo que não a liberam das dores e do sofrimento. Realiza, sem o saber, o vaticínio materno: "só se cresce com sofrimento";

- o dilema de *Alice*, que envelheceu quando era jovem e tenta rejuvenescer quando se defronta com o passar do tempo, com o horror da morte e com o que fez – ou melhor, não fez – de sua vida;

- a solidão de *Hadassah*, que, apesar de ter se casado e ter filhos, nunca deixou de ser a companheira da mãe. Quando essas referências se desfizeram – separação, filhos crescidos, morte da mãe depois de um tempo com Alzheimer –, deparou com o vazio, o envelhecimento e as marcas que gostaria de apagar do corpo.

As construções elaboradas a partir da clínica não se desenvolvem linearmente, mas por meio da integração de várias referências, tanto da psicanálise quanto da sociologia política ou da filosofia. Assim, são discutidas as referências freudianas e pós-freudianas – Lacan, Green, Birman – e as dos pensadores da modernidade, especialmente Adorno e Horkheimer, além de Norbert Elias, Agamben, Debord, Foucault e Benjamin, numa construção espiralar do conhecimento, como definido pela autora, também, como forma de manter vivo o pensamento psicanalítico pelo não "enclausuramento" em um território teórico estritamente definido. Em outro texto, "O progresso da psicanálise: os limites da clínica" (BOLGUESE, 2007), a autora já deixara explícita essa concepção: "O homem é um ser social no entrecruzamento de determinações de diferentes ordens, originadas também no campo social e histórico, mas que são vividas pelo indivíduo em sua vida psíquica singular" (p. 132).

Acompanhando o desenvolvimento de Freud sobre o narcisismo, Maria Silvia propõe uma aproximação bastante interessante entre a obsessão, a manutenção da beleza e da juventude e a hipocondria:

> *Uma vez que a perseguição doentia de um corpo perfeito se assemelha ao movimento hipocondríaco de tomar conta de um corpo que, perigosamente, pode adoecer [...] Pode-se sugerir, então, que, quando o envelhecimento é tomado, misturado ou confundido com adoecimento, os sujeitos entram em uma espécie de* cruzada hipocondríaca, *a fim de evitar o envelhecimento/adoecimento.*

O corpo, nessas circunstâncias, torna-se a expressão evidente das condições psíquicas do sujeito, de seus sintomas e suas patologias. Predominância da noção de espaço – com os riscos de desintegração e morte do corpo – em detrimento da de tempo, que instaura a ordem simbólica no psiquismo.

Joel Birman, citado pela autora, já destacara que é na dominação da categoria de espaço sobre a de tempo que se pode compreender as modalidades do mal-estar do sujeito contemporâneo, que se manifestam em perturbações no corpo, pânico, estresse físico e psíquico. A essas patologias, Maria Silvia acrescenta as distorções e as angústias diante da própria imagem. Evidentemente, o tema do narcisismo ocupa, aqui, um lugar central.

Nesse mesmo sentido, ela retoma o pensamento de Green para discorrer sobre a expansão da noção de narcisismo, acentuando sua negatividade e a pregnância nas manifestações das angústias mais precoces relativas ao corpo. Será nessas angústias, experimentadas no medo da perda de amor do objeto primordial e no abandono, que Maria Silvia encontrará apoio para a análise de situações clínicas de sujeitos que, como *Helena*, se perdem na busca incessante de uma imagem idealizada e na queixa da falta de perícia dos que a atendem.

Será também nos padrões ditados pela cultura, em defesa de seus interesses, que ela proporá outro analisador para compreender a potencialização do sofrimento psíquico que afeta esses sujeitos, na sua tentativa insistente – e muitas vezes desesperada – de inclusão e reconhecimento social.

Reproduzo, aqui, o questionamento de Cristopher Lasch, destacado pela autora, que, de forma aguda, evidencia as questões pertinentes ao desamparo provocado pelas sociedades industriais modernas:

> *Por que o crescimento e o desenvolvimento pessoais se tornaram tão árduos de ser atingidos; por que o temor de amadurecer e ficar velho persegue nossa sociedade; e por que "a vida interior" não mais oferece qualquer refúgio para os perigos que nos envolvem? (Lasch, 1979/1983, p. 37, grifo no original)*

O homem moderno, condenado pela exigência impossível de não reconhecer o futuro, a história, a passagem do tempo, isola-se, deprime-se, mecaniza-se e perde-se na tentativa de encontrar uma imagem de si que lhe garanta um lugar no mundo. A exacerbação narcísica e a violência que a acompanha – seja contra si próprio ou contra os outros – tornam-se respostas possíveis a outra violência: a das demandas estetizantes e predatórias, excludentes, embora com promessas de inclusões ilusórias, presentes nas mensagens veiculadas pela cultura do espetáculo e inerentes ao funcionamento do sistema capitalista contemporâneo.

Essas questões já se encontravam delineadas em um trabalho anterior da autora, *Depressão & doença nervosa moderna* (2004), em que analisa a imbricação entre a banalização dos quadros depressivos e a indústria farmacêutica e a publicidade, que prometem a conquista da felicidade com a consequente fulguração do Eu.

18 PREFÁCIO

Evidentemente, essa exacerbação narcísica, indicada pelo seu negativo, assinala a prevalência da pulsão de morte e de uma força destrutiva constituinte do ser humano em sua luta com a pulsão de vida e os frágeis limites entre o viver e o morrer. Com a conceituação da pulsão de morte, Freud tentou dar conta da destrutividade que habita a humanidade, rompendo com a ideia de que o psiquismo seria regido pelo princípio do prazer. Nas condições clínicas apontadas por Maria Silvia e que se manifestam, também, na resistência ao prosseguimento e à evolução na análise, o sujeito acaba dominado pelo triunfo dessa negatividade: "faz coisas inadequadas, age contra seus próprios interesses, arruína as perspectivas que para ele se abrem no mundo real e, eventualmente, destrói sua própria existência real" (FREUD, 1924).[2]

Essa potencialidade destrutiva explica, também, uma força que se volta para fora, em atos violentos contra o outro, nas ações predatórias da natureza e no aniquilamento de condições favoráveis no mundo que possam acolher as próximas gerações, dando continuidade à vida.

Freud explicita a distinção entre uma destrutividade ligada, representada pelo Supereu, e uma destrutividade flutuante, em estado livre, incapaz de se ligar na transferência. Já Green atribui essa destrutividade ao narcisismo negativo – conceito de fundamental importância para a compreensão de certas patologias, especialmente as manifestações psicóticas e os casos que permanecem na fronteira, os chamados *fronteiriços* – e que demandam uma análise da complexidade presente nas relações entre o Eu, a pulsão de morte e o narcisismo.

---

2 Fiz uma pequena alteração no tempo verbal da citação de Freud, assinalada por Maria Silvia ao analisar o desenvolvimento freudiano acerca do masoquismo, para enfatizar a prevalência sempre atualizada dessas forças sobre o corpo e o psiquismo humano.

O capítulo final é dedicado às mulheres. Por que escrever especificamente sobre as mulheres? Ora, podemos justificar essa escolha de imediato: é sobre as mulheres que mais flagrantemente se dirige a demanda de beleza e juventude. A confusão sustentada pela cultura entre mulher e mãe permanece, ainda, como uma marca e, nesse sentido, toda mudança hormonal, principalmente a que se passa com a chegada da menopausa, marca um término, um final ligado a uma importante função biológica. Nesse momento, Maria Silvia levanta uma série de condições históricas, míticas, biológicas e próprias ao discurso social sobre o corpo feminino, desde a ideia inicial de um não lugar no discurso médico com a concepção de um sexo único – o masculino –, o bem mais recente reconhecimento de dois sexos e, mais contemporaneamente, uma multiplicidade possível de gêneros, até uma série de enigmas implicados naquilo que marca a travessia da menina para seu lugar de mulher – o tornar-se mulher.

Neste importante livro de Maria Silvia de M. Bolguese, denota-se a sua experiência no longo trabalho de formação de analistas. Para além da tentativa de compreensão do que se passa, do ponto de vista metapsicológico, com os sofrimentos contemporâneos, com as vicissitudes que atravessam o corpo e com a sua imbricação com as marcas da cultura, a autora constrói uma apresentação importante para os que se aproximam da leitura do texto freudiano, explicitando sua construção, suas hesitações, suas idas e vindas, seus impasses e a forma como o fundador da psicanálise construiu os modelos de aparelho psíquico e o seu funcionamento. Não se trata, como já acentuamos, de uma retomada literal do texto freudiano, mas, antes, de uma leitura crítica, comentada em seus equívocos, seus retrocessos e seus avanços.

As questões trazidas pela clínica deixam entrever a necessidade de explicitação de novos conceitos que, de forma instigante, convocam o leitor a buscar, no capítulo seguinte, uma compreensão que

20 PREFÁCIO

vai ganhando novos matizes de complexidade. Nessa construção, reproduz o movimento de Freud, que, ao se dar conta dos enigmas que encontrava na clínica e das resistências que impediam o processo de cura, sentia-se impelido a formular novas hipóteses teóricas. Essa é uma marca presente desde a origem de seu pensamento, quando, por exemplo, ao constatar a impossibilidade de que os relatos de sedução pudessem ser reais, propõe o conceito de fantasia.

> *Não acredito mais em minha neurótica [...] se eu estivesse deprimido, confuso e exausto, essas dúvidas certamente teriam que ser interpretadas como sinais de fraqueza. Já que me encontro no estado oposto, preciso reconhecê--las como o resultado de um trabalho intelectual honesto e vigoroso e devo orgulhar-me, depois de ter ido tão a fundo, de ainda ser capaz de tal crítica (Carta a Fliess de 21/09/1897 apud MASSON, 1986).*

Prazer presente na fala de Freud e também renovado na forma como Maria Silvia nos apresenta a sua elaboração teórica, partindo de hipóteses para a clínica que são, em seguida, questionadas, ampliadas, revisadas e integradas aos novos conceitos que apresenta.

Outro ponto ainda merece destaque: a potência da afirmação de Adorno, destacada pela autora, ao propor que, nos dias de hoje, somente o exagero consegue veicular a verdade. Nos casos relatados neste livro, é sempre do exagero que se trata: exagero da falta de cuidados precoces, exagero nas "tentativas de cura" pelas intervenções médicas, estéticas ou físicas (musculação e ginástica compulsivas), exagero nas demandas sociais da cultura contemporânea.

Podemos concluir, portanto, que, em face da banalização daquilo que poderia ser a existência singular dos sujeitos (que, ao contrário, se veem aprisionados num discurso dessubjetivante, submetidos à falta de solidariedade nos campos afetivo e social, aos efeitos mortíferos dos abusos – em suas múltiplas facetas –, à solidão e ao desamparo), não seja estranho que as patologias adquiram essa força gritante, exacerbada; atos violentos como tentativa de se fazer ouvir. Ou que se manifestem como silêncio ruidoso na apatia e nas depressões amplamente medicadas. Um paradoxo dessa realidade é que o masoquismo moral e feminino, tão presente nessas situações, é também uma forma de escapar da solidão e do desamparo. Há um outro torturador, perseguidor, mas há um outro.

Mas, como sabemos, em todo movimento hegemônico há sempre algumas formas de resistência; poderíamos chamá-las de tendências das bordas ou, parafraseando Freud, de "mais além das muralhas aprisionantes" das demandas internas e externas. Num certo sentido, mesmo essas manifestações intensamente expressivas do corpo não deixam de ter algo de denúncia, endossando a frase tão potente de Adorno de que "a verdade fala pelos excessos". É ainda Adorno quem demarca uma forma possível de resistência ao colocar como necessária a recuperação e o reconhecimento dos elos históricos que sustentam os sistemas sociais da atualidade para, a partir daí, construir novas formas de existir. Do mesmo modo, no campo das resistências, Maria Silvia afirma a potência da psicanálise: a descoberta freudiana "surge e continua a ser um instrumento poderoso de elaboração dos elos históricos singulares que sustentam o sujeito, certamente podendo alterar o jogo e a correlação de forças que o atravessam desde dentro e de fora".

Em outro campo, podemos encontrar, também, resistências que lançam mão do corpo para denunciar o seu abuso. Duas situações recentes, as duas na arte da dança, explicitam o que quero afirmar. A primeira é uma experiência coreográfica produzida por Marta Soares – *Deslocamentos* – e que, como ela própria apresenta, tem como marca a lentidão do tempo nos movimentos e a invisibilidade. São corpos que se misturam, formam outras configurações, permanecem imobilizados e, quando se movimentam, o fazem por meio de gestos extremamente lentos. As bailarinas usam máscaras e uma pele de tecido que se amolda aos corpos construindo representações inusitadas: três pernas, cabeças na parte inferior, um braço suspenso no ar... Não é à beleza de suas imagens no palco que a plateia é convocada. Aliás, a própria plateia é desconstruída, ela é convidada a circular pelo espaço onde esses corpos se apresentam: o canto de uma sala, a aparição numa janela, o trânsito por um muro suspenso. Marta diz que seu trabalho tem uma função política e que a invisibilidade é uma maneira de resistência; resistência de um corpo que não se deixa formatar. E que rompe com os ideais que se poderia esperar dele.

A outra experiência foi apresentada recentemente pela companhia Tanztheater Wuppertal, herdeira das coreografias de Pina Bausch. No intervalo do primeiro para o segundo ato, uma bailarina permanece sozinha no palco, em silêncio, imóvel, enquanto a plateia se movimenta para sair. As pessoas se angustiam, inquietam-se, perguntam-se o que faz aquele corpo ali. "Será que ela vai fazer alguma coisa? Como ela fica assim, tão passiva?" Vazio na cena que remete a outros vazios. Ousadia da proposta que, novamente, questiona os ideais esperados.

Se Maria Silvia de M. Bolguese faz uma denúncia contundente a um mundo que exige ação contínua e produção incessante, sem que o vazio e o cansaço possam ser legitimados e a vida se veja anulada, dessubjetivada, levando-nos à tarefa insana de ter que "matar um leão a cada dia", talvez possamos, depois da leitura deste livro que nos convoca a questionar os modos de nossa existência, "trabalhar" para que seja possível um outro ofício: "pastorear ovelhas", no sentido que lhe dá Fernando Pessoa (Alberto Caeiro) – com as sensações, os pensamentos e o corpo podendo compor uma narrativa poética. Proposta ingênua? Ou será esta uma resistência possível?

O guardador de rebanhos

Sou um guardador de rebanhos,
O rebanho é os meus pensamentos
E os meus pensamentos são todos sensações.
Penso com os olhos e com os ouvidos
E com as mãos e os pés
E com o nariz e a boca.
Pensar uma flor é vê-la e cheirá-la
E comer um fruto é saber-lhe o sentido.
Por isso quando num dia de calor
Me sinto triste de gozá-lo tanto,
E me deito ao comprido na erva,
E fecho os olhos quentes,
Sinto todo o meu corpo deitado na realidade,
Sei a verdade e sou feliz.
Alberto Caeiro, IX, 1925 (PESSOA, 2010)

A essa arte poética, muitos dos pacientes que nos procuram e os aqui cuidadosamente apresentados por Maria Silvia – *Helena, Hércules, Maria, Alice, Hadassah* – não tiveram acesso; faltou-lhes, na vida, a possibilidade de "achar braços que os amparassem". A psicanálise ainda pode ser uma alternativa possível.

Maria Laurinda Ribeiro Sousa

Psicanalista e membro do Departamento de Psicanálise
do Instituto Sedes Sapientiae

Junho de 2016

Conteúdo

Introdução	27
1. Sob a égide do narcisismo	49
2. O "não" tempo da pulsão de morte	95
3. As dores são começo, meio e fim?	139
4. Angústia do real de um corpo que envelhece	187
5. A mulher, a feminilidade e o gênero feminino	231
A parábola das estátuas pensantes	271
Referências	295

Introdução

> *"Vaidade*
>
> *Sonho que sou a Poetisa eleita,*
> *Aquela que diz tudo e tudo sabe,*
> *Que tem a inspiração pura e perfeita,*
> *Que reúne num verso a imensidade!*
>
> *Sonho que um verso meu tem claridade*
> *Para encher todo mundo! E que deleita*
> *Mesmo aqueles que morrem de saudade!*
> *Mesmo os de alma profunda e insatisfeita!*
>
> *Sonho que sou Alguém cá neste mundo...*
> *Aquela de saber vasto e profundo,*
> *Aos pés de quem a Terra anda curvada!*
>
> *E quando mais no céu eu vou sonhando,*
> *E quando mais no alto ando voando,*
> *Acordo do meu sonho... Eu não sou nada!..."*
> Florbela Espanca, *Livro de mágoas*, 1978

28 INTRODUÇÃO

Há cerca de trinta anos, o tema abordado neste livro seria de interesse de uma parcela bastante restrita da população, aqueles que ultrapassaram o que se considerava à época como meia idade, ou, mais especificamente, as pessoas da *terceira idade*, como passaram a ser designados os mais velhos. A expressão, de acordo com Laslett (1989/1996), originou-se na França com a implementação, nos anos 1970, das *Universités du Troisième Âge,* sendo incorporada ao vocabulário anglo-saxão em 1981, com a criação das *Universities of the Third Age* no Reino Unido. Seu uso corrente, a partir dos anos 1970, esteve ligado ao processo crescente em todo o mundo do que se pode chamar de socialização da gestão da velhice, durante muito tempo considerada como própria da esfera privada e familiar. A passagem dessa gestão para a esfera pública é decorrente, entre outros fatores, dos avanços científicos da medicina que promoveram significativo aumento da longevidade, representando uma conquista importante para as pessoas em geral.

A partir da virada para o século XXI, o envelhecimento se converteu gradual e progressivamente em *pauta* ou preocupação de pessoas cada vez mais jovens. Em virtude dos avanços da medicina, em parte impulsionados no século XX pelo desenvolvimento significativo da indústria farmacêutica, os chamados cuidados com a saúde se ampliaram consideravelmente, bem como sua propagação para além do circuito médico/científico. A aliança entre medicina, indústria farmacêutica e publicidade vem sendo tema de reflexão e crítica, uma vez que, se por um lado o progresso contribuiu indubitavelmente para a manutenção da saúde e o prolongamento da vida, por outro resultou em uma evidente generalização e banalização do discurso médico, fomentando noções como *bem-estar, qualidade de vida* e *rejuvenescimento*, que ajudaram a criar um mercado continuamente ampliado de consumidores de uma gigantesca indústria.

A medicina – cirurgia plástica e dermatologia, entre outras especialidades médicas, como a endocrinologia e a ginecologia

– associada ao intenso bombardeamento das diversas mídias, intensamente pautadas pela publicidade, ajudaram a criar um enorme contingente de pessoas potencialmente consumidoras de produtos variados: cirurgias plásticas, tratamentos estéticos, produtos cosméticos, dietas e produtos dietéticos e *light,* academias etc. É a chamada medicina estética ou medicina para fins estéticos.

A flagrante antecipação da preocupação com a manutenção da beleza e da juventude e a tomada do envelhecimento como uma das principais questões do homem ocidental contemporâneo desvelam questões que merecem um exame mais detido, seja na direção de uma compreensão mais aprofundada das condições sociais, seja para elucidar a maneira como os movimentos subjetivos individuais são cooptados pela lógica mercantil. Claro está que essas duas perspectivas se articulam, uma vez que o sujeito é social em última instância. Contudo, acompanhando Freud em seu modo de produzir conhecimento, a intenção, aqui, é colocar como questão central os modos de funcionamento mental que possam lançar luz à compreensão das fragilidades e das vulnerabilidades do sujeito frente à exposição maciça a essa lógica mercantil.

Em *O método psicanalítico de Freud* (1903/1976) e outros artigos técnicos, o inventor da psicanálise vaticinou que, em adultos acima dos cinquenta anos, as condições para a psicanálise eram desfavoráveis, pois o material psíquico não seria mais controlável, o tempo para a recuperação seria longo e a possibilidade de se desfazer processos cristalizados seria débil. Enfim, praticamente não seriam mais passíveis de serem psicanalisados. Em uma época cuja média de vida era de 45 anos, Freud considerava que as cristalizações psíquicas das pessoas "idosas" e a consequente ausência de plasticidade seriam fatores impeditivos para que o método psicanalítico pudesse operar algum tipo de mudança significativa, tanto em relação ao arrefecimento dos sintomas, como na superação de uma condição de sofrimento causada por um modo de funcionar há muito arraigado.

30 INTRODUÇÃO

A flagrante relativização da questão da idade nesta contribuição freudiana coloca de saída um problema, pois ela não se demonstra válida ou verdadeira para os dias de hoje, nos quais as pessoas vivem mais e mais, buscando meios de garantir uma vida e uma sobrevida de *qualidade*, encontrando, inclusive, na psicanálise, um instrumento possível de ajuda e, por que não dizer, de crescimento e mudança. Justamente por isso, as indicações de Freud são um excelente modo de introduzir as questões que se pretende desenvolver no presente livro: a psicanálise tem algo a contribuir, do ponto de vista da produção de reflexões teóricas pertinentes e do ponto de vista da prática clínica, para o desvendamento dos difíceis dilemas atravessados pelo sujeito em sua jornada de deixar de ser jovem e envelhecer?

A meu ver, ao contrário, nos dias de hoje, coloca-se como imperativo aos psicanalistas buscar compreender os conflitos vividos nesse processo, determinados pelas condições primárias e estruturantes do sujeito, mas também em sua relação com a cultura, cujas exigências sociais cada vez mais "narcisistas" impõem a condição da beleza e da juventude como passaporte de inclusão social. A saúde física e psíquica, cooptada e subordinada a essa lógica, apresenta-se como coadjuvante, pois a hipótese aqui defendida sugere que o horror de envelhecer se encontra inexoravelmente atrelado à angustia frente à morte. Noções como *qualidade de vida* e *envelhecer e morrer com dignidade* são recentes, datam do final do século XX. A primeira apareceu subsumida pela lógica da necessidade de se manter belo e jovem, a segunda aparece circunscrita ao período ainda considerado pela maioria das pessoas como distante e inalcançável, a chamada última etapa da vida.

A própria noção de terceira idade para designar a velhice pode ser considerada ultrapassada em virtude do aumento da longevidade, sendo comum encontrar classificações como: idoso-jovem, idoso-médio e idoso-idoso. Nos últimos cem anos, a expectativa de vida da humanidade aumentou 145%. Desde o Império Romano, e mesmo no início do século XIX, as pessoas morriam aos trinta anos em média. Na França do século V, para se ter uma ideia, 45% das crianças morriam durante o parto. No Rio de Janeiro, no século XIX, epidemias se espalhavam de forma assustadora e a maioria das pessoas não passava do que hoje se conhece como meia idade. No século XX, a expectativa de vida cresceu de modo sem paralelo nos cinco mil anos de história do homem moderno. Se os europeus em 1900 morriam aos 45 anos, hoje vivem em média oitenta anos. O brasileiro vive pouco mais de setenta anos, também em média. Segundo dados da Organização das Nações Unidas (ONU), nada indica que esse número vá deixar de crescer, mesmo que as populações sejam atingidas por catástrofes naturais e as guerras continuem matando milhares de pessoas. A ampliação do número de mortes de jovens decorrente dos mais diferentes tipos de violência merece, é certo, ser considerada, mas esses dados não alteram, até o momento, os números relativos ao aumento da longevidade e da média de vida das populações em geral.

Do ponto de vista do aumento da média de vida da população mundial, os pesquisadores apontam duas grandes mudanças que tiveram início no século XIX. Em primeiro lugar, de modo geral, os avanços notórios das condições alimentares e sanitárias diminuíram consideravelmente o alcance das epidemias. A falta de saneamento e de hábitos de higiene matavam tanto ou mais que as guerras. No século XIV, a peste negra, transmitida por ratos, matou um terço da população da Europa. Considerando a ascensão e a ampliação quase "infinita" da indústria cosmética mundial, é curioso constatar que produtos como o sabonete, por exemplo, tiveram seu uso popularizado apenas no início do século XIX, depois que um químico francês, Nicholas Leblanc, descobriu, em 1791, um método eficiente e barato para fabricar sabão.

Em segundo lugar, o alcance da medicina considerada "propriamente científica" se ampliou significativamente em relação ao cotidiano, impondo mudanças fundamentais no modo de vida dos sujeitos e da sociedade e influenciando, inclusive, as necessidades de cuidados com a higiene de modo geral e, principalmente, do próprio corpo. Em 1848, o médico húngaro Ignez Semmelweis percebeu que o ato de lavar as mãos em uma solução de cloro antes de fazer um parto seria suficiente para reduzir a mortalidade de mães e bebês. Ainda assim, sua pesquisa não foi aceita como científica inicialmente, sendo necessário, para que higiene e assepsia fossem consideradas cientificamente essenciais, que outro médico contemporâneo, o francês Louis Pasteur, comprovasse que os germes poderiam causar inúmeras doenças.

Desde então, a ciência, especificamente a medicina, assumiu para si a meta principal de impulsionar a longevidade. E, aqui, se abrem múltiplos desdobramentos importantes, pois, se o homem vive mais tempo hoje, a questão das condições em que ele vive passa a ser fundamental. Não se trata apenas de sobrevivência, mas de qual é a vida que se consegue levar a partir das novas condições. Viver com saúde física e psíquica? Viver integrado socialmente? Superar o envelhecimento do corpo de forma harmônica? Finalmente, morrer dignamente? A travessia da vida ao longo do tempo cada vez mais ampliado acaba por levantar inúmeras indagações, uma vez que as perguntas acima enunciadas, aparentemente simples, se sustentam em uma teia complexa e de difícil desarticulação.

O prolongamento da vida impôs ao homem, desde o século XX, a necessidade de resolução de um dilema fundamental, pois, se a medicina promete a longevidade, a relação do sujeito com a perda da juventude e da beleza e com o envelhecimento passa a atormentá-lo, até mesmo a aterrorizá-lo sobremaneira. É necessário, assim, compreender a maneira como a sociedade administrada pela medicina moderna se converteu, como diria Guy Debord (1967/1996), em "sociedade do espetáculo", na qual a aparência – a imagem – é a principal credencial de *status* e pertencimento. Elementos não estritamente científicos, como se verá a seguir, influenciam significativamente as propostas defendidas pela medicina e, em consequência, as políticas públicas que visam, em tese, garantir a saúde e a qualidade de vida das populações em geral e a dar espaço e segurança maiores aos idosos.

Em *O nascimento da clínica* (1967/1977), Foucault afirma que a medicina no século XIX pôde, finalmente, pronunciar sobre o indivíduo um discurso de estrutura científica. As ciências médicas foram estruturando seu *a priori* concreto, que diz respeito à estruturação de antemão de uma narrativa – dita científica – sobre a maneira como os homens deveriam viver, cuidando de seus hábitos e de seu corpo. Nos dias de hoje, mais especificamente a partir do século XX, a pauta proposta pela medicina aos sujeitos é extensa, instável e inconstante. Do nascimento à morte, o homem se submete a uma sequência de passos que envolve a luta pela sobrevivência, a busca pela saúde e a manutenção da beleza e da juventude, evitando ao máximo as mazelas provocadas pelo envelhecimento do corpo.

Interessam, aqui, os caminhos e os descaminhos, sobretudo os desvios, percorridos pelo sujeito em uma busca inglória e fadada ao fracasso, pois, ao fim e ao cabo, não é possível evitar o envelhecimento e escapar da morte. A relação dos sujeitos com a vida e as condições do viver produziu um efeito no mínimo curioso, como se o homem estivesse eternamente em uma corrida contra a inexorável passagem do tempo, convertendo-se seu corpo em uma espécie de *medidor* a sinalizar, constantemente, o tempo que lhe resta. O corpo compreendido como suporte da vida, mas, ao mesmo tempo, vivido como um estandarte da morte.

> *O século XX é que inventou teoricamente o corpo. Essa invenção surgiu em primeiro lugar da psicanálise, a partir do momento em que Freud, observando a exibição dos corpos que Charcot mostrava na Salpêtrière,*

> *decifrou a histeria de conversão e compreendeu o que iria constituir o enunciado essencial de muitas interrogações que viriam depois: o inconsciente fala através do corpo (COURTINE, 2006/2012, p. 7).*

No prefácio da excelente coletânea *História do corpo* (2006/2011-2012), Jean-Jacques Courtine, um de seus organizadores, refere-se diretamente ao corpo erógeno freudiano, a um corpo que entra em cena e conta a história do sujeito, para além dos determinantes biológicos desvendados pelo exame dos corpos mortos empreendido pela medicina. As questões a serem examinadas aqui, porém, remetem justamente à tentativa de controlar o tempo, a ponto de até mesmo, ilusoriamente, suspendê-lo, condenando os sujeitos à lógica da espacialidade, na qual o corpo biológico e a dor substituiriam o registro do corpo erógeno e do sonho. Paradoxalmente, as tentativas de controle sobre o tempo passam a ser imprescindíveis para a garantia ilusória da longevidade "eterna", e o tempo assim *congelado* acarreta consequências psíquicas evidentes, que merecem análise. Joel Birman (2012) adverte que não existiria a ordem do discurso sem a participação da categoria do tempo, ou, ainda, não existe discursividade possível sem a articulação da temporalidade.

Desde a Antiguidade, o tempo foi fracionado e dividido a partir de dois referenciais importantes para o homem: a observação dos fenômenos naturais e, posteriormente, as alterações biológicas apresentadas pelo corpo. As primeiras referências de contagem do tempo estipulavam que o dia e a noite, as fases da lua, a posição dos astros, a variação das marés ou o crescimento das colheitas pudessem medir quanto tempo se passou. A partir do início do século XIX, estruturou-se um saber que, gradualmente, tornou a sociedade administrada pela ciência médica, cujo acompanhamento do eixo de nascimento, envelhecimento e morte possibilitou uma ampliação do conhecimento sobre os efeitos da passagem do tempo sobre o corpo ao longo da vida. Paradoxalmente, a vida passou a ser recortada e fragmentada em *infinitas fotografias* que, tomadas separadamente, passaram a refletir a espacialidade da cena, resultando em encobrimento da temporalidade e da dimensão simbólica, como se poderá acompanhar adiante.

O significativo desenvolvimento das ciências humanas, filosofia e psicologia, na busca de desvendamento da maneira como essa vida/sobrevida passou a ser compreendida pelo homem sustentou-se, em grande parte, na tentativa de compreensão dos efeitos da angústia frente à morte e de elucidação das interrogações fundamentais sobre a vida e suas etapas "evolutivas". Os avanços científicos conduziram o homem de volta às suas primeiras e incontornáveis reflexões filosóficas sobre início do mundo, nascimento, vida e morte, para além dos caminhos imaginários e ilusórios das explicações religiosas, revelando, ao mesmo tempo, seu fracasso na tentativa de dominar completamente a natureza.

Já no século XX, o famoso físico Stephen Hawking publicou, entre outras obras, *Uma breve história do tempo* (1988). Embora trate-se de um livro científico, seu caráter filosófico é inegável, tendo sido opção do autor fazer uma discussão para leigos, sem cair nas infindáveis reproduções de matemas e equações comumente presentes em livros das ciências físicas e naturais. O objetivo principal era esclarecer a origem e a natureza do universo, mas também a própria natureza do tempo: se houve um princípio do tempo, se haverá um fim. Como afirma Carl Sagan na apresentação do livro: "Vivemos o nosso cotidiano sem entendermos quase nada do mundo". O livro de Hawking é considerado uma brilhante tentativa de compreender as leis universais, incluindo a reflexão sobre a existência de Deus. Contudo, diz Sagan, "a inesperada conclusão do seu esforço revela um Universo sem limites no espaço, sem princípio nem fim no tempo, sem nada para um Criador fazer" (p. 5).

36   INTRODUÇÃO

A noção de tempo e suas frações é, assim, uma construção do homem, um postulado necessário. Pode-se dizer que, sem a noção do tempo em suas passagens históricas, universais ou individuais, qualquer reflexão sobre a vida e seus possíveis sentidos seria bastante improvável do ponto de vista da subjetividade, da constituição psíquica a partir das representações. Imaginária e simbolicamente, há um tempo inaugural, há um tempo em primeira e última instâncias, há um tempo a ser contado.

O homem místico da Idade Média necessitava fervorosamente da ideia de espírito ou alma, aprisionado que era no mundo anímico, como uma maneira de lidar com a vida em sua finitude. Morrer era uma maneira de alcançar a vida eterna, uma vida sem tempo, finalmente. Já o homem moderno – e pós-moderno – passou a viver outra forma de misticismo, preso na quantidade de tempo de que dispõe para manter seu corpo em condições de vida, submetido e aprisionado a um modo de funcionamento mental narcisista e onipotente, que o faz acreditar na possibilidade de conquistar a vida eterna sem precisar morrer, como já preconizam diversos livros e artigos publicados em revistas ditas científicas da atualidade.[3] O tempo poderá, finalmente, ser descartado? Quais seriam as consequências disso?

Em *Mínima morália* (1951/1993), Adorno intriga o leitor ao afirmar que "na base da saúde reinante está a morte" (p. 56). O autor se refere, especificamente, ao fato de que a relação com essa ambiguidade produzida pelo viver marca o homem de maneira constitutiva. Obviamente, suas colocações se sustentam nas noções psicanalíticas acerca do conflito psíquico e da existência da pulsão de morte, conceito apresentado por Freud em *Além do princípio do prazer* (1920/2010). Nesse entrecruzamento inextricável, busca-se compreender aqui, de um lado, as relações do homem moderno

---

3   Ver, por exemplo, Ettinger (2009). Este livro se sustenta, em grande parte, em uma ficção publicada em 1931, cujo título é *The Jameson Satellite*.

com as generalizações que carrega em si mesmo, relativas à noção de um tempo inscrito em seu próprio corpo, e, de outro, a vida vivida traumaticamente como espacialidade, em que o tempo é o elemento indesejável. Vida no registro do corpo sem história, no registro da compulsão à repetição, como se viver fosse simplesmente uma jornada de "evitação": evitar envelhecer, evitar adoecer, evitar viver, evitar a passagem do tempo, viver a estagnação do tempo. Nos dias de hoje, vive-se uma vida recortada em fotografias ou projetada em filmes e não a vida mesma, coisa que, aliás, se pode flagrar facilmente em redes sociais, como o Facebook e o Instagram, ou, ainda, o mais recente e impressionante Snapchat, no qual as fotografias são postadas na rede para desaparecem em dez segundos.

O desvendamento dos movimentos subjetivos conduziu Freud a reflexões críticas sobre a civilização, escancarando suas mazelas e suas imperfeições, desvendando o homem em seu mal-estar frente ao tipo e ao nível de civilização que se conseguiu alcançar. Sua compreensão possibilitou uma reflexão mais ampla e profunda sobre as condições de existência do homem. Nessa mesma direção, a contraposição entre noções centrais da psicanálise, como *pulsão de morte*, *narcisismo*, *masoquismo* e *angústia*, e o ideário tecnológico que sustenta a medicina moderna possibilitará compreender a maneira como o desenvolvimento de novas técnicas e tecnologias para fins de rejuvenescimento e prolongação da vida se utiliza de movimentos psíquicos primários dos sujeitos frente ao inevitável processo de envelhecimento e morte. A relação dos sujeitos com as ideias de beleza, juventude, saúde, envelhecimento e morte, inclusive no que diz respeito ao lugar social que se pode conquistar e aos laços sociais que se almeja estabelecer, é forjada nos recantos primários do psiquismo. Tomando-se por referência a teoria freudiana acerca do funcionamento mental dos sujeitos e de suas patologias, será possível acompanhar os meandros dessa poderosa aliança e seus efeitos nocivos tanto pela geração como pela fomentação de patologias e sofrimentos mentais.

38   INTRODUÇÃO

De outro lado, como afirmam os autores da Teoria Crítica da Sociedade, especialmente Adorno e Horkheimer, será preciso elucidar a trama tecida no âmbito social, que aprisiona e empobrece o sujeito, condenando-o a vivenciar o mal-estar como próprio, originado apenas no âmbito individual. Esses autores, que muito se valeram da teoria freudiana na tentativa de compreensão do sujeito, sugerem que a vida do homem contemporâneo se reduziu a sua própria paródia, pois está cada vez mais difícil ultrapassar a aparência da vida e o "parecer ser" dos sujeitos, a fim de se alcançar o que poderia ser considerado, efetivamente, viver.

De maneira geral, é possível afirmar que a vida é, na maioria das vezes, recebida como um bem. O homem moderno busca, incansavelmente, o prolongamento da vida e os segredos da juventude eterna, objetivos que, como se pretende questionar, podem ser claramente reducionistas das chances reais de viver. Permanecer jovem é manter-se afastado da ideia de finitude, é proteger-se do terror do desconhecido da morte, enfim, da própria extinção. Contudo, o tempo não para.

A medicina progrediu científica e tecnologicamente de maneira vertiginosa. Estes progressos, que promoveram significativo aumento da sobrevida e certa melhoria de suas condições, sustentam-se a partir do engendramento de sujeitos que necessitarão se reformar e transformar a partir de ideais aqui compreendidos, de certo modo, como fascistas e/ou míticos, segundo os quais só sobrevivem os sujeitos moldados desde a origem para permanecerem jovens, belos e fortes. Como são desenvolvidas e criadas essas ideologias travestidas de conhecimento científico? Quais são os interesses que se entrelaçam, tanto do ponto de vista dos interesses sociais e econômicos, quanto dos impulsos narcisistas individuais, cooptados para esses fins?

A presença das doutrinas eugenistas no campo médico vem sendo estudada há algum tempo, sobretudo por grupos de historiadores.

No Brasil, a partir de um trabalho desenvolvido junto à Faculdade de Medicina da USP, André Mota e Maria Gabriela Marinho publicaram, em 2013, uma coletânea de artigos reunidos sob o título *Eugenia e história*. Já na apresentação, os autores sugerem que o clima de extrema fé nos progressos das ciências positivas, herdada do século XIX, favoreceu uma apreensão relativamente ingênua de teses científicas do *bem nascer* advindas de princípios claramente eugenistas ou da eugenética. Por trás da aparência de neutralidade de estatísticas populacionais e sofisticadas análises voltadas para a construção de populações saudáveis, evidenciava-se a abordagem notadamente etnocêntrica para a realidade da saúde das populações e uma interpretação "naturalizante" de seus modos de vida, marcada por fortes traços moralizantes e ideológicos.

É preciso analisar a flagrante confusão, fomentada pelo discurso médico e pela linguagem da publicidade e da propaganda, entre saúde e beleza, fundante de uma aliança perversa que, hoje, atenderia pelo nome de "medicina estética", categoria tão ampliada quanto a proliferação das técnicas pseudomédicas. Saúde, beleza e juventude são o trinômio a provocar efeitos elitistas, segregacionistas e racistas nas relações sociais. A sofisticada construção de imperativos fundados na noção *do espetáculo, da necessidade de aparentar ser para existir,* que pautam as sociedades hegemonicamente capitalistas, produz adoecimento físico e psíquico, colocando-se a medicina como uma ciência que sustenta e determina padrões de vida aos sujeitos, bem como um instrumento de resolução e enfrentamento de praticamente todas as dificuldades que o homem encontrará ao longo da vida. O horror do envelhecimento e a consequente preocupação com o cultivo da juventude e da beleza são padrões a serem seguidos.

A contraposição entre os discursos produzidos pela lógica dos interesses econômicos e o conhecimento dito científico atravessa o sujeito, que vê seus desejos tomados por necessidades absolutamente contraditórias. É preciso viver plenamente, o que equivale a

40   INTRODUÇÃO

se colocar constantemente em condições de consumir, e, sobretudo, é proibido envelhecer, é inadmissível morrer.

Em virtude do intenso aprimoramento da técnica e da crescente necessidade de acúmulo e expansão do capital, as produções culturais assumiram uma forma peculiar na sociedade contemporânea, caracterizadas pela produção globalizada e em série, nos moldes industriais. Todos os meios de supostamente viver bem, garantindo saúde, qualidade de vida, beleza e juventude, são oferecidos como produtos facilmente acessíveis. São promessas, muitas promessas. Os ideais de qualidade de vida e saúde estão irreversivelmente atrelados às metas subjetivas narcísicas de aparência, beleza e juventude. A medicina estética – cirurgia plástica e dermatologia, mais especificamente – desenvolveu-se de maneira vertiginosa, oferecendo tecnologias variadas que *garantem* aos sujeitos a superação dos seus limites humanos. Como se isso fosse possível. As promessas de beleza, juventude e qualidade de vida como metas da felicidade individual jamais serão cumpridas. Mas quais são os mecanismos psíquicos acionados para atender a esse fim? O exame do que ocorre no sujeito é revelador dos mecanismos e das distorções sociais, de como os movimentos primários narcisistas e mortíferos acabam por se atualizar a partir das saídas sintomáticas e empobrecedoras, construídas em sua relação com a cultura.

Em *Educação e emancipação* (1969/1995), na palestra intitulada "O que significa elaborar o passado", Adorno se vale da obra de Goethe, *Fausto* (1806-1832/1984), em sua magistral apresentação dos embates entre Fausto e Mephisto, para afirmar que a promessa de Mephisto a Fausto, ao garantir a beleza e a juventude eternas, é o esquecimento, o apagamento da memória, de modo que tudo fica de um jeito *como se nunca tivesse ocorrido*. As promessas da medicina que, visando, de certo modo, *ao apagamento no corpo das marcas deixadas pela vida*, acaba por transformar os sujeitos em caricaturas ou invólucros que findam em si mesmos, comprometendo a capacidade de elaboração simbólica dos sujeitos e substituindo-a pelo "esquecimento", pelo apagamento do tempo, *como se a vida ainda não tivesse sido vivida*. Adiante, será explicitado como esse "esquecimento" determina e subjuga os sujeitos em condições sintomáticas e patológicas, uma vez que se busca anular a categoria do tempo, aprisionando-os menos em uma condição de sujeito psíquico que sofre, mas muito mais em um corpo que dói.

A medicina situa-se na literalidade corporal, na fisiologia, mas, ao mesmo tempo, se vale e se sustenta paradoxalmente no irracional e no imaginário. O eixo que sustenta o conhecimento médico é, sem dúvida, o da evitação sistemática do sofrimento ou da busca pela cessação imediata das dores e dos sintomas. Nesse sentido, a medicina moderna não pretende a retomada de questionamentos ou dilemas da existência, não objetiva as indagações que coloquem em xeque as estruturas sociais. Em *Por que a psicanálise?* (2000), Elizabeth Roudinesco afirma que, no caso da medicina, não se trata apenas da eliminação ou da cura dos sintomas, pretende-se a normalização. O modo como se aliaram perversamente o conhecimento científico e a indústria, sob a ótica da indústria cultural, como escreveram Horkheimer e Adorno em *Dialética do esclarecimento* (1944/1985), permite sugerir que o avanço científico e tecnológico, financiado pelo capital, tem "horror ao velho" e necessita ferozmente da renovação para garantir o mercado potencial que faz circular as mercadorias e promover as trocas, estendendo-se e forjando o imperativo do almejado *rejuvenescimento*.

Sabe-se, hoje, que o mercado em torno dessa busca é enorme e movimenta quantias astronômicas de dinheiro em todo o mundo. É também fato que a ideologia sustentada pela medicina acerca da saúde e da qualidade de vida não deixa de fomentar as produções publicitárias que prometem vender aquilo que jamais poderão entregar: a juventude e a vida eterna.

42 INTRODUÇÃO

Adorno (1969/1995) sugere que, nos dias de hoje, somente o exagero consegue veicular a verdade. Situações que se tornaram recorrentes em nosso cotidiano, nas quais sujeitos forjam *caricaturas exageradas de si mesmos* como única maneira de sobreviver, se apresentam mesmo em análises mais superficiais. A dificuldade de aceitação do envelhecimento não é, definitivamente, um assunto das pessoas idosas. Desde muito cedo, sobretudo as mulheres, mas não apenas elas, dedicam-se ferozmente a interromper o fluxo de prazer e felicidade na vida para perseguir, não sem intenso sofrimento, os padrões ditados coletivamente de beleza e juventude. O que se passa especificamente do ponto de vista intrapsíquico?

Os sujeitos são bombardeados com propagandas de alimentos que desencadeiam a necessidade de dietas alimentares, de drogas lícitas que induzem às ilícitas, da vida saudável e das festas e noitadas. A contradição é apenas aparente, pois se trata de produzir o problema enquanto, ao mesmo tempo, vende-se a solução. Com a falsa promessa do acesso ilimitado ao mundo – ideologia da globalização –, como aceitar os limites impostos pela vida, sobretudo pelo envelhecimento do corpo, mediante a constatação de que se vive e se morre concomitantemente? A afirmação de Adorno sobre o exagero se mostra oportuna, pois, de fato, somente exagerando é que se consegue veicular a verdade, tão avassaladoramente encoberta por esse jogo de contradições. Algo vai mal e o corpo é o principal reflexo desse mal-estar, sendo também o seu alvo constante.

As questões enunciadas até aqui apresentam articulações e desdobramentos de alta complexidade teórica, pela multiplicidade de temas que se enovelam em um emaranhado difícil de ser trabalhado. Vale a pena esclarecer, assim, que o principal objetivo do presente livro é desvendar as artimanhas do funcionamento mental em sua aliança com os apelos e as demandas sociais, no sentido do esclarecimento de como os sujeitos se deixam aprisionar pela lógica mercantil.

Acompanhando um pouco mais as contribuições de Adorno (1969/1995), sugere o autor que a consciência da continuidade

MARIA SILVIA DE MESQUITA BOLGUESE 43

histórica praticamente desapareceu, pois as gerações jovens desconhecem os elos fundamentais da civilização, verificando-se uma espécie de "fraqueza social" pela qual os sujeitos são levados até a idade madura e à velhice. A redução de sua existência a uma simples antecipação da ideia da morte, no que diz respeito às violências praticadas contra o corpo em nome da perseguição da eterna juventude, impõe aos sujeitos um funcionamento simplista e/ou imediatista na direção de necessidades primárias e narcísicas. A ideologia em torno das noções de vida e morte – do compromisso com a juventude e com o belo – e do horror ao envelhecimento e à finitude é fomentada pelo desenvolvimento científico e tecnológico estrondoso alcançado pela medicina moderna, que acarretou progresso considerável e não desprezível, mas se vale do sofrimento *masoquístico* do homem para triunfar.

A psicanálise se encontra, hoje, confrontada por questões fundamentais, sobretudo a partir de fenômenos que acedem à clínica denunciando, de maneira atualizada, os dilemas que Freud enfrentou a partir de seu desencantamento, na entrada dos anos 1920, diante das dificuldades teóricas que imaginava ainda superar e pelos embates que travava em sua clínica cotidiana. Inegavelmente, *Além do princípio de prazer* (1920/2010) constitui um marco na obra freudiana e provocou uma "virada" no desenvolvimento geral da teoria psicanalítica, custando a Freud mais vinte anos de trabalho incansável na busca de compreender a complexidade e as contradições da vida do homem. Partindo do princípio de que a vida carrega o desejo da própria destruição, Freud reformula sua teoria pulsional, sugerindo que pulsão de vida e pulsão de morte habitam lado a lado. Em uma entrevista concedida a um jornalista em 1926,[4] Freud afirma, de uma maneira tão coloquial quanto contundente, que

---

4   A entrevista foi concedida por Freud a George Vierek, periodista do *Journal of Pschology*, em 1926 e publicada em 1957 em Nova York. Foi traduzida do inglês para o espanhol por Miguél Ángel Arce e também publicada pelo jornal *Folha de São Paulo*, em 3 de janeiro de 1998. Em 2004, a editora Boitempo publicou esta entrevista em sua íntegra no livro *A arte da entrevista*.

> *a morte é companheira do amor, juntos eles regem o mundo. A humanidade não escolhe o suicídio porque suas leis internas desaprovam as vias diretas de morte. A vida tem que completar seu ciclo de existência. Em todo ser normal, a pulsão de vida é forte o bastante para contrabalançar a pulsão de morte, mas, no final, esta se torna mais forte. Podemos nos distrair com a fantasia de que a morte nos chega pela nossa própria vontade, é mais provável que não possamos vencer a morte porque na realidade ela é uma aliada interna. Nesse sentido, pode ser justo dizer que toda morte é um suicídio encoberto (acrescentou Freud com um sorriso)* (VIEREK, 1957, tradução nossa, p. 23).

No que tange à teoria pulsional, desde o exame das pulsões do Eu que são apresentadas no texto *Introdução ao narcisismo* (1914/2011), Freud se ocupou em compreender como as forças mais conservadoras do psiquismo operavam desde o Eu em contraposição às forças libidinais. No texto de 1920, não caberá mais dúvida: a tendência conservadora do Eu é a expressão mesma do que Freud veio, então, a nomear como pulsão de morte, *a pulsão por excelência*. O estudo de como essas tendências mortíferas do Eu se aliam às pulsões eróticas, na manutenção e no aprisionamento dos sujeitos em um funcionamento predominantemente narcisista, é uma "via fecunda" para a elucidação das questões levantadas aqui, pois os impulsos libidinais que investem o Eu e que, desde a primeira teoria, já podiam ser compreendidos como movimentos fortemente regressivos e patógenos desvelam-se fusionados à pulsão de morte.

A pulsão de morte, a compulsão à repetição e o universo do traumático serão fios condutores dos movimentos freudianos nos anos 1920, na realização de uma meticulosa e difícil revisão teórica, que é, ainda hoje, enigmática em alguns pontos centrais. Além dos conceitos de narcisismo e pulsão de morte, duas dessas revisões se colocam, a meu ver, como fundamentais. A primeira é a reescrita de Freud, em 1924, acerca de sua concepção do masoquismo primário e de suas duas formas derivadas, o masoquismo feminino e o masoquismo moral. Descrevendo-o, inicialmente, como força misteriosa do psiquismo, tentou elucidar a maneira como a obtenção do prazer ou a evitação do desprazer são deslocadas do seu suposto lugar de metas principais do funcionamento mental para serem colocadas a serviço das tendências mortíferas, "como se o vigia de nossa vida mental fosse colocado fora de ação por uma droga" (FREUD, 1924/2010, p. 199). A segunda diz respeito à revisão de sua teoria sobre a angústia, que resultou, centralmente, no longo texto "Inibições, sintomas e angústia", de 1925, no qual suas formulações e suas indagações parecem circular de maneira labiríntica e oscilante entre as vivências psíquicas primárias de angústia e as sensações corporais de desintegração, a angústia no real do corpo.

O conceito de pulsão de morte, forjado entre os interstícios de um corpo também biológico e sua possibilidade de ganhar qualidade psíquica, impõe a Freud o reexame de questões que se referem, de um lado, às determinações biológicas e, de outro, às condições psíquicas constituídas a partir da ordem simbólica. Sob o império da morte e do trauma, Freud seguiu claudicante em seus últimos tempos.

O acompanhamento desses caminhos e descaminhos freudianos é fundamental, uma vez que a reflexão em psicanálise, ao contrário do que Freud, em seu positivismo persistente, pôde supor, jamais conseguirá prescindir do exame e da investigação dos movimentos hesitantes ou incertos pelos quais os sujeitos buscam suas formas de viver e de pertencer, ousando inscrever seu nome e sua história nos limites da singularidade, apesar das improntas coletivas e universais. Assim, além do exame dos conceitos freudianos

46 INTRODUÇÃO

mencionados, seguindo a tradição propriamente psicanalítica, cada capítulo será introduzido por um fragmento clínico. Sendo a escrita da clínica uma via inaugural e indissociável da própria teoria psicanalítica, esta escolha se justifica pela importância de buscar transmitir algo difícil de dizer, que escapa e multiplica seus sentidos, mas apresenta contundência imprescindível em relação à possibilidade de elaborar teoria, em contraposição àquilo que venha a se apresentar, precipitadamente, como universal.

A tarefa de escrever sobre a clínica, no entanto, não é simples. Além de medidas de natureza ética para proteger os *analisandos*, aqui certamente tomadas, e da obediência às indicações de Freud para se tornarem casos clínicos já encerrados – protegendo, assim, a transferência, instrumento primordial e vivo nas análises em andamento a ser, também, eticamente resguardado –, os efeitos da exposição do trabalho do psicanalista são um aspecto não menos importante.

> *O psicanalista não escreve somente por um dever de ciência ou pelo anseio de conquistar sua placa de mármore. Talvez escreva, como sugere Pontalis, para reencontrar seu nome próprio, já que, mais do que ninguém, presta-se a receber, pelo efeito da transferência, tantos nomes que não o seu (DELORENZO; MEZAN; CESAROTTO, 2000, p. 107).*

A escrita da clínica, como afirmam Delorenzo, Mezan e Cesarotto, coloca o analista nos limites do risco, pois não seria possível transmitir o que é da ordem do inconsciente sem cometer uma dissecção. Será sempre preciso ousar e suportar a dose de transgressão inevitável, na medida em que escrever sobre a clínica é narrar uma ação que ocorre entre duas pessoas em situação de completa intimidade. Apesar do risco, busca-se, aqui, justamente dar voz aos movimentos subjetivos, flagrar os embates e os sofrimentos de sujeitos que, de diversas maneiras, decidiram se fazer escutar por uma psicanalista. Suas narrativas falam por si mesmas, bem como os embates transferenciais e as dificuldades enfrentadas no seguimento de cada uma das análises aqui relatadas, ainda que de maneira fragmentada. Seria possível fazer somente referências aos fenômenos clínicos da contemporaneidade, colocando-os em contraposição, ou simplesmente ao lado, de questões fundamentais que permaneceram, desde Freud, abertas aos psicanalistas da atualidade. No entanto, a meu ver, seria escolher abrir mão da força evidente de cada uma das narrativas que serão apresentadas a seguir.

Na presente reflexão, as vinhetas clínicas não cumprem a função de alcançar o esgotamento das possibilidades interpretativas em cada caso. Ao contrário, as histórias e os sofrimentos de cada um dos sujeitos aqui apresentados produzem a tensão dialética necessária à enunciação dos impasses que permanecem, ainda, insuficientemente esclarecidos. A clínica contemporânea apresenta-se aos psicanalistas em toda sua densidade e sua complexidade. Desde o atendimento a pacientes psicóticos até as dificuldades presentes na análise dos pacientes considerados fronteiriços, a ampliação das possibilidades de intervenção clínica do psicanalista tornou ainda mais denso o universo de questões a serem enfrentadas em um tempo em que os avanços da medicina e das neurociências trouxeram de volta a discussão sobre os padrões considerados científicos e a não cientificidade da psicanálise.

Freud já anunciara, desde seus primeiros relatos de casos clínicos nos anos 1890, o temor de que seus textos escapassem da estilística necessária aos escritos científicos, transformando-se em peças essencialmente literárias. Do mesmo modo, em *Interpretação dos sonhos* (1900/2012), ao decidir expor sua autoanálise, menciona seu horror de ver exposta suas intimidades. Ainda assim, ele escolhe prosseguir, pois defende que a publicação de narrativas clínicas se justifica pela possibilidade de se alcançar a transcendência das subjetividades, inscrevendo-as, ao menos, como questões lançadas à cultura.

Os caminhos que se abrem para a psicanálise continuam sendo aqueles nos quais as construções e as desconstruções nos obrigam a todos à sustentação de uma certa impostura, por meio da qual acreditamos que se deve prosseguir. Pois não será justamente a *fronteira* o único lócus possível de existência?

1. Sob a égide do narcisismo

O primado da beleza e da juventude eterna

> "**Precisão**
> *O que me tranquiliza*
> *é que tudo o que existe,*
> *existe com uma precisão absoluta.*
> *O que for do tamanho de uma cabeça de alfinete*
> *não transborda nem uma fração de milímetro*
> *além do tamanho de uma cabeça de alfinete.*
> *Tudo o que existe é de uma grande exatidão.*
> *Pena é que a maior parte*
> *do que existe com essa exatidão*
> *nos é tecnicamente invisível.*
> *O bom é que a verdade chega a nós*
> *como um sentido secreto das coisas.*
> *Nós terminamos adivinhando, confusos,*
> *a perfeição.*"
> Clarice Lispector, *A descoberta do mundo*, 1967

Narcisismo do sujeito

a. O horror de Helena[5]

> Inicialmente, tinha horror do formato de meu nariz, que mais parecia uma batata no meio do rosto. Então, comecei com essa preocupação, porque eu parecia ser a única na minha família a ter essa distorção física. Operei meu nariz aos 29 anos e tive duas surpresas a partir de então: lidar com a minha cara nova e, ao mesmo tempo, descobrir que podia fazer o que quisesse com ela, até conseguir me sentir bem. Ainda hoje, tenho dificuldades em saber ou lembrar do meu rosto inteiramente, preciso sempre do espelho para conferir. Mas, toda vez que me olho, examino a minha imagem no espelho e penso "não, ainda não ficou bom...". Daria muito certo se a gente não envelhecesse, mas por essa pegadinha eu não esperava. Eu pensava em um rosto aos 29, mas, hoje, tenho 62 e as coisas não se encaixam exatamente. É uma pena... Quando você não gosta do seu corpo e do seu rosto, precisa agir, mas dificilmente as coisas saíam como eu esperava. Sabe quando você vai ao cabeleireiro e pede um tipo de penteado ou corte de cabelo? Então, é a mesma coisa. Às vezes ele vai te falar que seu cabelo não pode ficar igual ao da revista. Eu vivi muito

---

5 *Afrodite*, segundo a mitologia grega, era a deusa do amor e da beleza. Possuía um cinturão que a tornava irresistível. Na disputa pela maçã arremessada por Éris, a deusa da discórdia, Afrodite sai vitoriosa por oferecer a Páris o melhor presente para ganhar sua preferência, em detrimento de suas irmãs Hera e Atena. Afrodite ofereceu *Helena, a mulher mais bela do mundo,* e Páris abriu mão de ser o governante mais poderoso ou o homem mais sábio do mundo como consequência.

essa sensação, de não ter saída... Há muito sofrimento envolvido. Mas continuo tentando. Antes, queria deixar meu rosto mais bonito e, agora, preciso cuidar também das rugas, da velhice. Foi a Madonna quem disse que Deus fez brincadeiras de mau gosto com o corpo da mulher. Mulher velha é o fim da picada... Não suporto gente velha, nem gorda.

Helena, assim a chamarei aqui, me foi encaminhada por uma dermatologista. Mesmo após ter se submetido a sete cirurgias plásticas – cinco no rosto, uma nos seios e outra no abdome –, seguia percorrendo consultórios médicos atrás de sua imagem ideal, de transformações que pudesse fazer em seu corpo e seu rosto. A certa altura de sua longa relação com a paciente, a médica percebeu que havia algo no comportamento de *Helena* a ser melhor observado. Negou-se, assim, a seguir marcando procedimentos, sobretudo os que se destinavam à correção do rosto, sobre os quais a paciente jamais concordava ter alcançado resultado satisfatório.

Assim, recebo *Helena*, visivelmente contrariada por estar diante de uma psicanalista, precedida por um telefonema da dermatologista que me pedia, basicamente, para avaliar a depressão de uma mulher cuja condição psíquica parecia ser frágil, o que acarretara sempre muitos atritos e dificuldades na relação médica/paciente. Compareceu a apenas quatro entrevistas, durante as quais buscava se convencer – e a mim também – de que a insatisfação com sua imagem não tinha relação com qualquer outro aspecto de sua vida. Em grande parte da primeira entrevista, queixou-se da médica, que pensava processar. Algumas de suas falas: "Gastei uma pequena fortuna lá"; "De repente, isso: 'quero que vá conversar com alguém, vai ser bom pra você'"; "Cara de pau!"; "Devia ter me dado diretamente um atestado de sua incompetência".

Nas entrevistas que se seguiram, gastou o tempo inteiro para me contar, em detalhes, a sucessão de suas cirurgias plásticas e outras intervenções, sempre finalizando com uma pergunta para mim: "Você não acha que eu tenho razão?". E acrescentava: "Eu não tenho nada a fazer aqui". Um sonho de angústia, ocorrido entre a terceira e a última entrevistas, acabou por afastá-la de qualquer possibilidade de se reencontrar, ao menos naquele momento, a partir de uma narrativa sobre si mesma, para além dos achaques que fazia a seu corpo. No sonho, ela se via vagando, perdida. A cada pessoa que encontrava, endereçava a pergunta: "Onde eu estou?", e as pessoas, invariavelmente, respondiam com outra pergunta: "Para onde você está indo?". Disse-me, então, na última entrevista, que sabia que havia sonhado porque estava vindo me ver, mas que não tinha mais tempo para isso. Não via problema algum em querer se manter jovem. Preferia viver a vida que restava e não perder tempo pensando sobre o viver. Jamais tive notícias dela depois disso, mas saiu dizendo que procuraria outro médico mais competente e, assim, continuaria sua saga.

> *No momento, incomoda a falta de simetria no meu rosto.*
> *Quem não sabe aplicar botox não devia se meter a fazer.*
> *Você percebe? Fica nítido se você examinar as sobrance-*
> *lhas. Essa foi a polêmica, eu vejo que uma está mais baixa*
> *do que a outra... Ela não consegue resolver e acha o quê?*
> *O que uma psicanalista poderia fazer com isso?*

b. As ancoragens do conflito

A escolha desse fragmento clínico é oportuna e justifica-se, a meu ver, pelos elementos que a própria narrativa evidencia literalmente. Destaco, primeiramente, a relação entre a idade – a passagem do tempo – e a satisfação ou a insatisfação com os próprios corpo e rosto. Como diz *Helena*, sua busca teria dado certo se o tempo parasse de avançar. O espelho/fotografia de sua imagem se *quebrava* a cada vez que a imagem traía aquilo que, no registro do corpo, escapava de suas tentativas de apropriação. Nos dias de hoje, o conflito expresso por ela de modo *escancarado* não é absolutamente incomum. Chama a atenção seu aprisionamento em um circuito que se repete pela subjugação constante de seu próprio corpo em busca de uma imagem idealizada. Tendo sua autoimagem distorcida e interferida pela busca ou pelo resgate dessa imagem ideal, vive no sem sentido dos efeitos traumáticos inscritos em seu corpo. A agressividade com a qual o agride transborda, ainda, no modo odioso como estabelece suas relações. Apesar disso, é oportuno acrescentar, seu tom de voz era bastante baixo, suas atitudes e comportamentos eram polidos e seu discurso era repleto de *"por favor"*, *"muito obrigada"*, *"não me leve a mal"*, *"não é nada contra você"*.

O cuidado e a preocupação com sua autoimagem eram amplamente disseminados desde seu corpo até sua aparência, sua vestimenta e seu comportamento. Assim como havia alertado a dermatologista, a fragilidade, temperada por uma agressividade velada, apresentava-se com significativa nitidez. Traços histéricos superficiais podiam ser flagrados durante as entrevistas, tendo por função a tentativa de sustentar suas defesas psíquicas. Para além ou aquém das defesas, eu estava diante de uma mulher submetida, cruelmente, a seus movimentos narcisistas mais primários.

A meu ver, a temática do *narcisismo* se impõe. De um lado, como conceito central, pela necessidade de aprofundamento das bases teóricas e metapsicológicas que o constituem; de outro, como elemento fundamental na compreensão das várias modalidades de psicopatologia, especialmente aquelas que se manifestam na complexa e conflitiva relação dos sujeitos com seu corpo e sua imagem.

c. Para introduzir o narcisismo

Nesse sentido, tomarei, a seguir, as concepções freudianas acerca do narcisismo (1914/2011). Antes, porém, destaco as questões que entrarão em diálogo com o conceito descrito por Freud: as constantes intervenções corporais, nos dias de hoje, decorrentes de uma necessidade de modelização e modelagem dos corpos (ORY, 2006), sustentam-se em movimentos regidos por algum tipo de simbolização psíquica? Ao contrário do *acting out* presente na histeria, com sua evidente carga simbólica a ser desvelada, a saída psíquica encontrada nesses casos seria, fundamentalmente, a *passagem ao ato*? A ação sobre o corpo, na maioria dos casos brutal e violenta, faria desaparecer as possibilidades de elaboração psíquica e de consequente simbolização?

Destaco, ainda, outros aspectos presentes no fragmento clínico, pois a recusa ou a impossibilidade da paciente em se analisar se insinuam fortemente em seu sonho de "Alice", revelador de uma circularidade esterilizante e fomentadora de intensa angústia. "Onde eu estou?" e "Para onde você quer ir?" seriam perguntas impossíveis de responder. Do mesmo modo, *Helena* se vê aprisionada em um circuito que se repete cotidianamente em sua vida de vigília. Por meio da ação, necessita intervir em seu corpo para, magicamente, controlar ou até cessar a passagem do tempo, pelas tentativas de reparação e reconstrução, sobretudo de seu rosto.

Birman (2012) alerta, apropriadamente, que, do ponto de vista da clínica, as diferenças de alguns fenômenos nos dias atuais são evidentes, pois, nas patologias adjetivadas como *contemporâneas*, o silêncio simbólico se manifesta, sob o fundo do ruído, pela perturbação produzida no registro do somático, enquanto as formas de simbolização próprias da histeria, por exemplo, delimitam o campo de encenação no nível do corpo erógeno. O autor destaca, nessa categoria, o estresse físico e psíquico, o pânico e as perturbações psicossomáticas. Acrescento as distorções e as angústias diante da própria imagem, geradoras, inclusive, de ataques impensáveis contra a integridade física dos sujeitos.

O que está em jogo no processo de modelagem e modelização do próprio corpo? Claro está que a impronta cultural e coletiva deve ser levada em conta, mas proponho acompanhar as concepções freudianas acerca da função e das características do narcisismo como traço estruturante do psiquismo, ao mesmo tempo em que buscarei relacionar alguns elementos distintivos do narcisismo a fenômenos, sejam os considerados psicopatológicos ou aqueles que refletem comportamentos mais comuns e gerais. O desvelamento dos movimentos psíquicos concernentes à obsessão pela imagem conduz ao exame das condições presentes em uma cultura que faz coincidir o belo, o jovem e o saudável como expressões quase sinônimas, tornando-as credenciais para o pertencimento social e para a troca amorosa da vida adulta.

No início de *Introdução ao narcisismo* (1914/2011), Freud distingue o conceito de narcisismo descrito por Nacke (1899), compreendido como uma das formas de perversão, daquilo que vem a postular como "o complemento libidinal do egoísmo do instinto de autoconservação, do qual justificadamente atribuímos uma porção a cada ser vivo" (p. 15). Apesar disso, a descrição de Nacke não é tomada por Freud ao acaso ou com o intuito de descartá-la. Ao contrário, suas concepções serão consideradas, tanto em relação ao seu caráter patológico quanto à sua condição estruturante das subjetividades. Nacke descreve o narcisismo como a conduta do indivíduo ao tratar o próprio corpo como um objeto sexual, com todos os desdobramentos que isso acarreta em uma relação afetivo-erótica, uma vez que essa relação não deixa de ser tão ambivalente quanto o amor/ódio desenvolvido pelo objeto.

Evidentemente, Freud está interessado na postulação da ideia de um narcisismo primário e estruturante, uma vez que, considerando sua perspectiva econômica para a compreensão da relação entre "patologia" e "normalidade", os comportamentos perversos ou aberrantes dos sujeitos em relação a si mesmos e a seus corpos não deixam de desvendar as condições universais e inescapáveis dos sujeitos em geral. Movimento comum em suas elaborações teóricas, mais uma vez ele parte de uma noção compreendida no terreno das perversões, visando à sua universalização.

Em outras palavras, o abandono da realidade e o contrainvestimento em si mesmo, característicos do que ele denominava de afecções narcísicas, as psicoses, também estão presentes em graus variados nos indivíduos neuróticos, embora a análise demonstre que, nesses casos, não há ruptura ou suspensão da relação erótica com pessoas e coisas. Na busca de uma compreensão mais profunda, Freud vai se debruçar sobre as condições narcisistas dos povos primitivos e das crianças e no que elas revelam sobre a megalomania e a onipotência de pensamentos, enfim, sobre a magia, postulando a existência de um investimento libidinal do Eu originário.

Embora voltado ao funcionamento mental, não se pode esquecer que as experiências narcisistas, estruturantes ou patológicas estão articuladas à não menos fundamental *presença do corpo na experiência do sujeito*. Como bem destaca Birman (1999), grande parte da comunidade psicanalítica se esqueceu de que o sujeito que sofre tem um corpo no qual está enraizada a experiência da dor. Acrescente-se a experiência de prazer ou qualquer outra, pois não existe dualidade ou polaridade insuperáveis, apenas um corpo-sujeito propriamente dito, ou, ainda, apenas o Eu. Em outras palavras, a *experiência subjetivada do corpo*.

Do autoerotismo primordial ao narcisismo, ensina Freud, é essencial que haja uma nova ação psíquica, o aparecimento de uma unidade comparável ao Eu. Tomado por Freud como suposição necessária, o Eu, que não estava presente desde o nascimento, precisa ser desenvolvido. De um corpo, atravessado e fragmentado pelos efeitos dos impulsos autoeróticos, à noção de um Eu narcisista, promovedor da existência do sujeito/objeto amado, Freud destaca, assim, o narcisismo como estruturante da subjetividade, a partir do amor próprio e da preocupação e dos cuidados consigo mesmo, fundamentais para a autopreservação.

E por que Freud veio a estudar e buscar compreender o narcisismo? Qual a via encontrada por ele? Sem dúvida alguma, a partir de suas concepções acerca da sexualidade humana e da importância da compreensão ampliada do erotismo, Freud concebe o corpo erógeno, nascido de sua teoria sobre a sexualidade: sexualidade infantil marcada e conduzida pelas zonas erógenas, bordas ancoradas e sustentadas pelo corpo a partir de suas necessidades, que impulsionam os sujeitos em direção às experiências de satisfação que podem alcançar por meio do outro no mundo. Não será diferente neste texto, pois ele voltará sua atenção, desde o início, para a reflexão sobre o corpo. Entretanto, suas considerações sobre doença orgânica, hipocondria e vida amorosa dos sexos buscam elucidar os modos de circulação pulsional no corpo propriamente. O questionamento ao primeiro dualismo pulsional e os embates que vinha travando no campo da psicanálise, sobretudo com dois de seus discípulos prediletos, Jung e Adler, impulsionavam-no a encontrar respostas.

Não por acaso, o caminho de Freud interessa aqui sobremaneira, pois apenas compreendendo a dimensão estruturante do narcisismo – do amor por si mesmo – será possível desvendar as distorções e os sintomas em torno do corpo e da feroz vigilância que o Eu e o Supereu exercem sobre ele, para muito além da autopreservação um tanto menos complexa de sua primeira tópica. Freud, agora, dará destaque a outro discípulo, Ferenczi, ao mencionar a importância de se compreender, com mais profundidade, a influência exercida pelas doenças orgânicas sobre o fluxo libidinal que circula e atravessa o corpo, sobrecarregando-o. As mazelas e as dores corporais retiram do sujeito qualquer interesse pelas coisas do mundo externo, na medida em que não dizem respeito ao seu sofrimento, mais especificamente, como sugere Birman (2012), à sua dor. A retirada do investimento libidinal no mundo pode atingir até mesmo as relações amorosas. As pessoas cessam de amar enquanto sofrem na literalidade de seu corpo, ou seja, quando sentem dor. Freud afirma que, nestes casos, ocorre uma retração narcísica, na qual há predominância de investimentos libidinais de volta ao Eu.

A obsessão com a manutenção da beleza e da juventude, certamente, remete a uma distorção desse tipo, uma vez que a perseguição doentia de um corpo perfeito se assemelha ao movimento hipocondríaco de tomar conta de um corpo que, perigosamente, pode adoecer, nesse caso tomado como um corpo que, perigosamente, *vai envelhecer*. Trata-se da *dor de envelhecer*. Pode-se sugerir, então, que, quando o envelhecimento é tomado, misturado ou confundido com adoecimento, os sujeitos entram em uma espécie de *cruzada hipocondríaca*, a fim de evitar o envelhecimento/adoecimento.

Incluem-se, nesse movimento, todos os tratamentos e/ou procedimentos médicos/estéticos visando à manutenção da beleza e da juventude. Se, por um lado, pode-se falar em forte represamento da libido no Eu, tomado eroticamente como objeto a ser desejado e venerado, por outro, como se verá no próximo capítulo, os supostos cuidados com o corpo em busca da perfeição cobram um altíssimo preço – não se trata aqui do custo financeiro, certamente também envolvido – pela submissão do sujeito a dores e mazelas decorrentes das múltiplas intervenções no corpo. São também reflexos das negociações psíquicas entre os impulsos eróticos e mortíferos.[6]

---

6 O conceito de pulsão de morte obriga Freud a reformular sua concepção acerca do funcionamento primário do psiquismo, levando-o a reescrever também sobre angústia e masoquismo. Sua virada na teoria, a partir de 1920, poderá vir em

Se o hipocondríaco retira interesse e libido dos objetos do mundo externo e os concentra no órgão que o ocupa, em última instância, no corpo, é preciso acompanhar Freud quando ele sugere que, embora sem base orgânica, como no caso das doenças tangíveis, algo de fato se passa no corpo, pois a *erogeneidade* pode ser pensada como uma característica geral de todos os órgãos. Na hipocondria, haveria um represamento da libido do Eu. Se um forte egoísmo protegeria do adoecimento, paradoxalmente, ele pode vir a se tornar, ao mesmo tempo, a própria fonte do adoecimento evitado.

"Mas afinal é preciso começar a amar, para não adoecer, e é inevitável adoecer, quando, devido à frustração, não se pode amar" (FREUD, 1914/2011, p. 29). Embora essa postulação freudiana possa parecer simplista, amar e ser amado são condições fundamentais para a existência do sujeito, uma vez que a circulação libidinal que o amor objetal promove produz homeostase ou cinestesia física e psíquica necessárias para o desenvolvimento e a manutenção da vida. As relações primordiais, parentais, são fundamentais para o homem, menos pela garantia de sobrevivência física, alimentação e proteção, e mais pelas trocas amorosas que inauguram, fortalecendo o Eu narcisista a alcançar a medida do investimento suficiente no mundo externo para a estruturação de uma vida.

Vale acompanhar Freud um pouco mais em sua descrição da relação amorosa entre pais e filhos, na tentativa de desvendar os movimentos narcisistas presentes na tessitura dessas relações. A atitude terna dos pais para com os filhos, diz Freud, seria a revivescência e a reprodução de seu narcisismo abandonado, revelando a superestimação de caráter narcísico, que levam os pais a atribuir à criança todas as perfeições e a ocultar e esquecer os defeitos. Desde a

---

auxilio da presente reflexão, justamente no exame dessa dimensão mais profunda do psiquismo, ancorada muito mais no real do corpo e em seus movimentos que, essencialmente, na ordem simbólica, como fizera crer sua primeira teoria.

60   SOB A ÉGIDE DO NARCISISMO

educação na tenra idade, portanto, os sujeitos são levados a renovar as antigas exigências de privilégios dos pais, uma vez que a nova geração, essa sim, deveria, idealmente, passar a viver em melhores condições, superando os limites impostos pela vida, a própria castração. Doença, morte, renúncia à fruição, restrição da própria vontade não devem vigorar para a criança. *His majesty the baby.*

As relações amorosas do homem, portanto, representam em si mesmas uma contradição, pois o amor parental não deixa de ser o narcisismo dos pais renascido, que, na sua transformação em amor objetal, revela a natureza de outrora, inclusive no ponto mais delicado do sistema narcísico, segundo Freud, a imortalidade do Eu. Porém, as passagens do sujeito pelas etapas do desenvolvimento psicossexual até a idade adulta deveriam produzir o arrefecimento de sua megalomania, apagando os traços narcísicos a partir dos quais se poderia acessar o narcisismo infantil. A maciça carga libidinal que outrora investira o próprio Eu toma diversos destinos ao longo da vida,[7] mas, diz Freud, parte dela se destina à criação de um *ideal* dentro de si, por meio do qual é medido o Eu atual. Armadilha importante construída para ser uma saída desejável, não deixando, contudo, de se colocar como uma contradição difícil de ser superada ao longo da vida.

Para tornar a ideia mais clara: a esse ideal do Eu dirige-se o amor a si mesmo, de que o Eu real desfrutou na infância. O narcisismo é deslocado para esse novo Eu ideal, que, como o infantil, se acha de posse de toda preciosa perfeição. O sujeito não quer se privar da perfeição narcísica da infância; o que ele projeta diante de si como seu ideal é o substituto para o narcisismo perdido da infância, na qual ele era seu próprio ideal. Contudo, haver trocado seu narcisismo pela veneração de um elevado ideal do Eu não implica, de modo algum, ter alcançado a sublimação das pulsões, pois a formação do ideal

---

7   Ver *A pulsão e suas vicissitudes*, de Freud.

aumenta as exigências do Eu e é o que mais favorece a repressão e a neurose, para não mencionar as defesas mais primitivas e as saídas patologicamente mais graves, descritas por Freud como *afecções narcísicas*, as psicoses. Vale ressaltar, Freud está, aqui, desenvolvendo suas primeiras noções em direção ao que veio a postular como sendo o Supereu, neste texto ainda denominado "consciência moral".

O amor próprio, em parte primário, possui uma dependência da libido narcísica. Outra parte se origina da onipotência confirmada ou não pela experiência do cumprimento do ideal do Eu. Em outras palavras, pode-se dizer que, nas psicoses, o amor próprio é aumentado e, nas neuroses, é diminuído; na vida amorosa, não ser amado rebaixa o amor próprio, enquanto ser amado o eleva. Freud ressalta que "ser novamente o próprio ideal, também no tocante às tendências sexuais, tal como na infância, é o que as pessoas desejam e pensam ser a felicidade" (1914/2011, p. 48).

A saga de *Helena* pela manutenção da beleza e da juventude e/ou pela busca de rejuvenescimento e beleza supostamente perdidos se sustenta exatamente nessa movimentação narcisista dos sujeitos em direção ao ideal do Eu. Quanto mais exigentes forem o Eu e o Super-eu, mais obcecada e sintomática será essa busca, levando o sujeito a perder qualquer referência da realidade no que se refere ao exame dos resultados alcançados por todos os procedimentos estéticos adotados. Em lugar de se aperceber da imagem caricatural que seu espelho projeta em virtude dos excessos cometidos, o sujeito enxerga, imaginariamente, sua própria imagem com a parcialidade de seu afetado funcionamento mental. Para o sujeito, a imagem se aproximaria do ideal.

Merecem destaque, ainda, as articulações que sinalizam as possibilidades de desvendamento da trama urdida no tecido social. Freud finaliza o texto dizendo que a compreensão do ideal do Eu e de seus efeitos no funcionamento mental do sujeito permite, também, refletir sobre a *psicologia da massa*. Em seu aspecto social, o ideal do Eu é também o ideal comum de uma família, uma classe, uma nação. A insatisfação pelo não cumprimento do ideal libera libido principalmente homossexual,[8] que se transforma em consciência de culpa ou angústia social. A consciência de culpa foi, originalmente, medo do castigo dos pais ou, mais corretamente, da perda de seu amor; o lugar dos pais que é depois tomado pelos indefinidos grupos sociais aos quais o sujeito pertence.

As questões relativas aos cuidados com a aparência e a imagem corporal expressam movimentos narcisistas primários, pois o esforço de restaurar o corpo, livrando-o das marcas do tempo, é uma tentativa de regressão ao estado no qual o bebê carrega, como diz Freud, a responsabilidade de restaurar o narcisismo dos pais, garantindo, assim, o direito de ser e de continuar a ser amado. A perda de uma imagem valorizada socialmente remete às mesmas ameaças primitivas de desintegração, à angústia primária de morte. Manter-se sob os padrões ditados pela cultura da beleza, da juventude e da saúde, necessariamente assim articulados, é a garantia de pertencimento social, aspecto que será desenvolvido a seguir. Como entender essa submissão?

d. Narcisismo depois de Freud: diálogos possíveis

A construção espiralar do conhecimento, que, na medida em que avança, vai integrando e articulando vários eixos de pensamento, é, para mim, o único modo de produzi-lo. Toda produção teórica deve possibilitar tanto questionamento acerca dos argumentos defendidos, quanto continuidade e desdobramentos de suas proposições.

---

8 *Libido propriamente homossexual*, certamente, não se refere à orientação sexual dos sujeitos, mas ao fluxo afetivo/libidinal dirigido principalmente a pessoas do mesmo sexo de maneira geral, nas mais variadas formas e laços sociais possíveis.

A maneira como Freud apresenta a *hipocondria* no texto de 1914 é, a meu ver, fundamental. Trata-se de um daqueles pontos da teoria freudiana que deixou aberto um diálogo que necessita prosseguir. Diversos autores pós-freudianos, atravessados pelos modos de manifestação dos sintomas que acedem à clínica contemporânea, identificaram e descreveram diversos tipos de sofrimento psíquico vividos no nível ou no registro do corpo, como: síndrome do pânico, anorexia e bulimia, depressão grave ou endógena e mutilação corporal.

Freud considera *a hipocondria a neurose atual da psicose* (BIRMAN, 2012). Fiel a seus principais pressupostos teóricos, identifica, no modo de funcionamento do hipocondríaco, que as manifestações e as transformações corporais e a maneira como o sujeito se relaciona e age em relação a seu corpo são expressões evidentes de suas condições psíquicas, seus sintomas e suas patologias. Assim como na hipocondria, alerta Birman, o mal-estar do sujeito contemporâneo está centrado nos registros do corpo e da ação, indicando uma ruptura entre os registros do espaço e do tempo. O espaço seria dominante do território psíquico. "Com isso, o corpo assume a forma do somático, materializando-se como volume e profundidade, perdendo qualquer dimensão significante [...] O tempo vai para o espaço na nova cartografia do mal" (BIRMAN, 2012, p. 104-105).

O que se evidencia, aqui, é a marca do traumático, o trauma colocado em questão, pois o mal-estar se apresenta hoje vivido nas insatisfações com o corpo e nas ações não mediadas que buscam apenas o alívio de uma tensão e de uma angústia advindas do real do corpo e impossíveis de serem nomeadas.

Algumas ideias de Lacan, sobretudo aquelas descritas em torno do conceito do *estádio do espelho* (1949), merecem ser consideradas. Suas contribuições residem, principalmente, na ênfase que ele deu à espacialidade como predominante na experiência psíquica nos seus primórdios, remetendo a ordem do tempo a uma etapa posterior.

Partindo da constatação da prematuridade biológica do organismo humano pela *desmielinização* das fibras nervosas, Lacan afirma que a criança estaria entregue a uma experiência de desintegração do ser, corporal e psiquicamente, vivendo um constante medo da morte e da dissolução corporal. Observa, contudo, que algo se passa com o bebê entre oito e dezoito meses de vida, protegendo-o, em certa medida, das sensações primárias aterrorizantes. O bebê alcança e atravessa *o estádio do espelho*, paradoxalmente segundo Lacan, ainda que a maturação neurológica de seu sistema nervoso central não tenha sido alcançada. Este descompasso entre os registros do corpo e os do psiquismo possibilitaria a constituição, pela criança muito pequena, de sua imagem corporal, que em nada se relaciona com a noção de esquema corporal alcançada entre dois e três anos, relacionada à conclusão da maturidade neurológica.

Para Lacan, o psiquismo se torna autônomo em relação ao corpo pela presença da *imago corporal* própria, constituída a partir de uma experiência especular. Na formação do estádio do espelho, a criança vê uma imagem projetada no espelho, mas esta apenas é confirmada e validada pelo olhar materno, que apresenta para o bebê a imagem projetada como sendo sua própria imagem. Dessa experiência intensamente prazerosa ao bebê, como sugere Lacan, se constituem os mecanismos primários de identificação e, principalmente, o narcisismo. A sensação de fragilidade e fragmentação, tanto corporal quanto psíquica, permanece no fundo primário do psiquismo como registro das experiências mais primitivas, podendo ser revivida como angústia. O terror à desintegração e à morte do corpo evidencia que o psiquismo seria, originalmente, *espacializado*.

Para Lacan, assim como para Freud, pelas relações amorosas parentais, com a emergência da triangulação edípica e a presença da figura paterna, sofistica-se a mediação psíquica, que se encaminha em direção à ordem simbólica, regida pelo registro do tempo. Somente a partir da entrada do tempo como dimensão reguladora do funcionamento psíquico relativiza-se a *pregnância* do registro do espaço na construção psíquica originária. Se essa espacialização seguisse dominante, a violência, a agressividade e a criminalidade se imporiam na experiência psíquica e social, pois, quando não encontra possibilidade de descarga pela ação, submete e aprisiona o corpo em um circuito de gozo masoquista ou puramente mortífero.

Justamente por isso, a virada teórica empreendida por Freud nos anos 1920 vai privilegiar a compulsão à repetição e o registro do traumático no aprofundamento de suas noções teóricas e também buscar respostas a uma clínica que passa a ser bastante questionada pelo seu próprio inventor. Em *O mal-estar na civilização* (1929/2010), Freud deixa mais evidentes as condições de existência do homem, condenado a buscar formas de driblar seu mal-estar, seu vazio de existir e seus medos mais primitivos de desaparecer e morrer.

André Green, a meu ver, é o autor que prossegue mais centralmente na trilha aberta por Freud, no embate que trava entre a dimensão primária do psiquismo e as dificuldades insuperáveis da clínica. Apesar de ter assistido, por um longo período, aos seminários de Lacan, acabou dele divergindo, entre outros aspectos, em relação às suas concepções sobre o inconsciente estruturado essencialmente como linguagem. Autor de diversos livros mundialmente reconhecidos, tem como um de seus principais méritos o questionamento consequente da maneira como as diversas *escolas* foram criadas dentro da psicanálise. Deixa de seguir Lacan, recusa o lugar de discípulo, mas se mantém em diálogo com diversos autores, incluindo Bion e Winnicott. Green, já em 1975, em um pronunciamento em Londres no Congresso da International Psychoanalytical Association (IPA), alertava para o fato de que alguns fenômenos clínicos e questionamentos metapsicológicos permaneciam sendo grandes desafios à psicanalise contemporânea, não sendo possível ou desejável que os psicanalistas continuassem se agrupando em torno de nomes alçados à condição de pai substituto da psicanálise. Sem jamais ter pretendido fundar uma escola em torno de si mesmo, Green publicou uma obra consistente, sem dúvida alguma.[9] De outro lado, apesar de destacar a força teórica de Freud, jamais pregou um apego religioso ou talmúdico à teoria freudiana, pois trabalha com seus conceitos também a partir das discussões desenvolvidas por autores de seu tempo, que buscam compreender fenômenos da clínica contemporânea diferentes daqueles que chegaram a Freud.

Suas contribuições sobre o narcisismo e a pulsão de morte são de grande valia aqui, pois postula haver uma relação necessária entre os dois conceitos, coisa que, para ele, Freud não teve tempo de desenvolver. Green introduz o conceito de narcisismo negativo no livro *Narcisismo de vida, narcisismo de morte* (1988), descrevendo-o como duplo sombrio e mortífero do Eu do narcisismo positivo. Para ele, todo investimento no objeto, assim como no Eu, se sustenta também em uma base negativa, que visa à regressão do psiquismo a um ponto de zero excitação, que se manifestaria, na clínica, pelo mais completo vazio simbólico. Se estamos buscando compreender os efeitos da pregnância do espaço sobre a pregnância do tempo como operador do funcionamento do psiquismo, com prejuízo significativo da ordem simbólica, é forçoso acompanhar Green na maneira como vem, gradualmente, a entender a negatividade atuante no psiquismo. Negatividade que se apresenta pela ausência de possibilidade de representação, para usar uma expressão que, em si mesma, exige melhor desdobramento.

Freud e também Lacan, cada um a seu modo, certamente consideram o complexo de Édipo como matriz simbólica, como triangulação determinante mesmo nos casos em que há severa regressão aos estágios chamados pré-edípicos. Green os acompanha até certo ponto. Porém, ao se voltar para a inversão teórica capital feita por

---

9 Sugiro a consulta de sua bibliografia completa, mas cito aqui *Narcisismo de vida, narcisismo de morte* (1988) e *O trabalho do negativo* (2010).

Freud nos anos 1920, defende a necessidade de considerar que o funcionamento primário, de outro modo, escapa da organização em torno do complexo de Édipo, pois também se funda em uma angústia que está aquém da angústia de castração, sendo experimentada muito mais a partir do medo de perda do seio, da mãe, enfim, do objeto primordial. As ameaças de abandono e de perda de proteção do Supereu acarretam a intensificação da destrutividade, da depressividade e de estados de vazio simbólico.

Freud se dá conta de que a angústia frente à castração é revivescência de perdas anteriores primordiais. No entanto, como se acompanhará a seguir, ele oscila em relação aos modos de registro desses traços mnêmicos primitivos e à sua influência no funcionamento mental, para ele estruturado, centralmente, pela matriz edipiana. Já Lacan, por sua vez, ao conceituar o Real, se interessará pelo *irrepresentável*, impresso no real do corpo e inalcançável psiquicamente. Retomarei essa discussão adiante.

Na medida em que sigo buscando entender a relação entre a imagem corporal e o horror vivenciado pela passagem do tempo e pelo decorrente envelhecimento do corpo, mais compreendo que grande parte das ações e das intervenções sobre o corpo decorre, exatamente, da ameaça primária de abandono descrita por Green. Em entrevista concedida a Fernando Urribarri e publicada na *Revista Percurso* (2013), em edição que o homenageia, o autor deixa claro que seu trabalho privilegia a retomada da obra de Freud e dela extrai dois modelos, que têm no conceito de representação seu ponto central de distinção. Ao deparar com as dificuldades que surgem na clínica de não neuróticos, a questão da representação psíquica e daquilo que habita o psiquismo sem jamais alcançar qualidade representativa, *o irrepresentável*, Green se dedica a compreender melhor os limites e essas falhas de representação.

Os fracassos da clínica revelam a insuficiência do modelo freudiano desenvolvido em sua primeira tópica. Freud vai em busca de um aprofundamento a partir da noção de pulsão de morte, representante da negatividade presente também na clínica dos neuróticos. A pulsão, que estava descrita como algo na borda entre o corpo e o psiquismo, insiste em se apresentar insidiosamente, invadindo o campo representacional do psiquismo e provocando ataques às possibilidades de elaboração simbólica dos pacientes e à própria transferência, necessária ao trabalho psicanalítico. Green ressalta que, na segunda tópica, as pulsões estão dentro do aparelho psíquico.

Os desdobramentos em relação à pulsão de morte, a pulsão por excelência, serão desenvolvidos no próximo capítulo. Porém, a compreensão de que este *trabalho do negativo* está dentro do psiquismo sugere que as manifestações narcísicas, mesmos as secundárias, também carregam a marca de uma negatividade. Ainda que compreendidas como expressões de amor próprio, movimentos de autopreservação, tentativas de repetição dos circuitos amorosos primários e garantia de pertencimento social, casos como o de *Helena* fazem refletir, nos moldes freudianos, sobre a necessidade de tomar as patologias, na medida em que elas podem, pelo exagero, revelar as condições subjetivas gerais.

Green define o representante psíquico da pulsão como expressão de uma excitação somática que alcança o psiquismo e se manifesta como pura pulsão psíquica. Este seria *um representante sem representação*. Em outras palavras, o irrepresentável integra a teoria da representação. Se insisto nesse aspecto a esta altura, considerando o primeiro esforço de organização psíquica, fundante do Eu, ou seja, o narcisismo, é porque o trabalho de análise das manifestações corporais e das intervenções diretas sobre o corpo obriga à reflexão acerca das condições psíquicas subjacentes. Em princípio, é difícil e questionável a sustentação do argumento de que toda relação dos sujeitos com o próprio corpo seria sempre expressão de patologias ou sintomas psíquicos. Entretanto, não se pode deixar de considerar dois aspectos fundamentais:

1. O exagero e o aumento do sofrimento, psíquico na sua origem e corporal como consequência, decorrente das buscas infinitas de uma imagem idealizada, se colocam como fenômenos clínicos evidentes nos dias de hoje;

2. Os padrões e os funcionamentos ditados pela cultura, como se verá a seguir, potencializam o sofrimento psíquico dos sujeitos e dele se valem para interesses de diversos níveis e finalidades.

e. Corpo e cultura

Em *História do corpo* (2006/2011-2012), os organizadores Alain Corbin, Jean-Jacques Courtine e Georges Vigarello advertem, apropriadamente, que o conflito em relação ao corpo é bastante antigo. Conflito advindo também da cultura e fortemente avivado com a Renascença e o Iluminismo, período no qual se iniciou a singularização do corpo por excelência. Ocorre, na verdade, o que esses autores chamam de *(re)invenção do corpo,* de um corpo fundado na inquestionável entrada em cena da *beleza na modernidade.* "O realismo das formas tomadas pelos corpos pintados na Toscana do século XV realçam o porte e aguçam a aparência geral nos quadros" (CORBIN, 2006, p. 10).

Na verdade, o conflito tão bem expresso por *Helena* revela uma dupla tensão que, como se verá, é inerente ao processo de individuação inaugurado no Renascimento, quando se acentuaram as imposições coletivas e, ao mesmo tempo, se intensificou a libertação individual. As liberdades individuais surgiram concomitantemente ao desenvolvimento das ideologias – inclusive a *eugenista* – que defendem o aperfeiçoamento, o enriquecimento e a preservação da espécie, tornando a saúde uma preocupação coletiva.

Ilustrando a prevalência da beleza como valor social, Corbin, Courtine e Vigarello relatam que a frequência de retratos pessoais da elite parisiense, encontrados em seus inventários de morte, aumentou de 18% no século XVII para 28% no século XVIII. O conteúdo desses retratos também os mostrava menos solenes e era pleno de indícios individuais e privados. "Sujeição como também libertação: duas dinâmicas misturadas que dão ao corpo moderno um perfil claramente especificado" (VIGARELLO, 2006/2012, p. 18).

A retratação da imagem e sua valorização reafirmam padrões coletivos de beleza, que passam a reforçar os ideais subjetivos em relação à própria imagem com o acirramento decorrente do trabalho de vigilância do Supereu. Retratos pintados refletem a imagem a partir do outro e espelhos projetam não apenas a imagem objetiva para os sujeitos, mas, principalmente, suas próprias projeções psíquicas, determinantes das impressões que cada sujeito terá de si mesmo ao examinar sua imagem diante do espelho. Nos dias atuais, vale mencionar, os aparelhos celulares e as câmeras fotográficas digitais concentram os dois princípios. É cada vez mais frequente observar o controle ostensivo que os sujeitos exercem sobre sua imagem projetada, na medida em que diversas fotografias são tiradas de uma mesma *situação/cena*, a fim de que se possa eleger aquela que refletiria a contento a melhor imagem, a partir da avaliação do rigoroso juiz que é o próprio Eu, a ser publicada ao outro. Somos todos juízes e avaliadores de nossa imagem corporal, mesmo em situações comuns de nosso cotidiano.

A preocupação, até obsessão, com a imagem corporal é fruto desta moderna emergência do corpo, cada vez menos compreendido a partir de mecanismos místicos: influência dos planetas, forças ocultas etc. Os instrumentos de compreensão do corpo se *desencantam* e o sujeitam cada vez mais à visão da física, com suas explicações sustentadas pelas leis das causas e dos efeitos. As exigências de um corpo interiormente purificado das malignidades vão, gradualmente, cedendo lugar à busca de um corpo da higiene, da assepsia, marcado pelo controle da aparência e pela manutenção da saúde.

Pode-se dizer que os sujeitos controlam seu corpo e sua imagem corporal como um lócus, um lugar que necessita ser cuidado, uma vez que o corpo não é mais visto apenas como um instrumento, um invólucro a conduzir o homem pela vida até a eternidade, regido por leis místicas e obscuras, como se pensava na Idade Média. De todo modo, tampouco será o corpo regido pela objetividade e pelo controle da consciência, preconizados pelos psicólogos e sociólogos do século XIX, em pleno positivismo. Como bem demonstrou Freud, ao descer ao registro do corpóreo, ao mundo das conversões histéricas, *o corpo pode conduzir a consciência em vez de ser seu objeto.* Atitudes e comportamentos, como destacam Corbin, Courtine e Vigarello, "tornam-se indícios para uma psicanálise sensível às manifestações ínfimas e às expressões anódinas" (2006, p. 7).

Contudo, cabe aqui uma distinção. Freud parte de indícios que são considerados enganosos no nível corporal (os sintomas presentes nas conversões histéricas) para construir uma vasta obra em busca dos sentidos e dos símbolos presentes em diversas formas desse *falso adoecimento corporal.* Os sinais conduzem-no à descrição do psiquismo humano e o sujeito psíquico é tomado como portador de um corpo simbólico – corpo erógeno – que conta uma história do sujeito, forjada ao longo da passagem da vida, das etapas vencidas pelo tempo. O tempo é construtor e condutor da história. O espaço, o lócus, é a base material na qual essa história se sustenta, incluído aí o corpo/soma. O corpo erógeno é resultante do fio tecido pelo tempo no espaço/corpo somático. Como se sabe, Freud teoriza sobre as fases que o sujeito atravessa na constituição de seu aparelho psíquico. Carregando de modo dinâmico as marcas psíquicas do passado no presente, os sujeitos encontram novas possibilidades e posições frente às demandas sucessivas da vida.

f. Tempo e espaço constituintes

A relação dos sujeitos com os limites de sua existência se funda em uma duplicidade inerente, à qual Freud se refere já em *Introdução ao narcisismo* (1914/2011). De um lado, as ancoragens subjetivas, individuais, que ajudam a construir e manter a noção de singularidade, uma vida própria que, como se sabe, é também sustentada pelas ilusões e *fantasma*ções de que nosso psiquismo é capaz em busca de sobrevivência. É o sujeito da história, que vive em um tempo físico constantemente ressignificado pelos tempos psíquicos. Tempo da história coletiva e da cultura e tempos psíquicos fundadores das passagens que ele necessita vencer.

De outro, a existência que nos transcende. Como diz Freud, "o sujeito é em grande parte apenas o ínfimo elo de uma corrente, que lhe é transcendente" (p. 20). A vida que carrega sustenta a marcha da evolução biológica, que se ancora em um tempo sem começo, meio ou fim, atravessada pela dimensão espacial e inapreensível do universo. Somos pequenos, somos poeira, e serão necessários movimentos sofisticados para dar conta da construção de uma trama que sustente a dimensão subjetiva, a noção de si mesmo, de sujeito. Embora Freud tenha abandonado as teorizações acerca do narcisismo para se dedicar a desenvolver e propor seu segundo dualismo pulsional, como se verá a seguir, o narcisismo e a fundação do Eu são os elementos estruturantes do sujeito psíquico, as primeiras formas de organização psíquica voltadas para a dura tarefa de decifrar as mensagens pulsionais.

Birman (2012) destaca os jogos presentes nos movimentos subjetivos entre as duas dimensões, de tempo e de espaço. Para ele, é pela dominância da categoria espaço sobre a tempo que se pode encontrar o fundamento das diferentes modalidades de expressão do mal-estar. Essa dominância altera e, mais propriamente, interfere no entrecruzamento pelo qual se realiza e se operacionaliza a constituição das formas de subjetivação. Concordo com Birman na maneira como pretendeu articular esses conceitos, pois acredito que ela seja de grande valia no exame de nossa questão central: como a passagem do tempo provoca tensão no psiquismo exacerbando as angústias primárias, uma vez que, simultaneamente, o tempo seria o único fio condutor de nossa história, a conduzir a vida e carregar à morte. Assume, assim, importância e protagonismo o exame do conceito de *narcisismo*, pois sua manutenção é crucial ao psiquismo, em busca da autoconservação do organismo e da sua homeostasia de prazer. Sob sua égide, as vivências ganharão caráter eminentemente psíquico, pois as sensações corporais passarão, obrigatoriamente, pelos filtros primordiais que inauguram, fundam o sujeito psíquico.

Recorrendo à noção freudiana de trauma como excesso, Birman sublinha que é a intensificação da angústia do real (ou primária, se quisermos) disseminada que conduz o psiquismo à descarga pela ação – *passagem ao ato* – ou pelas vias da descarga no próprio corpo. "O excesso fica retido no corpo quando não pode ser eliminado como ação" (BIRMAN, 2012, p. 97). Essas ações sobre o corpo e sobre o mundo apresentam equivalência quando ambos são tomados apenas em sua dimensão espacial. Corpo sem sujeito, sem tempo. Corpo sem história nem sentido, em última instância. Em relação às ações sobre o corpo, Freud já havia buscado descrever as diferenças entre as paralisias produzidas por causas orgânicas e as que tinham causalidade psíquica. Desse ponto de partida, como reafirma Birman, as concepções freudianas vão descrever um psiquismo que se desenvolve nas bordas do somático, em que as pulsões podem se constituir como psíquicas e compor o corpo erógeno, para além do somático.

Contudo, o corpo *espacializado* no registro do somático implica um mundo que se delineia e se restringe a coordenadas estritamente parciais (BIRMAN, 2012). E essa ideia, a meu ver, será de grande valia para o exame e para a análise dos efeitos que a *evitação* do tempo e o terror vivido em relação aos seus avanços contínuos sobre o corpo provocam, no sentido do empobrecimento do psiquismo. O controle meticuloso e espacial do corpo *estilhaçaria* a malha simbólica, aprisionando os sujeitos nas sucessivas intervenções no nível do corpo, base que sustenta um frágil equilíbrio psíquico pifiamente mantido por sujeitos que, cada vez mais, desinvestem em si mesmos como sujeitos portadores de uma história e de uma ordem simbólica.

Como fenômenos da contemporaneidade que chegam às clínicas dos psicanalistas, instalam imediatamente um desafio, pois operam nos moldes do que Freud descreveu como neuroses atuais, que decorreriam de pura descarga da excitação para o registro do somático, em detrimento do processo de simbolização. Birman (2012) destaca que a descarga excitatória assume a condição de estase, provocando paralização de movimentos psíquicos que cessam, reduzidos a um ponto no qual se condensa o espaço. O tempo, segundo ele, é a condição de possibilidade para a produção do movimento.

g. Corpo sem sentido

Quais seriam, então, os efeitos dos movimentos do sujeito que visam à paralisia do tempo, ao congelamento de sua própria história? Paradoxalmente, o tempo se torna, ao longo da vida, o bem mais precioso. Tempo é movimento, é um fio que carrega a história e dá sentido à vida dos sujeitos, conduzindo-os, inexoravelmente, para o final. Controlar e contornar o tempo é uma armadilha ilusória que torna o sujeito um ser vagante no espaço, como aquelas imagens dos astronautas perdidos no universo. Nos dias de hoje, dos chamados *"ageless", sujeitos sem idade, sujeitos despreocupados em relação à sua idade,* dos casos de homens e mulheres que *plastificam o rosto em imagens fotográficas*, encontra-se uma diversidade de fenômenos que devem ser melhor compreendidos, tanto do ponto de vista do aprofundamento sobre as condições psíquicas presentes nesses movimentos quanto dos instrumentos clínicos de intervenção de que dispomos.

Nesse sentido, as considerações de Freud acerca da hipocondria, na tentativa de descrever a descida do sujeito ao controle e à obsessão pelo corpo em sua suposta literalidade somática, são fundamentais. Nos moldes do que já descrevera sobre as neuroses atuais, ele busca demonstrar o encapsulamento narcísico do sujeito presente nas psicoses, por sua fragmentação e sua violência sobre a ordem simbólica. A análise do texto freudiano, aqui, se justifica pela força de atualidade que possui. Diversos autores já se perguntaram: por que as noções da psicanálise freudiana não se tornaram anacrônicas? Penso que uma boa hipótese para responder a esta indagação reside na constatação e na observação de que os sujeitos, desde a invenção da psicanálise, ao longo do século XX e do início do século XXI, paradoxalmente, se empobreceram do ponto de vista simbólico, na mesma medida em que passaram, cada vez mais, a ser submetidos à administração e ao controle da coletividade. As tecnologias sofisticadas e as supostas *facilitações* dos modos de existência provocaram efeitos nos sujeitos e nas subjetividades que ainda deveremos seguir analisando nos próximos tempos.

A maioria das pessoas, hoje, acredita magicamente que o modo de vida contemporâneo é único, natural e inevitável. Efeito, a meu ver, do empobrecimento da ordem simbólica. A crença na vida eterna após a morte, da Idade Média, foi substituída pela sensação delirante de que a vida pode ser eterna, o tempo pode ser congelado e as condições de vida nunca mudarão. Qualquer exame superficial da história do mundo serviria para desmontar essa crença. No entanto, ela se sustenta forte como nunca.

Sociedade narcisista

a. O que é sociedade?

As estruturas coletivas – ou, mais propriamente, a cultura – influenciam e induzem a respostas subjetivas na direção do sofrimento e adoecimento psíquicos? Esta é a questão que se impõe quando do exame e da análise das manifestações narcisistas que levam homens e mulheres a buscar, na imagem corporal, uma garantia de inclusão social. Também em resposta aos apelos ideológicos facilmente identificáveis, a subjetividade, hoje, assume uma configuração decididamente estetizante, em que o olhar do outro no campo social e midiático passa a ocupar uma posição estratégica na economia psíquica de cada sujeito. Quais são os efeitos das pressões que a sociedade faz sobre os sujeitos no que diz respeito a suas produções sintomáticas de origem intrapsíquica, em primeira e última instâncias?

Antes de se tentar responder a isso, cabe destacar a ressalva feita por Nobert Elias em seu livro *A sociedade dos indivíduos* (1994a). Segundo ele, todos parecemos saber o que se pretende dizer quando se usa a palavra "sociedade", mas será que realmente se entende o que sociedade quer dizer? Com isso, advirto que a utilização ampla e geral da palavra remete a desdobramentos que não serão feitos aqui, referentes não apenas a diferentes visões conceituais sobre o termo, mas também às múltiplas formas de agrupamentos sociais e coletivos existentes. Sabendo, então, do risco de se trabalhar com generalizações excessivas, assinalo apenas que o termo aqui usado se articula mais propriamente com a concepção de sociedade moderna do capitalismo maduro ou tardio, sustentada por uma visão na qual os sujeitos participam da construção social, sendo agentes e também construtores de suas condições sociais. Apesar disso, sem concordar com a visão que concebe a existência de mecanismos sociais autônomos e independentes da intervenção dos sujeitos, gostaria de marcar que a impronta cultural sustentada pelo sistema capitalista dissemina a ideologia de que os ciclos sociais são inescapáveis e se repetem mais ou menos automaticamente. O que se vende é a ideia de que as formas de vida defendidas hoje pelas sociedades capitalistas são praticamente "naturais". Esta *naturalização* do modo de vida contemporâneo, como bem nomeou Elias, é resultado do caráter metafísico de modelos científicos que, transferindo modelos conceituais de um campo para outro, fundam uma espécie de *religião da razão*.

As ciências médicas, desde o final do século XIX, têm se prestado a esse fim, uma vez que seu conhecimento passa a sustentar regras de conduta e normas de comportamento social. É a sociedade administrada pela medicina moderna, conforme denunciou Foucault em diversas de suas obras, entre outras, *O nascimento da clínica* (1967/1977).

Adjetivar a sociedade de *narcisista* exige o cuidado e o rigor defendidos enfaticamente pelos autores da chamada *Teoria Crítica da Sociedade,* também designados *frankfurteanos* ou pertencentes à *Escola de Frankfurt.* Apesar de não se reconhecerem eles próprios como pertencentes a uma escola, pode-se situar a existência de um grupo de pensadores alemães que, de modo bastante contundente, pensaram criticamente uma sociedade naquele momento mergulhada em forte depressão econômica em um momento histórico já marcado pela Primeira Grande Guerra, terminada em 1918, e pela Revolução Russa de 1917. O grupo se originou no início dos anos 1930 em meio às tensões que resultariam em mais uma guerra. Era constituído, principalmente, por Adorno, Horkheimer, Benjamin e Marcuse. Posteriormente, surgiram nomes também bastante fortes, como Habermas e, mais recentemente, Honneth. Por ora, recorro especificamente a Horkheimer e Adorno (1944/1985), quando defendem o desenvolvimento de uma *psicologia social psicanaliticamente orientada*, que não incorresse no erro de *psicologizar* o social, transpondo categorias individuais para generalizações ou afirmações a respeito de uma sociedade abstrata. Portanto, ao falar de sociedade no presente livro, o objetivo é desvendar, na medida do possível, a trama urdida entre os sujeitos que a constituem, atravessados pelas condições sociais e as instituições que puderam criar, mas que se cristalizaram e se tornaram autônomas em relação aos movimentos individuais. Enfim, as normas, os padrões e as leis estabelecidos garantem os limites dos espaços individuais e fomentam instrumentos de controle coletivo.

> *Por conseguinte, não é tarefa simples elaborar, sem se deixar perturbar por essas profissões de fé, modelos conceituais do "indivíduo" e da "sociedade" que se harmonizem mais com o que existe, com o que é comprovado como fato pela observação e pela reflexão sistemáticas. Tal iniciativa pode, a longo prazo, ajudar a afrouxar os grilhões do círculo vicioso mediante o qual a falta de controle sobre os acontecimentos resulta numa permeação do pensamento por fantasias afetivas e numa falta de rigor na reflexão sobre esses acontecimentos, o que, por sua vez, leva a um controle ainda menor sobre eles (ELIAS, 1994, p. 74).*

O tema do narcisismo, visto a partir da noção de sociedade narcisista, para além de sua conceituação a partir de fenômenos clínicos e dos desenvolvimentos teóricos da psicanálise, tem sido, também, objeto de estudo e de reflexão por diversas disciplinas que se dedicam a pensar a cultura contemporânea. Diversos autores defendem o estudo do narcisismo como uma característica psíquica extremamente exacerbada nas sociedades atuais. O escritor e pensador francês Guy Debord, leitor rigoroso tanto de Marx quanto de Freud, publicou, em 1967, *La societé du spetacle*. Seus principais argumentos destacam o conceito de alienação como mais que um estado ou uma condição psíquica do sujeito: como consequência do modo capitalista de organização social que assume novas formas, em um processo dialético de separação e reificação da vida humana. O espetáculo, a cena, a imagem, aquilo que pode e deve ser apresentado aos outros impõem padrões que nada mais seriam que uma forma de dominação das elites sobre todos os membros da sociedade. A encenação social é constante e, desde as revistas de *celebrities* tremendamente populares no mundo contemporâneo até a maciça veiculação feita hoje por meio das redes e da mídia sociais, ensina a cada um a maneira de se comportar, consumir, comer, vestir, restando, assim, a cada sujeito, a composição e a construção da encenação de seu próprio espetáculo diário. Claro que a noção de espetáculo desenvolvida por Debord retoma e aprofunda o conceito marxista de fetiche de mercadorias,[10] o que remete diretamente à ideia de que também o corpo *espacializado*, o corpo-objeto das inúmeras possibilidades de intervenções e mutilações, é, evidentemente, o corpo fetichizado, o corpo-fetiche.

Em outro continente, o historiador americano Cristopher Lasch (1983) denomina como cultura do narcisismo ou *narcísica* a principal base que domina a sociedade contemporânea. Esse autor, que também se inscreve na tradição da Escola de Frankfurt, como evidenciam suas ideias, é considerado um dos mais severos críticos das sociedades industriais modernas. Lasch nasceu e morreu nos Estados Unidos (1933-1994), aspecto não desprezível em relação ao fato de que ele se utilizava do desenvolvimento e dos modos de vida americanos como fontes para suas reflexões, defendendo que o

---

10 A esse respeito, vale sublinhar a vasta obra de Marx e suas ideias, sobretudo as desenvolvidas no primeiro volume de *O Capital,* para um maior aprofundamento.

modelo americano é uma poderosa matriz que se reproduz nos modos de vida das sociedades capitalistas em geral.

Referindo-se ao que chamava de *esfacelamento da vida íntima*, pergunta Lasch:

> *Por que o crescimento e o desenvolvimento pessoais se tornaram tão árduos de ser atingidos;* por que o temor de amadurecer e ficar velho persegue nossa sociedade; e por que a "vida interior" não mais oferece qualquer refúgio para os perigos que nos envolvem? *(Lasch, 1979/1983, p. 37, grifo nosso).*

Ao investigar as condições sociais, ele se volta ao exame de movimentos, medos e angústias subjetivas, tecendo uma análise bastante interessante acerca da imbricação das esferas pública (ou coletiva) e privada (ou subjetiva). Seu movimento se justifica pois sustenta que a atividade política dos anos 1960 cedeu lugar à impotência diante da burocratização generalizada da sociedade americana, aos medos da escassez iminente dos recursos naturais e ao horror diante da possibilidade de uma catástrofe nuclear. Assim, Lasch afirma que os militantes políticos de outrora cederam lugar a sujeitos que passam a se preocupar cada vez mais com seu próprio bem-estar. Do enfraquecimento do homem político e libertário surgem os sujeitos narcisistas da atualidade.

Segundo Lasch, para que se possa realizar a leitura das novas formas de subjetivação na atualidade, será fundamental a retomada da confusão de *Narciso* entre sua imagem e a do outro no espelho d'água, nublando sua própria identidade por meio da não diferenciação entre o Eu e o outro. Em consequência, será possível surpreender o que está no fundamento da psicopatologia da atualidade. Os destinos do desejo do sujeito assumem uma direção marcadamente exibicionista e autocentrada, na qual o horizonte intersubjetivo se encontra esvaziado e desinvestido das trocas verdadeiramente inter-humanas.

Nessa direção, Lasch vem integrar o coro da defesa do argumento de que o exame da subjetividade permite também, como fizera Freud, aceder e reconhecer o mal-estar na atualidade. Sem tomar traços étnicos ou culturais como atributos necessariamente psicopatológicos, o autor ressalta que, na sociedade americana, a qual viveu e pesquisou, as valorizações, as condutas e os padrões são construídos a partir da utilização de características individuais, que ditam, de modo singularizado, as maneiras como cada um dos sujeitos deve se apresentar. Esse controle e essa determinação de comportamentos, segundo ele, conduzem ao adoecimento e às psicopatologias.

Os sujeitos *narcisistas*, segundo Lasch, são superficiais emocionalmente, têm medo da intimidade, são hipocondríacos e experimentam intensamente o *horror à velhice e à morte*. O cinismo, a descrença no futuro e o desprezo pelo passado dos sujeitos forjados pelas sociedades capitalistas contemporâneas já haviam sido magistralmente descritos por Adorno em *Educação e emancipação* (1969/1995), no qual ele alerta, especialmente, para a perda do sentido da continuidade histórica e de sua importância na constituição de uma malha subjetiva que permita aos sujeitos escapar de um estado de completa alienação.

Não tenho objetivo de analisar, profundamente, as contribuições fundamentais dos autores até aqui mencionados. Entretanto, sem ao menos trazer alguns de seus conceitos, não seria possível compreender os fenômenos que vêm sendo objeto de nossa reflexão. A complexidade das tramas coletiva e subjetiva – que dão origem, fomentam, exacerbam ou forjam as movimentações psíquicas subjetivas – remete, diretamente, às dificuldades que todo psicanalista enfrenta no exercício de sua clínica ao deparar com fenômenos apresentados por seus pacientes, aprisionados e submersos nesse universo de questões, do qual o próprio psicanalista não escapa.

b. O narcisismo e sua relação com as expressões coletivas

O mal-estar em relação ao corpo é absolutamente central para a presente reflexão. Mal-estar e angústia diante de um corpo que envelhece a partir da passagem do tempo, embora à revelia e em consequência de todos os avanços e as promessas feitos pela medicina.

Examinando o campo social da atualidade, constata-se que o encapsulamento do sujeito atingiu limiares impressionantes e espetaculares, se o compararmos aos momentos anteriores da história do ocidente, a partir do Renascimento, quando se instituiu e se reproduziu a visão individualista de mundo. Vale repetir, os movimentos sociais de libertação e individuação vieram, paradoxalmente, articulados ao aparecimento dos instrumentos coletivos de controle. A ordem social passa a ditar a maneira como os sujeitos devem ocupar os espaços individuais, para, inclusive, seguirem merecendo o direito a eles. Porém, na medida em que essas regras avançam sobre a vida privada e a devassam, os sujeitos as tomam como fixas e estruturais das condições de sua existência. O efeito, aparentemente contraditório, é o isolamento, a dificuldade de, efetivamente, se relacionar com o outro e com os grupos. A atividade e a interação cedem lugar a uma relação apassivada e submissa com a própria vida e com o outro.

Homens e mulheres vivem em suas casas na maioria das vezes sozinhos, cumprindo sua programação e executando sua longa sequência de tarefas, acessando o mundo e o outro, predominantemente, a partir da sofisticada mediação tecnológica que faz acreditar que o sujeito está em contato real com os outros. As redes sociais se transformaram nesse lócus no qual o outro é virtual e existe apenas na medida em que emite aprovação ou não a respeito da encenação diária de cada um. Um dos traços fundamentais, propostos por

Lasch, acerca da cultura do narcisismo é que, nas condições atuais, a alteridade tende ao apagamento e quase ao silêncio na economia do sujeito. O cuidado excessivo com o Eu a transforma, assim, em objeto permanente para a admiração do sujeito e dos outros, de tal forma que aquele realiza polimentos intermináveis para alcançar o *brilho social* – ou, se preferirem, o *glamour*.

Nesse contexto, a mídia que se difundiu e se espalhou pelas redes sociais se destaca como instrumento fundamental, sinalizando 24 horas por dia os limites e os padrões, a fim de ajudar a forjar o *polimento* necessário para cada um. A cultura da imagem é o correlato essencial da estetização do Eu, na medida em que a produção do *brilho social* se realiza, fundamentalmente, pelo esmero desmedido na construção obcecada da imagem pelos sujeitos. Institui-se, assim, a hegemonia da aparência, que define o critério fundamental do ser e da existência glamourosa. Na cultura da estetização do Eu, o sujeito vale pelo que parece ser, mediante imagens produzidas para se apresentar na cena social. Como se o sujeito nessa exposição das tensões narcísicas espetaculares, ironicamente, terminasse por se revelar rigorosamente honesto em seu cinismo.

Impressionante a descrição que faz Lasch da crença do indivíduo moderno de que o futuro não existe, suas decisões e suas ações ocorrem de maneira muito mais imediata, ou, como dito acima, podem ser consideradas muito mais como *passagem ao ato*, pela incapacidade narcisista dos sujeitos de se identificarem com as noções de finitude e posteridade, de se sentirem parte do fluxo da história. Evidentemente, Freud já alertara, em *Introdução ao narcisismo (1914/2011)*, que o homem vive uma existência dúplice e seu narcisismo é fundamental para que o Eu construa uma história e uma vida que façam sentido, que o mantenham, de todo modo, vivo. Porém, ao se perder dos sentidos de coletividade e da história da civilização, das construções que o antecedem e que a ele sobreviverão, ataca suas próprias ancoragens simbólicas que sustentariam sua própria história.

84 SOB A ÉGIDE DO NARCISISMO

Ocorre que, em uma dimensão patológica de exacerbação da condição narcísica, o sujeito desinveste o mundo e o outro e passa a se guiar pelos seus movimentos mais íntimos, tornando-se o corpo – e seus sinais – o palco privilegiado no qual se enclausura para viver sua própria encenação. Além disso, o isolamento e o fechamento em si mesmo se insinuam, também, no registro sexual e nas formas corriqueiras como o indivíduo realiza a destituição e a desvalorização do corpo do outro como objeto. Os famosos *paparazzi* buscam, desesperadamente, flagrar os corpos desnudados nas praias, sendo que as fotografias mais divulgadas e propagadas, as que mais repercutem nos sites de jornais, revistas e blogs, são aquelas que visam desvalorizar a imagem do corpo de homens e mulheres avaliados como fora de padrão. O registro é extremamente simplista: corpos em *boa forma*, a confirmar e realçar o padrão, ao lado de corpos *fora de forma*, desencaixados que estão do *molde* construído e vendido pela mídia em geral e pela publicidade.

Como a história dos sujeitos, a passagem do tempo e as contingências individuais são desconsideradas pelo padrão imposto, nas praias dos *paparazzi* não importa idade, condição gravídica ou mazelas deixadas por doenças e acidentes, pois a imagem/crivo é uma só. Se o sujeito escapa ao padrão, deverá ser atacado e desvalorizado. Que sirva de exemplo!

Com efeito, esses fenômenos que podem ser observados em qualquer lugar por onde circulem as *celebrities*, veiculadoras virtuais dos padrões e dos ideais estéticos e de consumo, não deixam de denunciar os movimentos do sujeito para o qual não importam mais os afetos, mas a tomada do outro como objeto de predação e gozo, por meio do qual se enaltece e glorifica. Esses são os componentes necessários para manutenção *da sociedade do espetáculo*, como bem apresentou, desde o final dos anos 1960, a excelente interpretação de Debord. A exibição se transforma no lema essencial da existência, sua razão de ser. Vive-se, assim, para a exibição, para a *mise-en-scène* sempre recomeçada no espaço social, para a exaltação do Eu. Aqui, se impõe novamente o imperativo categórico da cultura do espetáculo, que destaca, para o indivíduo, a exigência infinita da performance, que submete todas as ações dele. Nessa performance, marcada por um *narcisismo patológico*, o que importa é que o Eu seja glorificado, transformando-se numa majestade, iluminado que é o tempo todo no palco da cena social.

Do mesmo modo, as contribuições de Lasch são de grande valia, pois, na descrição dos homens e das mulheres que vivem em grandes cidades e no exame de suas personalidades, ele encontra aspectos de identificação coletiva. Traços e sintomas dos sujeitos revelam, certamente, aspectos das sociedades às quais pertencem. O horror ao envelhecimento e à morte, a noção alterada do tempo, o fascínio pela celebridade, o acirramento do espírito competitivo – ainda que temido – e a diminuição do convívio social são algumas das características apontadas pelo autor, que o levaram a conceber, em termos de generalização, esse *homem narcísico,* habitante dos grandes centros urbanos americanos. Apesar disso, sua intenção não é fazer do narcisismo a *metáfora da condição humana*, pois, assim generalizada, as condições subjetivas e suas patologias não seriam mais denunciadoras das condições sociais de existência do homem numa determinada época.

Os chamados pacientes fronteiriços, que se apresentaram, a partir dos anos 1960, em grande número às clínicas médicas, geral ou psiquiátrica, aos consultórios dos psicanalistas e aos equipamentos públicos de saúde mental, trazendo suas queixas mais difusas, sua depressividade, sua sensação de vazio e sua ausência de sentido na vida, atacados por um julgamento feroz contra seu corpo e sua imagem, estão, ao mesmo tempo, contando suas histórias e denunciando as condições sociais nas quais vivem. Diante de uma vida fortemente administrada, se veem forçados a buscar ajuda pelo simples fato de que escapam da tão propalada *vida natural contemporânea.*

Escutá-los é dar espaço para que formulem seus próprios saberes sobre si mesmos, desembaraçando de suas narrativas as consignas sociais fomentadoras de seu sofrimento psíquico. Embora se possa questionar a validade e a eficiência do método clínico inventado por Freud, é possível compreender por que a psicanálise, menos do que se converter em um anacronismo, passou ainda mais a ser considerada como um instrumento que, embora imperfeito, permite aos sujeitos o fortalecimento do Eu. Não no sentido do enrijecimento de suas defesas já cristalizadas e sim, ao contrário, pelas possibilidades de recuperação de plasticidade e movimentação psíquica a partir dos seus próprios desejos.

c. A instabilidade dos padrões na cultura contemporânea

Embora seja evidente, desde o início da idade moderna, a criação e o desenvolvimento de instrumentos de controle coletivo e de administração da vida de cada um, a partir do estabelecimento de padrões de comportamento e de regras de conduta, a contemporaneidade, alerta Birman (2012), revela-se como uma fonte permanente de surpresas, sempre "correndo" atrás de regular e antecipar os acontecimentos que surgem e aumentam em escala geométrica, para dizer o mínimo. *A cada novo dia, surge um novo padrão.* A sociedade da libertação individual busca controlar a vida dos sujeitos pela devassa de sua intimidade e, não encontrando meios de fixá-los em ideais previamente estabelecidos, sustenta-se muito mais pela exigência de construção e reconstrução da vida ideal. Uma vida que estará sempre no porvir.

Esse *modus operandi* se revela essencial ao funcionamento do sistema capitalista, pela manutenção dos sujeitos constantemente *em busca de.* A "corrida contra o tempo" é o mote ideal, o ideal dos ideais, e, em vez da conquista da liberdade almejada, os sujeitos isolados em sua cruzada se sentem constantemente sob ameaça de exclusão social, pela perda de referências cada vez mais *fluidas*. O vazio e a perda de sentido na vida se apresentam muito mais correntemente quando as missões e as tarefas do cotidiano são incontáveis, diferentes entre si e jamais poderão ser cumpridas. É impossível viver sob o mote *mate um leão por dia*, ilustrativa expressão corrente do senso comum.

Independentemente de gênero, a rotina impõe uma vida cada vez mais exaustiva para todos. Mas deve-se destacar a rotina imposta às mulheres, que, depois de conquistarem maior liberação sexual e espaço no campo de trabalho, se encontram pressionadas por múltiplas e inúmeras tarefas multiplicadas em duplas ou triplas jornadas.[11] Entretanto, engana-se quem pensar que me refiro, aqui, apenas às pressões advindas do mundo do trabalho e da necessidade de sobrevivência material. Os limites impostos pelo mundo do trabalho, com a consequente escravização do homem, foram largamente denunciados, inclusive por meios mais populares e artísticos. Menciono o fabuloso *Tempos modernos*, de Charles Chaplin, que, com força poética impressionante, demonstra a automatização do humano no meio da indústria. Contudo, o que se encontra hoje como forma de controle de indivíduos *livres* responde pelos nomes *qualidade de vida, meritocracia* e, ainda, algumas outras designações mais gerais de princípios que passaram a ser determinantes de conduta social. Como funcionam esses controles? Quais seriam suas finalidades?

Em *Teoria crítica e psicanálise* (2001), Rouanet argumenta que a principal questão norteadora das reflexões dos freudo-marxistas e, de certa maneira, dos *frankfurteanos* em sua primeira fase apontava para a necessidade de se elucidar por que a classe operária pensava e agia contra seus próprios interesses, submetendo-se e identificando-se passivamente às exigências da burguesia. Entretanto,

---

11 Ver o Capítulo 5 deste livro.

para os autores da Teoria Crítica da Sociedade, as investigações e reflexões, a partir dos anos 1960, voltaram-se para o desvendamento dos motivos que levam *a população de modo geral, nos países do leste e do oeste, a pensar e a agir em sentido favorável ao sistema que a oprime.*

Rouanet sublinha que as diferenças entre os dois pontos de partida se justificam porque se referem a dois momentos históricos distintos. O primeiro partia de um enigma no qual a população pauperizada assentia, passivamente, ao sistema responsável por essa pauperização. Contudo, "os oprimidos da '*affluent society*' dizem sim a uma opressão invisível, que se manifesta não na privação, mas na superabundância de bens" (ROUANET, 2001, p. 71).

Pode-se dizer, assim, que a opressão sofisticou seus meios. Do ponto de vista material, a realidade, para grande parte da população, passou a ser mais tolerável, a tensão entre ideologia e realidade pôde ser, assim, absorvida. A ideologia não necessita mais negar a realidade pela promessa utópica de uma nova ordem social futura. Ao contrário, a ideologia se torna afirmativa e fundida com o real, pois a utopia já se realizará no presente para aqueles que cumprirem as exigências e seguirem as indicações coletivas em prol de seu *máximo desenvolvimento pessoal.*

Assim, *qualidade de vida* e *meritocracia* são noções, de certa maneira, criadas e fomentadas na contemporaneidade, na qual a ideologia, misturada com a realidade, praticamente desaparece, passando a realidade a desempenhar a função de mistificação. "A mentira assume a última das máscaras, que é a verdade" (ROUANET, 2001, p. 71). Assim o é quando a grande indústria dissemina, principalmente por meio da publicidade, as noções caras ao liberalismo, de que todos conseguirão, por mérito próprio e esforço individual, alcançar posições sociais economicamente favoráveis, a fim de buscar garantir *os meios de consumir a qualidade de vida.* Os conceitos em si mesmos são falaciosos, pois existe uma enormidade de fatores que interfere, permite ou impede que os sujeitos acedam em suas ocupações e carreiras alcançando sucesso financeiro. Recentemente, foram divulgados números bastante ilustrativos desse questionamento, a partir dos resultados de um estudo realizado pelo Oxfam[12] apresentado no Fórum Econômico Mundial, em Davos, Suíça, em janeiro de 2016. Existem no mundo, atualmente, 62 pessoas bilionárias (cálculos feitos em dólar). Suas fortunas somadas são quantitativamente equivalentes à riqueza conjunta das 3,6 bilhões de pessoas mais pobres do planeta. A concentração de riqueza, portanto, vem aumentando em relação a dados anteriores e a circulação dos sujeitos pelas camadas de estratificação social depende muito mais das condições e das necessidades do sistema capitalista, cujo poder financeiro se concentra em poucas famílias e transforma a origem e o parentesco em condições prévias de pertencimento e inclusão social.

A uma parcela intermediária da população, é dada uma dupla concessão: a tentativa de escalar os degraus e competir e a *benesse* de pensar a utopia no presente pelo consumo constante dos meios de se conquistar *qualidade de vida,* a vida feliz. Sendo assim, como sugere Rouanet, os frankfurteanos passaram a denunciar o fato de que a realidade não poderia mais ser convocada para depor contra a ideologia, pois o pacto entre ambas está selado definitivamente.

A "consciência infeliz" e atormentada do homem da primeira metade do século XX vai ser substituída pela "consciência feliz" – desdobramento da *falsa consciência* –, meta almejada e propagada, por exemplo, pela indústria farmacêutica, quando passou a colocar no mercado suas chamadas pílulas da felicidade.[13]

---

12 Oxfam: Oxford Committee for Famine Relief é uma confederação de treze organizações e mais três parceiros que atua em mais de cem países na busca de soluções para o problema da pobreza e da injustiça social.

13 A esse respeito, ver ainda meu livro *Depressão & doença nervosa moderna* (2004).

> *Mas se antes aceitar o sistema responsável pela opressão material podia ser considerado irracional, como classificar de irracional uma forma de consciência e de ação favorável a um sistema no qual essa opressão desaparece? A psicanálise era necessária para explicar uma consciência incompatível com a realidade; se agora a consciência é plenamente ajustada à realidade* (realitaetsgerecht) *não se fecha,* ipso facto, *o espaço da patologia, no qual a psicanálise se movimenta e onde encontra sua justificação? (ROUANET, 2001, p. 72).*

Os próprios frankfurteanos, prossegue Rouanet, contra-argumentam e alertam que essa síntese entre realidade e ideologia é falsa, é caricatura. Trata-se, mais propriamente, de uma incapacidade de distinguir as duas dimensões, que será mais especificamente chamada por esses autores de *falsa consciência*, provocada pela cegueira socialmente necessária induzida pela ideologia. Isso significa aceitar uma realidade que se apresenta como não repressiva, apesar de ser constituída, em sua estrutura mais íntima, pela repressão. Como se dá a instalação desse estado de coisas? Justamente por meio da aceitação da realidade, de um lado, e pela obliteração da própria noção de sofrimento, do outro. Em outras palavras, da alienação social caminhou-se para alienação de si mesmo e para a cessação da procura de sentido do próprio sofrimento. Nos dias de hoje, os sujeitos encontram-se diante de seus corpos com a tarefa de extirpar suas marcas, seja de sua decrepitude natural decorrente da passagem do tempo, seja das marcas adquiridas pelas intercorrências de sua própria história.

Quando um sujeito interfere radicalmente em seu corpo, submetendo-o a transformações radicais, ele parte de uma mentira visando convertê-la em verdade. Pode-se criar uma caricatura na qual o sujeito busca se assemelhar a outrem, o objeto idealizado, ou, ainda, à recuperação de uma imagem jovem, bela e outrora amada e desejada. Quanto mais a ilusão se transforma em distorção e/ou alucinação, mais ele vive submerso em uma realidade delirante, ponto que será aprofundado nos próximos capítulos. Por ora, sigo com Rouanet, quando afirma que a dissipação da falsa consciência não será mais alcançada pela confrontação entre os fantasmas da ideologia e a solidez da realidade, mas pela redescoberta, em primeira instância, da própria realidade, da qual a "fachada unidimensional constitui a contrafação" (ROUANET, 2001, p. 72).

Em casos de transformação radical do corpo, sobretudo do rosto, é bastante comum escutar dos sujeitos que, em seus sonhos, aparecem seus rostos antigos, *de outrora*, de antes das intervenções. Ou ainda, que não conseguem se reconhecer na imagem de si mesmos que o espelho lhes exibe. Em vez de ser uma metáfora das condições sociais, essa situação se converteria na expressão literal da realidade, o que leva Rouanet a endereçar à psicanalise uma tarefa, a meu ver, bem mais espinhosa. Diz ele que desfazer a falsa consciência significaria confrontar o Eu não com o real, mas com o virtual, que essa mesma realidade dissimulou e buscou recalcar. Do seu ponto de vista, justamente por isso, a psicanálise se recoloca de volta ao centro do trabalho crítico, pois ela se movimenta, essencialmente, no terreno ambíguo da razão e da desrazão, "nessa passagem lunar em que o dia e a noite se entrecruzam, em que a razão se apresenta, como os bufões de Shakespeare, com os guizos da loucura" (ROUANET, 2001, p. 74).

Os autores da Escola de Frankfurt, mais especificamente Adorno, sugerem que a violência das psicopatologias na contemporaneidade se manifesta muito mais pela forma. A doença se apresenta tanto mais violenta quanto mais racionalmente se estrutura o seu delírio. Esses aspectos credenciariam a psicanálise, mais que qualquer outra teoria, a realizar a tarefa de desvendar o irreal que, na cultura, se insinua com a máscara da realidade, desvelando a irracionalidade presente na suposta ou "fingida" racionalidade. Evidencia-se, assim, o fato de que, sem a psicanálise, os frankfurteanos não poderiam fazer sua crítica da cultura, embora essa crítica vá incluir, obrigatoriamente, a crítica à própria psicanálise.

O horror ao envelhecimento e o pacto com a beleza e a juventude são, inequivocamente, manifestações do narcisismo, a meu ver, em sentido amplo e também metafórico, reveladoras do mal-estar do sujeito na contemporaneidade. A própria noção de subjetividade poderia ser questionada na medida em que o indivíduo da modernidade, que procurava dotar a vida de sentido por meio da consolidação de suas estruturas sociais, as instituições do casamento, da família e das organizações coletivas, cede lugar a sujeitos flagrantemente mais indiferentes às relações afetivas e aos sentimentos humanos que sustentam as relações em sociedade. Lucia Fuks (2008) sugere que, nas relações interpessoais, a possibilidade de dialogar cede espaço à imagem. À palavra, acrescento: a linguagem, perde relevância como suporte do pensamento e da subjetividade. A autora fala, inclusive, em um *neonarcisismo* próprio de nossos tempos, no qual o culto aos corpos cuidados e uniformizados em um mesmo padrão de beleza teria se aprimorado.

Vale sublinhar: as manifestações psíquicas subjetivas respondem, na vida adulta, à impronta das marcas vividas pelo sujeito desde o nascimento e a infância. Contudo, a partir do momento em que algumas manifestações se travestem e parecem típicas de um dado momento histórico, o olhar do psicanalista deverá se voltar para o fato de que essa história se funda a partir dos primeiros relacionamentos com os pais em suas determinações também propriamente históricas. Portanto, é social desde a origem.

A diferença entre as manifestações contemporâneas de sofrimento e de adoecimento mental, como síndrome do pânico, anorexia, bulimia e depressão, e a modelagem e a modelização dos corpos é que, no segundo caso, os sujeitos buscam encobrir a verdade, revestindo seus corpos com marcas propriamente reais. Submeter-se a uma cirurgia plástica de correção das pálpebras, por exemplo, não seria expressão de um sintoma patológico em si mesmo, mas, quando os sujeitos chegam a se deformar ou se mutilar, o exagero pode ser assim compreendido. Ele adverte e serve também como meio de esclarecimento sobre os modos de existência do sujeito contemporâneo, que faz da cruzada pela manutenção da beleza e pela *evitação* do envelhecimento a principal tarefa em torno da qual sua vida se reduziria.

Obviamente, o exame da relação entre o narcisismo e a pulsão de morte será fundamental, uma vez que a busca incessante do ideal anula a possibilidade de o sujeito viver plenamente sua dimensão desejante.

2. O "não" tempo da pulsão de morte

Tênues limites entre viver e morrer

"Só duma aspiração tens consciência;
Oh, não queiras jamais sentir a outra!
Duas almas habitam no teu peito,
Uma da outra separar-se anseiam:
Uma com órgãos materiais se aferra
Amorosa e ardente ao mundo físico;
Outra quer insofrida remontar-se
A sua excelsa origem às alturas."
Goethe, *Fausto*, parte 1, 1808

A morte que carrega a vida que carrega a morte

a. O sonho de Hércules[14]

> *Sempre fui um garoto gorducho e desajeitado. Na verdade, sentia-me muito mal em relação ao meu tamanho. Meu corpo não era só gordo, eu era grandão e desengonçado. Então, até o colegial eu era bonachão, nerd mesmo, adorava participar de olimpíadas de matemática e também de xadrez. E meu pai, ao contrário do que faziam os pais de meus amigos, implorou para um "milico" conhecido dele me ajudar a entrar para o serviço militar. Eu me lembro de ficar chorando de raiva, de ódio dele, por meses a fio, porque finalmente ele conseguiu. Não era o Centro de Preparação de Oficiais da Reserva, que ele tanto queria, mas ele achou o máximo. Tudo o que ele sabia dizer era que eu ia finalmente virar homem e, principalmente, ganhar um corpo de homem. "Você vai emagrecer e ganhar músculo, vai voltar e conseguir dar uma surra em todos seus amigos do bairro." Quanta ilusão! Não aconteceu, não. Eu fui zoado e massacrado por dez meses, adoeci, vivia trancado no quartel e só consegui me salvar um pouco porque um sargento percebeu que eu era bom com os números e fui parar em um escritório, ajudando na contabilidade...*

---

14 *Hércules* era o nome, em latim, dado pelos antigos romanos ao herói da mitologia grega Héracles, filho de Zeus. O herói era famoso por sua força e também pela beleza de sua pele. Segundo a lenda, seu autossacrifício, na luta para destruir diversos monstros perigosos, teria deixado o mundo seguro para a humanidade.

Eu tinha um amigo na escola que dizia que quem ia para as olimpíadas escolares era tudo "bichinha". Eu me sentia uma "bichinha", mas salvo dentro do escritório, e nunca me arrependi de ter ido parar lá protegido pelo sargento atrás de uma mesa. E meu pai? Decretou sua desistência sobre mim... O que eu senti? Alívio enorme... Sei que eu fui muito mais o melhor amigo da minha mulher que qualquer outra coisa. A gente estudava Física na mesma faculdade e eu a ajudei a fazer o curso o tempo todo, até terminar. O que aconteceu é que a gente foi ficando junto, namorando, casando e tendo filho. Acredita? Eu seguia sendo o mesmo bonachão, agora mais para gordão. Eu me sentia um escroto, não tinha a menor ideia de que casamentos acabavam, pois meus pais se odiavam, mas jamais cogitaram se separar. Então, para mim, era isso, tocar... Mas ela me jogou num buraco sem fundo, disse que ia embora e foi mesmo. "Você não tem nada de masculino, eu quero ter uma chance de ter um marido. Eu só tenho um filho e ele tem três anos. Não vou ficar carregando você como mais um filho." E foi embora mesmo, a danada.

Agora, por que eu decidi prestar o concurso para a polícia, não sei bem. Eu sabia que nunca seria um policial de rua. Passar no concurso, sabia que passaria de primeira. Depois da separação, larguei as aulas no colégio e fui estudar para um concurso que eu jamais consegui prestar. Quem eu queria enganar? Daí, quando eu estava quase morrendo de tanta depressão, um amigo me disse que eu devia malhar, que se ganhasse músculos perderia o medo e faria o concurso. Nunca prestei concurso nenhum, mas eu fui para a academia e comecei a fazer exercícios. Nossa, me fazia um bem enorme. E meu corpo respondeu tão rápido que eu nem conseguia acreditar que era real. Nos últimos seis anos... nunca mais parei. Treino hoje todos os dias, às vezes duas vezes ao dia. Preciso da endorfina, que é uma droga do bem, vai? O problema foi a neura com o meu corpo. Cara, eu me apaixonei por isso, por músculo e forma. No começo, todo mundo dizia que eu ia ganhar a mulherada e eu dava corda para essa papagaiada, mas não era nada disso. Transformei meu corpo em uma espécie de projeto.

Primeiro, foram as proteínas. Uma loucura! E malhar, malhar e malhar. Mas meu rim já ficou péssimo, todos os números alterados. Engraçado que o corpo reage mal, mas depois ele entra na onda. Melhorei logo. Depois, vieram as bombas. Você não tem ideia, seus músculos explodem e eu explodia de alegria. Todo mundo dizia que meu pênis ia diminuir, que eu ia ficar impotente e eu nem aí, sabe. Estava adorando meus músculos.

Mas tive que parar tudo de uma hora para outra. Nódulos na tireoide e no pâncreas. Os próprios médicos me disseram que não tinha nada a ver, que ainda não era câncer, que os nódulos vieram de outra coisa. Mas ninguém acredita. Meu pai falou na minha cara que eu ia acabar me matando e continuar sendo uma fraude. Minha mãe me fez jurar que eu ia parar tudo. Tenho filho, né? Me sinto agora perdido entre o terror de adoecer gravemente e o medo de voltar à depressão. Fico querendo treinar o tempo todo, para suprir a falta das bombas, vivo me arrebentando, mas nunca vai ficar igual.

Hércules me foi encaminhado por um médico endocrinologista. Na sua avaliação, o corpo do paciente estaria à beira de um colapso por diversas razões e já carregava graves sequelas de um programa exagerado de exercícios associado ao uso de vários tipos de substâncias a que tivera acesso, ou na academia de ginástica ou por meio dos instrumentos de busca da internet. Apesar de estar com 46 anos, nunca fez menção sobre sua idade, a não ser quando respondeu, de maneira indiferente, a uma pergunta minha. A pretensão do médico, ao encaminhá-lo, era que ele aceitasse tratar sua depressão de fundo com remédios e psicoterapia, libertando seu corpo da exaustão diária a que se impunha. Via-me, assim, diante de situação ainda incomum para os tempos atuais, em que o médico identificava, no excesso dos treinos, a ultrapassagem dos limites da conquista de um *corpo saudável* e de *qualidade de vida,* duas noções caras à medicina. Embora seu encaminhamento tenha sido prioritariamente para a psiquiatria, o reconhecimento do sofrimento psíquico e das movimentações subjetivas de seu paciente foi decisivo nesse caso.

As narrativas acima são fragmentos extraídos de suas entrevistas preliminares e de algumas sessões. *Hércules* veio regularmente às sessões durante quase um ano, interrompendo abruptamente sua análise após ter passado em um concurso para ser professor de física em uma universidade federal em outra cidade. Nunca havia falado nada sobre estar prestando concurso ou sobre a pretensão de deixar a cidade. A notícia chegou à análise na mesma sessão em que avisou que interromperia as sessões. Foi embora dizendo que havia aprendido muito durante o trabalho de análise, principalmente a compreender e a aceitar o fato de que seus treinos poderiam não ser tão saudáveis, que algo havia se instalado ali. Contudo, na última sessão, mantinha uma narrativa que se sustentava em forte ambiguidade.

"Tenho certeza de que não são os treinos. Sou eu que tenho que aprender quando parar." Assim se despediu, ainda absolvendo os treinos e responsabilizando sua falta de disciplina para realizar um programa de exercícios benéfico a seu corpo. Deixou por analisar as questões bem mais profundas, obviamente. Finalmente, havia prestado um concurso e passado *de primeira*. Assim seguiria a vida entre *a Física e a Educação Física*, como ressaltou já na porta ao deixar para trás sua análise e uma espécie de *não vida*, como ele próprio nomeara diversas vezes a vida empobrecida e reduzida que vinha levando.

b. *As fronteiras de um Narciso esquartejado*

A utilização de fragmentos clínicos, como tenho sublinhado, não se justifica pela intenção de elaboração de uma análise do caso, pois esse seria um trabalho impossível e tendencioso, partindo-se de um material certamente incompleto e reduzido. O intuito é introduzir alguns elementos que se apresentam na clínica atualmente, muito mais para destacar os sintomas psíquicos relatados por meio das histórias em que o corpo assume protagonismo evidente. No caso de *Hércules,* dois aspectos se destacam:

1. A reconstrução de seu corpo alcançada pelos programas de exercícios físicos e pela utilização de substâncias suplementares atendia a um *projeto*, conforme ele dizia, que nunca o conduziu a uma reparação de sua identidade propriamente dita. Havia um gozo (a meu ver, primário) em torno do desenvolvimento e do crescimento de seus músculos. Jamais o interessou usufruir integralmente dos benefícios que um corpo *malhado, sarado*, poderia lhe trazer. Uma escuta mais precipitada poderia levar à interpretação de que a tentativa de modelização de seu corpo respondia ao desejo de restauração de sua identidade masculina, o que poderia ser compreendido pela positividade de seu narcisismo, no sentido de um resgate de sua vida erótica e afetiva. No entanto,

permanecia sem relacionamentos afetivos e tinha pouquíssimos amigos. Na academia, suas relações se restringiam às pessoas que poderiam lhe orientar. "Estou focando esse mês no bíceps. O joelho está meio estourado, então faço o esforço sentado. O legal é que isso obriga 'ele' [sic] a trabalhar sozinho." E se eu sublinhasse o *ele* da frase, sua resposta era muito rápida: *o bíceps*.

2. O corpo assim *destrinchado* sustentava uma vida esvaziada de sentido, pois os elementos de sua história de vida, desde a péssima relação que sempre tivera com seu pai até os efeitos funestos causados pela separação incompreendida, foram trazidos de maneira desarticulada e desafetada. A maioria das sessões me provocava cansaço e exaustão e eu vagava entre imaginá-lo na academia e a necessidade de dormir um sono profundo e reparador. Sua angústia aparecia apenas nos momentos em que falava sobre a necessidade dos treinos e a incompreensão das pessoas: "Preciso da endorfina que é uma droga do bem. Por que isso incomoda tanto as pessoas?". Algumas vezes, quando eu lhe fazia algum questionamento, dizendo, por exemplo, que *a endorfina é uma substância produzida e liberada, mais propriamente, após a realização de exercícios aeróbicos*, imediatamente se mostrava bastante incomodado, adotando um tom técnico e professoral para me "explicar" como as coisas funcionavam. Em alguns momentos, no entanto, parecia entrar em contato com a angústia: "Tenho medo de parar e ver meus músculos desaparecerem. Meu corpo primeiro vai murchar e, depois, se não vier a gordura, vou parecer um morto vivo". Nessas sessões, os silêncios eram longos e uma agitação propriamente corporal o invadia, pois balançava as pernas, olhava no relógio, queixava-se das dores musculares, chegava a pedir que eu encerrasse a sessão: "Chega por hoje?".

102 O "NÃO" TEMPO DA PULSÃO DE MORTE

Hércules era um paciente fronteiriço? Os ataques que fez, a vida inteira, ao seu corpo, destinatário do escoamento de suas angústias mais primárias, inicialmente pela gordura excessiva e, depois, pela escravização dos treinos e dos exercícios, atacavam violentamente seu campo psíquico, empobrecendo-o simbolicamente, enclausurando--o no mundo dos números e dos cálculos, aspecto que jamais aparecia como um problema ou, ao contrário, como fonte de prazer, reconhecimento social ou meio de inclusão e pertencimento. Havia um *para além*, uma fronteira que ele havia atravessado ou que ele jamais teria ousado ultrapassar. Sua aparência física era bastante peculiar. Tinha um rosto jovial, ao mesmo tempo bastante marcado por cicatrizes de uma acne impiedosa enfrentada na adolescência e por sulcos que ele explicava serem decorrentes do esforço a que os músculos faciais também eram submetidos quando ele *puxava ferro*. Contornado por escassos fios de cabelo (a queda havia sido decorrência das substâncias de que fazia uso, segundo o médico), seu rosto era quase indefinível, lembrando a imagem de um personagem de Scott Fitzgerald, o estranho Benjamin Button, em seu desencontro com o tempo, um garoto/velho.[15] O corpo grande e musculoso, paradoxalmente, parecia se desconjuntar do pescoço para baixo, pois, apesar de ser um homem *grande* – tinha o tórax e os braços bastante musculosos –, suas pernas eram gordas e tortas e faziam seu caminhar parecer claudicante. O resultado era, inescapavelmente, a imagem de um homem frágil e fragmentado.

c. Malignidade, negatividade, imperfeições

A ideia de que haja uma malignidade que habita o homem remonta à Antiguidade. As noções do bem e do mal sempre foram

---

15 A história do livro *O curioso caso de Benjamin Button*, publicado originalmente em 1922, foi contada em filme cinematográfico produzido em 2008.

parâmetros do âmbito da moral e da religião, porém sustentadas na ideia de que o homem se forjaria apenas no bem, a malignidade viria de fora e a possibilidade de o homem a ela sucumbir se configurava como sua maior imperfeição. A ideia da existência de poderes demoníacos propagada na Grécia antiga, ou dos riscos da possessão diabólica difundida pelo cristianismo, indicava a presença da malignidade entre os homens. Porém, essa malignidade era considerada estranha, estrangeira ao homem. Durante a Inquisição da Igreja Católica, principalmente as mulheres eram queimadas vivas sob suspeita de serem bruxas. Alguns homens, suspeitos de serem adoradores do diabo, tinham o mesmo fim. No início do Renascimento, a possessão pelo diabo criou uma geração de padres exorcistas e a prática do exorcismo era corrente e comum. Sustentava-se no fato de que *todo mal deveria ser expurgado do homem, dele exorcizado*. Embora imperfeitos, os sujeitos deveriam se defrontar com a malignidade vinda de *entidades demoníacas*, visando superá-la. Preservavam-se, assim, os ideais de perfeição.

Em *História da loucura* (1964/2004), Foucault descreve que os loucos substituíram as bruxas e os adoradores do diabo, assim como as práticas do exorcismo puderam servir de embrião dos métodos de tratamento da doença mental e das tentativas de teorização da psiquiatria sobre a loucura, nos séculos XVIII e XIX. Considerando a psicanálise, pode-se afirmar que Freud, contudo, concebendo a pulsão de morte, buscou desvendar os mistérios de uma "malignidade" dificilmente expurgável, uma vez que é primordial e constitutiva do ser humano. Viria de dentro, seria mais que habitante do humano, faria parte de sua condição original. Green (2010) examina, com rigor e cuidado, o que ele bem denominou de *negativo, negatividade*, inerente aos principais conceitos freudianos, desde quando Freud opõe à consciência a existência do *in*consciente, da não consciência. Este ponto será melhor desenvolvido adiante. Por ora, cabe destacar algumas distinções feitas por Green em relação à *polissemia do negativo*.

O autor afirma que o primeiro sentido de negativo é opositivo, refere-se a uma oposição ativa a um positivo, num antagonismo em que cada termo inferido luta para resistir e superar o outro. Haveria a recusa do negativo em sentido amplo, já que o antagonismo visa ao triunfo de um dos termos apenas, paradoxalmente, sua *positivação*. O segundo sentido se definiria pela relação de simetria, idealmente desprovido de qualquer sentido de luta. O negativo seria, assim, simplesmente o contrário de um positivo de valor equivalente, mas inverso. O terceiro, que interessou a Freud sobremaneira em sua primeira tópica, refere-se

> *ao estado de uma coisa que, contrariamente às aparências, continua existindo mesmo quando não é mais perceptível pelos sentidos, não somente no mundo exterior, mas também no mundo interior (da consciência). Remete à noção de ausência, de latência. Positivo e negativo são, aqui, relações de existências diferentes, cujo valor depende das circunstâncias (GREEN, 2010, p. 31).*

Green defende que esse terceiro sentido é o que a psicanálise buscou encontrar, pois se interessa pelas representações inconscientes, tanto as que não estão mais na consciência quanto as que não devem atravessar a barreira da consciência e que, para ela, nem existiriam. Entretanto, há ainda um quarto e último sentido bem mais radical, "o do nada, alguma coisa que não se opõe a um adverso contrário, simétrico, inverso ou dissimulado, mas a um nada" (GREEN, 2010, p. 31). O autor afirma que o sentido da negatividade, em psicanálise, pode ser mostrado a partir do postulado da existência de uma atividade psíquica que não é a da consciência, que necessita, como descreveu Freud em *A negação* (1925/2010b), ser negada pelo sujeito. Paradoxalmente, revelaria sua existência positiva. Contudo, expressão de uma polissemia inescapável, o quarto sentido se impôs no caminho da distinção e da definição da pulsão de morte, como diferença entre o que está morto e o que não nasceu. Como se verá a seguir, a compulsão à repetição seria, segundo Green, da ordem *da desmentida e da resistência*, convencendo o sujeito de que nada jamais saiu do nada, como que para conjurar os poderes de um negativo que não deveria ter plenos direitos, mas que se impõe, ainda assim, sorrateiramente ao psiquismo como traço daquilo que jamais chegou a existir.

d. O triunfo da pulsão de morte

Em 1920, *Além do princípio do prazer* (1920/2010) estava concluído para ser publicado em sua versão final e o texto produziu uma verdadeira virada de caráter estrutural na teoria freudiana. Inaugurava-se, então, o momento das teorizações psicanalíticas de Freud conhecido como *segunda tópica*. Seus questionamentos, gestados desde o texto sobre o narcisismo (1914/2011), levavam em consideração a presença de uma negatividade no psiquismo e, ainda que ele, inicialmente, a tivesse compreendido como passiva, sua análise – apenas especulativa – revelou a existência de atividade nesses movimentos negativos de uma força psíquica que, escapando do acesso e do controle da consciência, se valia do erotismo apenas para submeter o sujeito ao império da compulsão à repetição. Em *Das unheimliche* (1919/2011), cujo título pode ser traduzido como: *o estranho, o sinistro, o ominoso*, Freud já introduzira as ideias que vieram a ser publicadas em 1920 em torno da noção de compulsão à repetição, buscando compreender fenômenos observáveis tanto no comportamento infantil quanto em psicopatologias tratadas pela psicanálise, em sintomas e condições psíquicos que indicavam *a sinistra presença familiar de uma força destrutiva e aterrorizante atuando no inconsciente*.

No capítulo anterior, acompanhamos Freud na tessitura do conceito de narcisismo, a fim de compreender a natureza do investimento narcísico no Eu. Apesar de sua ligação com o erotismo, pelo desenvolvimento do amor por si mesmo, ou seja, pelo contra-investimento da libido na direção do Eu, alçado a destinatário de boa dose de erotismo, Freud parte do narcisismo para chegar a seu construto maior: a pulsão de morte, a pulsão por excelência.[16] Vale a pena, assim, tomar o texto de 1920, refazendo sua trajetória, buscando trazer à luz a dimensão escura na qual o corpo vaga, submetido e indefeso, na direção de sua própria morte, paradoxalmente, a única maneira de garantir e sustentar a vida.

A tarefa de Freud é complexa e difícil e seu ponto de partida é destronar o princípio do prazer como principal regulador dos processos psíquicos. Alertando, de saída, que caminhará no terreno das *especulações*, defende a investigação do ponto de vista econômico, sem a qual sua *metapsicologia* jamais estaria completa. Mas engana-se quem supõe que tais especulações são essencialmente filosóficas, pois "Chegamos a tais especulações na tentativa de descrever e dar conta dos fatos que diariamente observamos em nossa área" (1920/2010, p. 162).

Considerando, assim, *a economia* do psiquismo, sua suposição é que o aparelho psíquico se empenha em conservar o nível de excitação nele existente o mais baixo possível ou ao menos constante. A bem da precisão, ressalta que o princípio de prazer/desprazer deriva do princípio da constância, tendência à estabilidade presente no aparelho psíquico. Nesse sentido, Freud afirma não ser correto considerar que o princípio do prazer/desprazer domina o curso dos

---

16 Ver Green (1988). No livro, o autor pretendeu elucidar o que considera a dimensão negativa e mortífera do narcisismo que, segundo ele, embora esteja presente nas teorizações feitas por Freud em 1920, permaneceu subsumida (embora fundamental) no conceito de pulsão de morte. Coisas do *negativo,* diria Green.

processos psíquicos, pois a grande maioria dos processos mentais não é capaz de conduzir ao prazer. Mais apropriado seria compreender que, apesar de haver uma forte tendência ao prazer, no psiquismo também habitam forças que a ela se opõem, levando a um resultado, muitas vezes, distante da sensação de prazer. O problema que Freud necessitou solucionar diz respeito a essa espécie de *princípio do puro desprazer*, pois, tanto pelas condições de adoecimento e de sofrimento psíquico quanto pela ferrenha resistência aos progressos da análise, o sujeito acaba se tornando porta-voz de uma negatividade que acaba por triunfar em certa medida na maioria dos casos.

É interessante notar a maneira como Freud retoma e, de certo modo, reafirma seu primeiro dualismo pulsional, para lembrar que o princípio do prazer/desprazer é próprio de apenas um dos modos de funcionamento primário do aparelho psíquico. Contra ele, erguem-se também, desde cedo, as forças regidas pelo princípio de realidade, que, sem abandonar a intenção de obter, afinal, o prazer, exige e consegue o adiamento da satisfação, a renúncia a várias possibilidades desta e a temporária aceitação do desprazer para, apenas depois de uma longa volta, chegar ao prazer. O princípio da realidade seria, assim, responsável por uma parte, ainda que pequena, das experiências de desprazer, atuando como princípio regulador, essencialmente, do movimento autoconservador do Eu, no desempenho de sua tarefa de mediação entre os impulsos e a realidade.

Freud prossegue, no entanto, em um caminho que promoverá uma espécie de desconstrução de suas concepções, fiel ao fato de que suas questões não serão respondidas pelos fundamentos teóricos de que dispõe até então. Quais seriam as outras fontes de desprazer? Os conflitos e as cisões que habitam e constituem o próprio aparelho psíquico, "enquanto o Eu perfaz seu desenvolvimento rumo a organizações mais complexas" (1920/2010, p. 166). Uma vez que quase toda a energia que preenche o aparelho psíquico vem de seus impulsos, das pulsões que o habitam e o atravessam, não seria difícil compreender que estes sejam, muitas vezes, incompatíveis. Por meio da repressão, parte desses impulsos, entre eles e, principalmente, as pulsões sexuais, será segregada e mantida em *graus inferiores do desenvolvimento psíquico*. Freud deixa claro que todo desprazer neurótico é desse tipo, é prazer, sobretudo sexual, que não poderia ser experimentado diretamente como tal.

Após validar suas concepções acerca da divisão do aparelho psíquico, mediado pelo princípio de realidade, por um lado, e pelo mecanismo da repressão, de outro, Freud admite que as forças descritas por ele como constitutivas da base do conflito psíquico não seriam suficientes para explicar a maioria das vivências desprazerosas dos sujeitos. Sua escolha nada casual o conduz a buscar pistas no *para além do sujeito e suas condições intrapsíquicas*. Sua investigação vai se voltar para o exame da reação psíquica frente aos perigos externos. Entram em cena o trauma e o corpo.

Inspirado pelo terror provocado pela Primeira Grande Guerra, Freud parte da hipótese de que as revivescências da situação traumática impostas aos chamados *neuróticos de guerra* pelos seus próprios sonhos, ou pesadelos, indicariam a presença de uma força psíquica que atua fora do domínio do princípio do prazer. Embora seus sintomas motores se assemelhem àqueles que se manifestam na histeria, eles o superam nos sinais muito mais intensos de sofrimento subjetivo, mais próximos das condições presentes na hipocondria e na melancolia, que acarretam amplo enfraquecimento e transtorno das funções psíquicas. A situação traumática se constituiria a partir de dois fatores: o fator surpresa do terror e uma ferida ou mutilação sofrida simultaneamente no próprio corpo, com vivência intensa de dor física. Abrem-se, assim, inúmeras questões para as quais faltava o elemento, o elo central que as pudesse esclarecer.

Como se sabe, Freud publicou, em 1926, a revisão da teoria da angústia. O reexame se tornaria obrigatório, pois, no texto de 1920, a distinção que ele fez entre a angústia e o medo sustentava-se em uma visão da angústia ainda concebida como reação secundária do aparelho psíquico. Angústia seria apenas um estado de expectativa ante o perigo e preparação para ele, seria uma reação advinda do excesso de excitação provocado desde fora; o medo requereria o conhecimento de um determinado objeto que, sabida e previamente, amedronta e ameaça o sujeito. Porém, será a partir de sua definição do *terror*, experimentado pelo sujeito frente a uma ameaça de sua integridade física até então desconhecida, diante de um perigo real para o qual o sujeito não estava preparado, que o trauma poderá se produzir. Como se sabe, essa distinção não se aplicaria, estritamente, a ameaças vindas da realidade externa contra o próprio corpo e a vida, pois as ameaças de desintegração, morte e destruição do corpo podem vir, também, do mundo interno, seja pelos ataques diretos ao corpo, seja pelas tentativas de desintegração do próprio aparelho psíquico. O conceito de pulsão de morte colocou em questão a teoria da angústia e sua revisão se fez necessária, como se poderá acompanhar no Capítulo 4.

Buscando elucidar o que ocorre nos sonhos dos neuróticos de guerra, Freud reafirmou que o estudo dos sonhos continua sendo o caminho mais seguro para a investigação dos processos psíquicos. Trabalho realizado pelo psiquismo na tentativa de elaborar conflitos que o assolam, o sonho cumpre função fundamental na busca de dar passagem, ainda que somente na realidade onírica, para vivências desviadas dos desejos reprimidos. Uma função de regulação do funcionamento psíquico, uma vez que daria passagem a moções que foram barradas pelas defesas do Eu, pela repressão. Entretanto, Freud não acredita que os pesadelos vividos pelos neuróticos de guerra, que os devolvem repetidamente para a situação aterrorizante do trauma, cumpram função na direção da elaboração psíquica pela liberação parcial de qualquer espécie de prazer para as instâncias do psiquismo. O sujeito estaria muito mais fixado ao trauma, por assim dizer, diferentemente do histérico, submetido que está a

110 O "NÃO" TEMPO DA PULSÃO DE MORTE

enigmáticas tendências masoquistas. Este é outro ponto a ser revisado por Freud em sua *segunda tópica*: o masoquismo não seria, então, resultado da inversão de uma tendência sádica do sujeito, como defendia em sua *primeira tópica.* O surgimento, em sua teoria, do conceito de pulsão de morte mergulha Freud em um terreno pantanoso e difícil de ser atravessado, uma vez que a dimensão primária dos processos psíquicos regride a tempos cada vez mais arcaicos, obrigando-o a reformular amplamente seus principais conceitos, sobretudo no que diz respeito às estratificações primárias e constitutivas do aparelho psíquico.[17]

As considerações de Freud acerca da neurose traumática terminam em um labirinto que ele não consegue transpor. Abandona-as, então, abruptamente, para pensar sobre as tendências masoquistas que poderiam estar presentes na brincadeira inventada por um de seus netos, a quem costumava observar, e que estava na ocasião com dezoito meses: o *fort-da.* Defendendo o fato de que seria impossível que a ausência da mãe fosse agradável ou mesmo indiferente para a criança, pergunta-se como essa brincadeira poderia revelar o predomínio do princípio do prazer em operação em seu psiquismo, uma vez que ela repetia e repetia, por meio da brincadeira de fazer sumir e reaparecer um carretel, sua vivência dolorosa de separação da mãe. Freud formula uma questão fundamental:

> *Vem-nos então a dúvida de saber se a tendência a elaborar psiquicamente algo impressionante e dele apropriar-se inteiramente pode se manifestar de modo primário e independente do princípio do prazer (1920/2010, p. 174).*

---

17 Do mesmo modo, sobretudo pela relação estrita com a temática desenvolvida no presente livro, destacarei, nos Capítulos 3 e 4, os textos: *O problema econômico do masoquismo* (1924/2010) e *Inibições, sintomas e ansiedade* (1925/1976), respectivamente.

Faltavam elementos fundamentais para que ele pudesse respondê--la. Em relação à brincadeira do *fort-da,* concluiu que ainda poderia ser compreendida como manifestação de tendências sádicas, extraindo, a criança, prazer da subjugação imaginária do outro. Também seria possível concebê-la como resultante de movimentos de elaboração psíquica importantes, somente alcançados pela repetição da cena de separação da mãe acrescida da possibilidade de exercer controle sobre ela, colocando a criança em uma condição imaginária de decidir quando a mãe deveria sair e retornar. Essas manifestações psíquicas seriam mesmo reguladas pelo princípio do prazer?

Freud recorre à clínica, finalmente. Destacando os 25 anos de trabalho intenso e as reformulações dos objetivos imediatos da técnica psicanalítica, ressalta que a psicanálise viera sendo, inicialmente, uma arte de interpretação do sentido inconsciente dos sintomas. Porém, os resultados em relação à cura dos pacientes eram pífios e a resistência passou a representar a principal fonte de interesse do psicanalista. Seria necessário vencê-la. Por que o sujeito, mesmo quando, aparentemente, vai buscar ajuda e tratamento para seu sofrimento psíquico, ao mesmo tempo, converte-se em principal agente de uma resistência a qualquer alteração desse estado de coisas? Não demorou a ficar claro para Freud que nem o desvendamento completo do inconsciente nem a superação completa da resistência seriam tarefas possíveis de serem realizadas integralmente pelo psicanalista. A neurose de transferência, como reedição do complexo de Édipo e de seus derivados, substitui a neurose, e sua análise deveria resultar em sucesso terapêutico. Mas não era bem isso que acontecia.

Obviamente, a essa altura, os impasses e os entraves encontrados por Freud na empreitada de psicanalisar seus pacientes já o haviam alertado para a impossibilidade de alcançar os objetivos pretendidos. Faltavam as respostas para questões que sequer tinham sido formuladas. O desencantamento em relação ao alcance e à eficácia do método psicanalítico por ele inventado o levou a admitir que existia uma força desconhecida atuando no psiquismo, que se expressava na clínica por meio do que ele denominou de *compulsão à repetição*. No tratamento psicanalítico dos neuróticos, afirma Freud, o psicanalista erra ao considerar as resistências como advindas do "inconsciente". A resistência procederia dos mesmos sistemas e camadas que, anteriormente, efetuaram a repressão. A alteração sugerida em seguida refunda as bases de sua teoria, pois, em vez de seguir opondo o sistema consciente ao inconsciente, o conflito será ancorado entre o Eu e o *reprimido*. "Não há dúvida que muito do Eu é em si mesmo inconsciente" (1920/2010, p. 178).

Freud sublinha que a resistência do analisando vem do Eu, de seus estratos inconscientes, e que a compulsão à repetição deve ser atribuída ao reprimido inconsciente, que apenas vem a se manifestar quando o trabalho da análise afrouxa, primeiramente, a repressão. Se a resistência do Eu ainda se manifesta sob a égide do princípio de prazer/desprazer, o mesmo não poderia ser dito da compulsão à repetição, que traz de volta experiências do passado que não geram prazer algum, pois nunca estiveram vinculadas ao prazer de nenhum modo.

O desenvolvimento psicossexual do sujeito é, assim, descrito e reafirmado como traumático. A incompatibilidade entre os desejos e a realidade é, certamente, intensificada pela insuficiência do estágio infantil do desenvolvimento, mais propriamente delimitado pela fragilidade de um corpo erógeno ainda incapaz de conter e sustentar as cargas de excitação que o atravessam, em circunstâncias penosas e com sensações profundamente dolorosas. O laço amoroso, geralmente com o genitor do sexo oposto, sucumbiu à desilusão. Chega ao fim o típico amor desse período da infância. Todas essas situações não desejadas e emoções dolorosas são repetidas pelo neurótico na transferência e na vida em geral. Por quê? Na transferência, atacam mortalmente a relação entre analista e analisando em sua positividade. Objetiva-se a ruptura e/ou evita-se qualquer movimentação na direção do que poderia ser chamado de cura. Assim, se o paciente não vai embora, interrompendo abruptamente o trabalho, transforma a análise em instrumento de manutenção do sofrimento e dos sintomas, passando a manifestar a *reação terapêutica negativa*.

Freud afirma, por outro lado, ser possível identificar, na vida cotidiana de algumas pessoas, a presença de uma negatividade que aprisiona o sujeito no cumprimento de *um destino que o persegue*, na forte presença de um *traço demoníaco em seu modo de viver*. Assim como no caso da transferência, todas as relações humanas teriam igual desfecho: o fracasso. Trata-se da compulsão à repetição. Na vida psíquica, portanto, há uma força que sobrepuja e não obedece às regulações impostas ao psiquismo pelo princípio do prazer/desprazer. Essa força, conclui, seria predominante e explicaria tanto os sonhos das vítimas de neurose traumática quanto a reedição dolorosa da separação da mãe, revivida pela criança por meio da brincadeira infantil do *fort-da*. Porém, ele destaca:

> *O mais insuspeito, talvez, é o caso dos sonhos traumáticos [...] o que ainda resta é bastante para justificar a hipótese da compulsão à repetição, e esta quer nos parecer mais primordial, mais elementar, mais instintual do que o princípio do prazer, por ela posto de lado (1920/2010, p. 184).*

Não resta dúvida de que Freud resolve prosseguir, assumidamente, no terreno da especulação, em nome do que chama de uma tentativa de explorar, consequentemente, uma ideia. Ressalva semelhante já havia em *Pulsão e suas vicissitudes*, de 1915, uma vez que considerava sua teoria sobre as pulsões a *zona mítica* de sua obra. A especulação psicanalítica, segundo ele, apoia-se na investigação dos processos inconscientes, pois a consciência jamais poderia ser tomada como característica geral dos processos psíquicos. Ela é apenas uma de suas bordas, a fronteira entre o mundo externo e a realidade psíquica, interna. Curiosamente, ainda dialogando com a neurologia e as tentativas da ciência de relacionar áreas e espaços do cérebro a processos psíquicos correspondentes, faz coincidir consciência e sistema perceptivo, localizando-a na superfície do cérebro, sua "sede" seria o córtex cerebral. Justamente por isso, as excitações que atingem a consciência não produzem memória duradoura. A consciência forneceria somente percepções advindas do mundo externo e sensações de prazer/desprazer. São os outros sistemas que seriam capazes de produzir traços duradouros, vestígios de lembranças que são mais fortes e permanentes no aparelho psíquico. Para Freud, atribuir importância à consciência como determinante das condições psíquicas do sujeito seria reduzir o funcionamento mental àquele dos animais unicelulares, cujo único movimento identificável é o de reduzir e expulsar a excitação originada pelos estímulos externos que o atingem. A constituição do aparelho psíquico é muito mais sofisticada pela capacidade de reter energia para investir no próprio psiquismo, o que, certamente, não poderia ser função da consciência. Aqui, uma observação interessante: no caso dos protozoários, a camada superficial desenvolve uma espécie de proteção contra os estímulos pela formação de uma camada mais exterior feita de matéria inorgânica, morta. A analogia, a essa altura do texto, mostra-se importante, pois sua afirmação de que a camada mais externa, com sua morte, preserva do mesmo destino aquelas mais profundas converter-se-á em metáfora quando, mais à frente no texto, Freud descreve a pulsão de morte como a pulsão mais conservadora, que investe no Eu e emana dele ao mesmo tempo.

> *Nos organismos altamente desenvolvidos, a camada cortical receptora de estímulos da ex-vesícula retirou-se há muito para as profundezas do interior do corpo, mas porções dela ficaram na superfície, imediatamente abaixo da proteção geral contra estímulos. São os órgãos*

dos sentidos, que contêm, no essencial, dispositivos para a recepção de estímulos específicos, mas também mecanismos especiais para ainda proteger contra excessivos montantes de estímulos e deter espécies inadequadas de estímulos (1920/2010, p. 189-190).

A consciência, em sua positividade, é bastante restrita e Freud segue travando o embate nas tentativas de elucidar o que não se apresenta positivamente no aparelho psíquico. As tentativas de positivar e trazer à luz os conteúdos e as moções inconscientes fracassaram. A busca da compreensão aprofundada dos elementos primários e constitutivos do psiquismo obriga-o a prosseguir em suas especulações, sustentado de um lado pela biologia, corpo-matéria, e de outro pelas concepções filosóficas sobre a existência humana.

Destaco as breves colocações de Freud que, de certo modo, questionam a tese de Kant, segundo a qual *o tempo e o espaço* seriam formas necessárias e constitutivas do pensamento. A negatividade do tempo, aqui, é colocada na defesa dos processos psíquicos inconscientes como *atemporais* em si mesmos. Freud afirma que eles não são ordenados temporalmente, que a ação do tempo sobre eles seria nula e que a ideia de tempo não lhes poderia ser aplicada. A noção de tempo é derivada do trabalho do sistema percepção/ consciência, trabalho de defesa e mediação na busca da construção de uma realidade positiva suportada pela ordem simbólica. O tempo poderia, assim, ser visto como uma criação necessária para o controle e a organização da excessiva gama de estímulos que atingem nosso sistema perceptivo. Um parâmetro importante que ajuda o sujeito na decifração dos estímulos externos, auxiliando na ligação e na produção de sentido. Enfim, na defesa da estabilização e da constância do psiquismo, também possibilitadas pelas ancoragens de suas representações pela maneira como consegue se organizar em torno de si mesmo, submetido a ameaças de toda ordem.

Ocorre, no entanto, que as proteções erguidas para conter e controlar o mundo exterior não protegem o aparelho psíquico das quantidades de excitação que também o atingem de dentro, de maneira direta e não atenuada. Quando essas excitações internas se intensificam e provocam desprazer, aparece a tendência a tratá-las como se viessem de fora e, assim, serão acionados os mecanismos de defesa, sobretudo a *projeção*.

Freud define o *trauma*, mais propriamente, a partir da chegada ao psiquismo de fortes cargas de excitação vindas da realidade externa. Todos os mecanismos de defesa serão acionados contra o evento traumático vindo do mundo exterior, na tentativa de atenuar os estímulos dele advindos, mas o trauma externo gera enormes desorganização e perturbação, uma vez que aumenta a quantidade e a intensidade dos estímulos dos sistemas mais profundos, para os quais não há defesa, uma vez que as proteções serão acionadas contra o mundo exterior. O aparelho psíquico volta-se, essencialmente, para evitar o desprazer, o princípio do prazer é posto fora de ação. Não por acaso, Freud toma a dor física para exemplificar que aquilo que agride e machuca o corpo impacta violentamente o aparelho psíquico, desorganiza-o e o obriga a um contrainvestimento, em favor do qual todos os demais sistemas psíquicos empobrecem.

Nas fronteiras do psiquismo, ocorrem as principais batalhas para garantir que a quantidade de estímulos e a intensidade de excitação sejam reduzidas significativamente. Entretanto, a obediência ao princípio da constância, tendência predominante no aparelho psíquico, não é tarefa fácil. Quanto mais consegue conter as excitações e fazer as ligações necessárias a partir de um movimento de contrainvestimento que permite a decifração e o controle constante das intensidades que o atingem, mais o aparelho psíquico ganha. A conclusão a que se pode chegar é que o corpo, mais que suporte material, é a fronteira na qual circulam os estímulos, é o campo no qual as batalhas ocorrem, em risco constante, protegido apenas, de um lado, pela vulnerabilidade de sua epiderme e, do outro, por uma fina camada psíquica que lhe é, de certa maneira, equivalente. O corpo erógeno, o corpo/prazer, sempre poderá sucumbir e perecer diante dos excessos.

Freud, contudo, deixa claro que apenas o aumento das intensidades provocado pelos ataques ao corpo e as irrupções causadas por eles, que obrigariam o psiquismo a despender altas doses de energia para controlá-las, sobretudo por meio de ligações, não seriam suficientes para explicar o caráter absolutamente paralisante da dor e o empobrecimento dos demais sistemas. Mesmo as descargas que os episódios traumáticos provocam no nível do corpo – principalmente a dor física – não são suficientes para explicar a fragmentação e a desorganização psíquicas provocadas. Segundo Freud, essas descargas são reflexas e não passam pelo aparelho psíquico. Os estímulos que chegariam ao psiquismo, advindos dos efeitos das descargas reflexas, bem poderiam ser absorvidos pelo trabalho de ligação e pela utilização dessas excitações a fim de estabilizar o psiquismo.

A questão central perseguida por Freud persiste. Retomando as neuroses traumáticas, sugere que elas podem ser compreendidas, de um lado, como a consequência de uma vasta ruptura da proteção contra estímulos e, de outro, como a vivência *do terror e da ameaça à vida*. Enigmaticamente, no entanto, sustenta que a concepção psicanalítica se interessa, sobretudo, pelos efeitos da ruptura da proteção contra os estímulos sobre o aparelho psíquico. Freud privilegia, aqui, pensar não os efeitos das tentativas de ligação e consequente nomeação que o psiquismo buscará fazer do episódio traumático, mas essas experiências no nível do corpo que não encontrariam o caminho da representação, pela ausência absoluta de representação precedente.

Assim, os estímulos sobrantes, os habitantes irrepresentáveis do psiquismo, gerariam o aprisionamento compulsivo do sujeito na revivescência da situação traumática imposta pelos sonhos. A função dessa espécie de sonho não seria a realização de desejos, sob o domínio do princípio do prazer, mas a tentativa de obrigar o psiquismo, pela reativação da angústia, a lidar retrospectivamente com os estímulos desprazerosos.[18]

Se retomo, aqui, o longo caminho percorrido por Freud no texto, é porque acredito que são apresentadas as bases fundamentais e imprescindíveis para a apreensão do conceito de pulsão de morte, conceito que, apenas nesse momento, ele chega a nomear. Ciente dos riscos que corria, inclusive de implodir os fundamentos da estrutura de sua teoria, foi até as últimas consequências, pois o inventor do método psicanalítico, pai da *terapia pela palavra*, passa a situar, naquilo que jamais poderá ser representado e, portanto, nomeado, o conceito-chave de sua teoria. A pulsão por excelência, conceito-limite entre o somático e o psíquico, construto teórico e *mítico*, será a pulsão de morte. Especulações filosóficas e biológicas são elementos importantes na construção que Freud faz a respeito da vida e da ausência de vida original, a morte. Porém, é no caráter *demoníaco* da compulsão à repetição, a confrontá-lo em sua prática clínica cotidiana, que vai ancorar seu principal conceito. Tal compulsão submete os sujeitos à revivescência de suas experiências mais dolorosas, criando réplicas das experiências antigas. Seu princípio não dinâmico, mas essencialmente econômico, expressa a tendência regressiva de todo organismo de voltar para o estado de não vida, para a morte.

> *Já no analisando se torna claro que a compulsão de repetir na transferência episódios de sua infância desconsidera "de todo modo" o princípio do prazer. O doente*

---

18 Alerto novamente para o fato de que Freud ainda necessitaria de mais tempo para propor e reformular sua teoria da angústia, que viria a apresentar somente em 1926 em *Inibições, sintomas e ansiedade*, como se verá no Capítulo 4.

> *se comporta infantilmente, mostrando-nos que os traços de lembrança reprimidos de suas experiências primevas não se acham nele presentes em estado ligado, e mesmo não são capazes, em certa medida, de obedecer ao processo secundário [...] A mesma compulsão à repetição nos aparece frequentemente como obstáculo terapêutico (1920/2010, p. 201).*

Freud, assim, *altera as regras do jogo*, um jogo que estava em pleno desenvolvimento. Mais que isso, o conceito de pulsão de morte ameaça, praticamente, a continuidade da *partida*. Contudo, a soberania da clínica se impôs a um Freud já submetido, ele próprio, ao adoecimento e ao envelhecimento do corpo. A reformulação da teoria psicanalítica parece ter um duplo movimento anunciado nas entrelinhas de seu texto. Para isso, partiu do alerta de que será preciso, não sem dificuldade, abandonar a crença de que há um impulso para a perfeição no próprio homem. Resgatando a importância da produção intelectual e da sublimação ética, Freud se declara descrente da existência do impulso do homem de se tornar super-homem, fazendo referência à expressão de Nietzsche. Para ele, a evolução humana ocorre somente pela renúncia "excessiva", pela repressão de suas pulsões. No final das contas, flagra-se alinhado a Schopenhauer, para quem a morte é o autêntico resultado e, portanto, o objetivo da vida.

Alguns aspectos ainda merecem ser destacados, uma vez que a concepção da pulsão de morte foi alvo de muitas críticas e indagações, mesmo entre os psicanalistas. Eram questionamentos tanto em relação à ausência de base material e científica quanto à utilização que Freud faz da biologia e da visão filosófica acerca da existência humana que defende. Mas a teoria psicanalítica tece sua trama conceitual a partir daqueles elementos que não podem ser vistos.

Tomando de empréstimo a famosa fábula *O rei está nu!*, de Andersen, diria que se, inicialmente, a psicanálise havia se voltado para descrever a roupa e o manto do rei, validando as fantasias e dando à realidade psíquica estatuto de verdade do sujeito, agora, obriga ao exame do corpo nu do rei, daquilo que ele revela de sua vulnerabilidade, sua humanidade e sua imperfeição.

> *O fato de havermos reconhecido como tendência dominante da vida psíquica, talvez da própria vida dos nervos, o esforço de diminuir, manter constante, abolir a tensão interna dos estímulos (o* princípio do Nirvana, *na expressão de* Barbara Low*), tal como se exprime no princípio do prazer – é um dos nossos mais fortes motivos para crer na existência dos instintos de morte (FREUD, 1920/ 2010, p. 228).*

e. O resgate de Eros

A partir da radicalidade proposta, Freud necessita resgatar o fato de que, apesar da morte, a vida se sustenta e o sujeito se mantém vivo justamente por sua capacidade de estruturar-se psiquicamente, de decifrar e dominar as intensidades pulsionais e as excitações provocadas pelos estímulos externos. A pulsão sexual é a garantidora da vida e das possibilidades de investimento e ligação dessa carga máxima de energia, na garantia da estabilidade psíquica. Qual seria, então, a origem das pulsões sexuais?

Usando a imagem da completa escuridão do universo, que necessita de um único raio de luz para mostrar sua grandiosidade, Freud avança navegando na zona mítica para buscar sua hipótese de *brilho próprio*. O *barqueiro* é nada mais nada menos que Platão e a teoria que faz Aristófanes exprimir no *Simpósio* sobre a existência primordial de três, e não dois, sexos: o masculino, o feminino e o homem-fêmea. O terceiro, por sua duplicidade, teria sido dividido por Zeus, que, ao mesmo tempo, condenou-os a buscar eternamente sua refundição. Partindo do mito platônico, Freud segue sua especulação, marcando a força de sua teoria da sexualidade e do conceito do narcisismo, sustentados pela observação. Apenas nela a compulsão à repetição também se sustenta, possibilitando-o *excogitar* seu segundo dualismo pulsional.

Eros, na verdade, se origina também da não vida, da matéria inorgânica, para garantir que a vida se instale e cumpra seu ciclo, garantindo a estabilidade e o caminho para a repetição compulsiva do estado de morte. Eros nasce a serviço da pulsão por excelência, a pulsão de morte, que a ele se (re)funde para garantir o destino do organismo vivo: o retorno ao inorgânico. Aos psicanalistas da contemporaneidade, persistiu a tarefa de seguir escapando dos equívocos da intuição, contando com as manifestações da clínica para a compreensão mais aprofundada dos movimentos primários do psiquismo. A coragem de Freud em transitar tão assumidamente pelo terreno das especulações filosóficas e das incertezas e das imprecisões da biologia resultou, certamente, nas principais questões que hoje nos cabe buscar compreender, pela convicção de que a especulação imprecisa, no entanto, é a maneira apropriada de prosseguir. A chamada clínica dos *fronteiriços*, como bem denomina Green, denuncia a força da compulsão à repetição, que faz do Eu seu maior lacaio. As promessas enganosas feitas a Narciso por Eros o levam a admirar e flertar com sua imagem no espelho, enquanto essa ilusão de objeto criada pela imagem o conduz à própria morte.

f. Mais sobre Hércules, as contribuições de Green

Hércules, a meu ver, era um habitante da fronteira em que a força poderosa da pulsão de morte colocava-o para fora do circuito no qual o princípio do prazer pudesse ser dominante. Aprisionado em sua automação na realização compulsiva dos treinos, apresentava-se cada vez mais distante do prazer. Os prazeres narcísicos que conseguia extrair eram, a meu ver, pífios e denunciavam a fragilidade das ancoragens das pulsões eróticas. Vivia em um circuito repetitivo e doloroso, o gozo provocado pela compulsão não o levava, na maioria das vezes, a uma experiência completa de prazer advinda de qualquer satisfação que pudesse nomear. Esse gozo caminha de mãos dadas com a insatisfação e sua eternização o condena ao que se poderia chamar de *vício*, para o qual nunca vai interessar a sensação prazerosa advinda da satisfação, apenas a descarga excitatória vivida em um corpo que reinstala, automaticamente, seu ciclo.[19] Nesse sentido, seu corpo não era propriamente *fetichizado*, uma vez que a tomada de partes do corpo como objeto parcial de desejo e satisfação sucumbia diante de uma fragmentação excessiva e de um comando compulsivo que o mantinha treinando para fugir do terror, da angústia primária. Gradual e progressivamente, havia sobrado apenas a intensa angústia muito bem descrita por ele: "Meu corpo vai desaparecer, vai se desintegrar". No seu caminho, não havia conquistas ou vitórias, somente o terror levando-o cada vez mais a agredir seu corpo e se colocar em risco iminente de morrer. Não havia, contudo, narrativa que desse conta de nomear sua angústia, nem sinal da encenação histérica, só havia ação. Por isso, suas sessões eram difíceis de suportar, tanto para ele como para mim, sua analista. Sobre essa angústia, apenas ação, compulsão à repetição.

Impressionava-me a fraqueza e a quase anulação das moções pulsionais presentes nas construções que alcançava em sua vida. Exemplo disso é que a ele, verdadeiramente, não havia ocorrido

---

19 Distinguem-se, aqui, as concepções freudianas acerca do gozo da compulsão à repetição e o conceito de gozo de Lacan, que, embora partindo das considerações de Freud, vem a tecer, nos anos 1950, sistematização própria e certamente diferente daquelas feitas pelo inventor da psicanálise.

mencionar, na análise, projetos tão centrais quanto prestar um concurso e mudar de cidade. Não se tratava de dissimulação ou dissociação, muito menos de negação. Os episódios em sua vida seguiam outro comando, como se, para ele, manter a clandestinidade de suas intenções tivesse a finalidade de, assim, silenciosamente, atacar de morte sua própria análise, enquanto se esconderia como desconhecido em uma cidade estranha fazendo do seu corpo aquilo que quisesse. Inferências da analista diante do silêncio e do vazio.

Outro aspecto importante diz respeito à inexistência da presença do tempo como vetor de seus pensamentos e suas ações. A percepção da passagem do tempo que se insinuava em seu corpo, ainda pela imagem disforme e desconjuntada que ajudava a criar, nunca teve qualquer valor psíquico aparente. O conflito edípico, as disputas imaginárias com o pai e sua identidade inconclusa denunciada pela mulher na separação não chegavam a se configurar como fontes de angústia ou alvo de suas tentativas de elaboração. Apareciam como fios soltos que, conscientemente, tentava organizar sem sucesso, perdendo-se em perguntas diante das quais não esboçava interesse em responder.

Engana-se quem pensar que busco, aqui, a utilização desse fragmento a fim de demonstrar a manifestação da pulsão de morte em estado puro. Porém, os elementos de sua história edípica, de sua sexualidade incipiente, de sua desconexão com os pilares temporais e de seu flagrante movimento *desobjetalizante*, como denominaria André Green, possibilitam compreender como a fronteira do corpo passa a ser o palco de uma batalha feroz pela sobrevivência, ainda que isso custe, paradoxalmente, a própria vida. Levanto uma hipótese, aqui, de que seus investimentos no mundo exterior, ao mesmo tempo que o impedem de se enclausurar em um estado propriamente psicótico, fornecem a ele os subsídios para a criação e a manutenção de uma espécie de *delírio em torno do corpo*.

Green (2010) faz uma indagação: uma vez que só podemos conhecer a pulsão por meio de suas representações psíquicas e que a função sexual e a libido são manifestações de Eros, das pulsões de vida, qual função desempenha o papel de representante da pulsão de morte, já que sua expressão fundamental só poderia ser a radicalidade da morte? Ele defende, então, a ideia de que a função autodestrutiva se exprimiria por meio do que ele denominou de função *desobjetalizante*.

Acompanho Green ao considerar que todo quadro clínico é suscetível a interpretações diversas. Assim também acontecerá com os fragmentos clínicos aqui relatados. Concordo com ele quando escolhe incluir a pulsão de morte e o irrepresentável no universo de fenômenos que se apresentam na clínica e que, contemporaneamente, pressionam os psicanalistas a buscarem respostas, a encontrarem novas saídas. Denominando de função *objetalizante* a meta essencial das pulsões de vida, ou seja, a busca pela transformação de estruturas em objetos, mesmo quando o objeto não está diretamente em questão, enfatiza que esse processo não se restringiria a formações tão avançadas quanto o Eu, como no narcisismo, mas poderia se referir a modos de atividade psíquica em que, no limite, o próprio investimento é *objetalizado*.

A redução cada vez mais evidente dos objetivos de *Hércules*, perdido no dispêndio excessivo de suas energias e no desgaste a que submete seu corpo, poderia ser compreendida como resultado de uma inversão na qual os investimentos libidinais se fecham em um circuito cada vez mais estreito. Mas por quê? O esvaziamento de sua vida e de suas pretensões é bastante violento e, assim, reduzindo sua busca ao simples investimento na manutenção desse circuito no nível de seu corpo, pode-se sugerir que esse movimento é, na verdade, a expressão das pulsões de vida operando a serviço da compulsão à repetição e, consequentemente, da pulsão de morte. A função desobjetalizante da pulsão de morte, que visa promover o completo desligamento, traz luz a essa reflexão, pois, como defende Green:

> *Essa qualificação permite compreender que não é somente a relação com o objeto que é atacada, mas também todos os substitutos deste – o Eu, por exemplo, e o fato mesmo do investimento na medida em que ele sofreu processo de objetalização (2010, p. 100).*

É oportuno fazer uma ressalva a respeito das considerações que fiz sobre o caso de *Helena*, no Capítulo 1. Na verdade, pretendi destacar o narcisismo como traço predominante em seus embates na tentativa de manutenção da beleza e da juventude, o que não significa dizer que as tendências autodestrutivas, como se pôde constatar, não estivessem presentes na obsessão pela remodelagem do corpo, principalmente por meio de cirurgias plásticas. O objetivo principal era identificar os movimentos do narcisismo, sustentados pelo investimento das pulsões de vida na direção do Eu como objeto. Contudo, como alerta Green, o narcisismo também resulta mortífero, sendo difícil discriminar o ponto a partir do qual suas manifestações sobreinvestem o Eu, tornando-o frágil, também a partir da pressão gerada pelas exigências do Supereu, que o contrapõe e submete à fracassada luta na busca de se tornar o próprio ideal. O *narcisismo de morte*, portanto, opera a partir de outro domínio, a pulsão de morte, que ataca a função *objetalizante*, impedindo, no extremo, que o Eu e o corpo/imagem continuem na condição de objeto. Sua fragmentação e sua desconstrução são também manifestações, ainda que mediadas e fusionadas, da função autodestrutiva da pulsão de morte, em última instância, sua função *desobjetalizante*.

Ao contrário de *Helena*, que sequer conseguiu tolerar o início de sua análise, *Hércules* permaneceu por quase um ano vindo regularmente às sessões. Contudo, *Helena parecia estar mais suportada pelo seu narcisismo de vida*. Ao seguir tomando a si própria e a seu corpo como objeto, mesmo diante da possibilidade iminente do fracasso de seu projeto, dificilmente se permitiria analisar, pois, certamente, a análise se converteria em forte ameaça à sua frágil identidade, na medida em que poderia provocar a *desmontagem* do circuito erótico, já impregnado pelas moções destrutivas presentes na compulsão à repetição. *Hércules* já estivera próximo demais das ameaças da angústia primária, do sem sentido, e veio apenas buscar as "bênçãos" da analista na sustentação de seu frágil *delírio*, esperando encontrar, na transferência, uma espécie de validação de suas condutas mortíferas. Suas perguntas e suas demandas à analista eram quase sempre no sentido da busca de aprovação literal da narrativa que construía. "Qual o problema? Você vê problema? Por que as pessoas não me deixam em paz?" Como se o outro, o mundo e o seu próprio Eu projetado tivessem deixado de ser bem-vindos ao denunciarem seus exageros e sua fragmentação.

Em 1937, em *Análise terminável e análise interminável* (1937/1976), Freud deixaria claro que a compulsão à repetição, a partir do momento em que as repressões são afrouxadas pelo trabalho da análise, se apresenta com toda a sua força. Analista e analisando, malgrado o desvendamento dos conteúdos e dos mecanismos de defesa e a construção de novas narrativas – que, por si mesmos, provocam movimentação psíquica impressionante –, deparam ainda com circuitos sintomáticos que persistem em se repetir, o que enclausura a própria transferência no enfrentamento dos impasses de sua dissolução e condena o sujeito à revivescência de situações dolorosas e à constatação da incapacidade de pôr fim a essa condição.

O tempo é a questão central em cada tópico que Freud desenvolve no texto. As análises foram se tornando cada vez mais longas e a cura foi ficando cada vez mais inalcançável e questionável. Quais seriam os objetivos e os efeitos da psicanálise? A *cura* pela análise se vê, assim, comprometida e até inviabilizada, na medida em que o seu aprofundamento, ao afrouxar a repressão, se aproxima perigosamente do *sem sentido* e da *atemporalidade* inconscientes, ficando para a transferência, como substrato indesejável, o prosseguimento de uma análise que poderá não ter fim, submetida ao registro repetitivo do espaço. Com menor importância ou influência, o tempo deixa de ser um vetor importante, e a cena analítica, na qual a transferência acontece, se reduz ao espaço no qual as repetições compulsivas se manifestam.

Freud estava às voltas com o *gozo masoquístico*, o *vício*, em seu funcionamento não mediado, distante das representações e das possibilidades de simbolização. No caso dos pacientes *fronteiriços*, esses impasses se apresentam imediatamente na análise, pois os sujeitos não encontram saídas neuróticas para se defender e vivem, em seu corpo, principalmente por meio da dor, um empobrecimento progressivo dos recursos de elaboração de que o Eu poderia dispor em sua defesa. As ligações e os investimentos psíquicos que construiriam um mundo simbólico rico, no caso das primeiras, e uma vida mais estável, no caso dos segundos, vão se reduzindo a circuitos mais imediatistas, *quase automáticos*, restando um sujeito alienado e sem desejo. A isso, Freud denominou de manifestação da pulsão de morte, que se vale de Eros na exata medida da necessidade de manutenção de uma vida mínima, sustentada pelo gozo que flerta com a morte e com a destruição, como se pode constatar nos fragmentos clínicos apresentados.

No próximo capítulo, será de grande valia acompanhar a reconstrução do conceito de masoquismo empreendido por Freud em sua virada teórica, a partir de uma revisão que inicia com sua autocrítica à distinção anterior que fazia entre princípio de prazer/desprazer e princípio de Nirvana. Trata-se de gozo e não de prazer.

128 O "NÃO" TEMPO DA PULSÃO DE MORTE

A cultura da autodestruição

a. A fomentação do mal-estar nas estruturas sociais

Freud (1913/2011) já havia defendido que a sociologia, ciência que trata dos homens em sociedade, não deveria ser mais que psicologia aplicada. Adorno o acompanha, porém sustenta, mais propriamente, a relevância da *influência recíproca* entre as pulsões individuais e as estruturas sociais, sobre a qual assenta sua obra. Para ele, a análise dos processos de racionalização social deve, necessariamente, aprofundar seu conhecimento sobre a ontogênese dos comportamentos dos sujeitos no que determinam as condições propostas de coletivização. Os chamados textos sociais de Freud resultaram, quase "naturalmente", de sua compreensão de que a civilização, que poderia adoecer os homens, era, ao mesmo tempo, produto e criação das condições e das limitações psíquicas do sujeito. Cabe alertar, não se trata de propor um psicologismo selvagem que resultaria em uma espécie de imperialismo psicanalítico (SAFATLE, 2008). Contudo, a partir do desvendamento das condições psíquicas e de seus desvios, à psicanalise, desde Freud, resta também a tarefa de elucidar a maneira como a racionalidade dos vínculos sociais e, especialmente, dos sistemas econômicos se origina das disposições subjetivas e do modo como os sujeitos investem libidinalmente os vínculos sociais.

Evidencia-se, assim, que Freud jamais teria escrito *O mal-estar na civilização* (1929/2010) sem ter desenvolvido, previamente, o conceito de pulsão de morte. Texto de suma importância pelo agudo exame que faz da civilização, sustenta-se, sobretudo, no argumento de que *o homem ainda não conseguiu resolver o dilema entre os processos civilizatórios que ele mesmo cria e seu próprio mal-estar diante da civilização que conseguiu criar.* A pulsão de morte, ou, mais precisamente, seu segundo dualismo pulsional, é a chave utilizada nessa contribuição fundamental que ele concedeu à própria psicanálise e às disciplinas que se dedicam ao estudo e à investigação das relações humanas, da sociedade e, ainda, da política.

Em *Moral sexual civilizada e doença nervosa moderna* (1908/1976), Freud apresentou o conflito entre os sujeitos e a sociedade como passível de ser solucionado, ou seja, haveria uma harmonia a ser conquistada entre os dois polos de mediação da psicanálise (BIRMAN, 1999). Ao elucidar, àquela altura, a natureza da pulsão sexual e sua força na economia subjetiva, Freud defendia que as exigências da civilização, fortemente repressoras da sexualidade, pudessem ceder, levando o homem a uma existência mais saudável do ponto de vista psíquico. Em 1929, não haveria mais possibilidade de Freud sustentar essa argumentação, pois, a partir de sua concepção acerca da pulsão de morte, evidenciava-se que o conflito entre a pulsão e a civilização jamais seria completamente superado. Suas considerações, que já impactavam o método psicanalítico, pondo em questão a noção de cura e suas possibilidades, circunscrevem um impasse da mesma natureza para a investigação e a proposição de alternativas aos modos de organização social. O que chamei, anteriormente, de desencantamento não diz respeito às próprias desilusões ou decepções pessoais de Freud, embora, certamente, ele também as tivesse, mas, sobretudo, à revelação de uma fenda, de uma ruptura, que talvez nunca pudesse ser transposta, seja no nível da clínica, seja nas possibilidades de estruturação de modos de vida menos mortíferos.

O homem investe o mundo libidinalmente e seus impulsos eróticos colocam-no na tarefa de construir uma vida, uma estrutura que o sustente em seu desamparo. É um ser social desde sua origem, uma vez que precisa do mundo e do outro para sobreviver desde seu nascimento. Contudo, o impasse diz respeito às postulações freudianas sobre a maneira como *Eros* opera a serviço da pulsão de morte, apenas protegendo e conduzindo o homem durante seu

130   O "NÃO" TEMPO DA PULSÃO DE MORTE

ciclo de viver e morrer. A destrutividade em potencial e a morte são elementos estruturais dessa edificação. Quando operam em fusão e dentro de uma certa harmonia, a destrutividade poderá ser de grande valia para o processo de investimento e de construção de ligações, naquilo que ela promove de encerramentos, despedidas e finalizações quando necessários, próprios ao processo de reconstrução e reorganização dos modos sociais do viver.

Paradoxalmente, a malignidade, os impulsos mortíferos se insinuam repetidamente nas ameaças de destruição e de devastação total. A recorrente ideia de que o mundo poderá acabar, *o fim do mundo*, ancora-se nos registros mais primários da civilização a respeito do potencial destrutivo da natureza e também, como complementou Freud, da natureza mortífera dos próprios seres humanos.

Não busco esgotar essas questões que já foram amplamente debatidas, não apenas entre os psicanalistas. O que busco é a análise e o desvendamento possível das condições subjetivas do adoecimento psíquico na contemporaneidade, atravessado pela "irracionalidade das condições objetivas da sociedade" (HORKHEIMER; ADORNO, 1944/1985). A partir do mal-estar do sujeito frente à vulnerabilidade e ao envelhecimento do corpo, que vem se convertendo em mera trincheira de uma sobrevivência onipotente e, obviamente, sustentada por tendências mortíferas, propriamente suicidas, a análise da impronta cultural cabe até o ponto que conduza à identificação dos fenômenos sociais e culturais, pelo que podem revelar da maneira como se estruturam. Os caminhos pelos quais as instituições sociais subjugam o sujeito em seu mal-estar, desde a família até as manifestações da indústria cultural, revelam a influência recíproca defendida por Horkheimer e Adorno. No caso de *Hércules*, desde os ideais herdados das relações amorosas parentais, passando pela instituição militar, pelo casamento, até chegar aos programas de treinamento compulsivo, pode-se identificar a tessitura de uma trama de difícil desmontagem, sobretudo por suas tendências autodestrutivas, sustentada pelas estruturas sociais que davam materialidade ao que sugiro chamar de *sua realidade delirante compartilhada*.

b. Ora, direis, treinar é preciso

> No entanto, recentemente avivaram-se de outra maneira as questões. É impossível, por exemplo, ignorar o "extremo" a que levam certos treinamentos: o jogo com o limite, em particular instalado no coração da performance e do seu motor [...] distender-se, relaxar para melhor aumentar o bem-estar e testar-se, mas também obrigar-se a manter o esforço para melhor sair-se e afirmar-se, comportamentos opostos, todavia, cossubstanciais ao conhecimento mais profundo de si mesmo (VIGARELLO, 2006/ 2012, p. 247).

Em um capítulo inteiro dedicado a refletir sobre o *treinar*, Vigarello (2006/2012), no terceiro volume de *História do corpo*, afirma que o velho princípio dos treinamentos, feitos para resistir aos contratempos da vida, aparece hoje sob o mote da autossuperação feita para tornar a pessoa mais aguerrida e, ao mesmo tempo, *tranquilizada*. A noção de superação e desenvolvimento de pessoas fortes em muito reflete, de maneira inversa, a concepção da psiquiatria do século XIX de que a doença mental seria fruto de uma degenerescência orgânica e também moral. Os sintomas depressivos, por exemplo, ainda são tomados como decorrentes de fraqueza física e falta de força moral.[20]

---

20 Remeto, aqui, uma vez mais, à minha publicação anterior *Depressão & doença nervosa moderna* (2004).

Uma das mais interessantes ideias que Vigarello desenvolve em seu texto diz respeito ao deslocamento da questão do olhar sobre o corpo nos dias de hoje. O sujeito é avaliado a partir de olhares que se voltam sobre seu corpo e sobre aquilo que seus limites corporais o permitem cumprir. Assim, as avaliações estética e de desempenho passam a predominar sobre qualquer maneira mais integrada de se pensar o sujeito, incluindo sua saúde geral. Essa abordagem reducionista é arriscada, pois o treinamento poderá, facilmente, beirar o risco na medida em que se pode brincar com o fora do limite, inclusive chegando ao comprometimento, como diz o autor, do lícito. Desde as drogas consideradas legais até as substâncias ilegais, o que importa é auxiliar a melhoria incessante da performance. Em primeiro lugar, constata-se uma nova certeza, a que vem do sentimento compartilhado por muitos atores em uma sociedade *individualista*, convicta de poder agir indefinidamente sobre seu próprio corpo, escapar a seu enraizamento físico, inventar para si mesma um organismo de possibilidades imprevisíveis. Desde os anos 1980, apareceram diversas teorias sobre treinamento corporal e também medicações que ajudam o corpo na superação de seus limites. Essas teorias surgiram para dar respostas ao mundo dos atletas e dos esportistas, mas, como se sabe, a disseminação da palavra *treino* para toda a gama de atividades físicas que as pessoas em geral fazem em academias, ou fora delas, revela o alcance e a penetração na vida administrada dos sujeitos, em seu cotidiano de exigências e expectativas sem fim, de tudo que se refere à modelagem do corpo. *A aparência física é considerada um "cartão de visitas" e o corpo é o suporte que necessita ser controlado e aprimorado diariamente.*

O problema reside no fato de que treinar é alcançar e dar a si mesmo os meios que, "naturalmente", não estariam impostos ou necessariamente disponíveis. A ideia de levar o corpo sempre além dos próprios limites só se sustenta a partir da cooptação dos sentimentos onipotentes infantis que aciona, no sujeito, um processo que o empobrece e aprisiona em circuitos narcísicos de isolamento promovido pelo "enamoramento" excessivo de seu corpo/objeto ou o condena ao domínio da compulsão à repetição. Pode-se sugerir que, sempre que um encapsulamento narcísico dessa natureza se impõe, o psiquismo e também o Eu resultam empobrecidos. Nessas condições, nas quais já há uma retirada de investimento no mundo e no outro, as ligações e as simbolizações necessárias para a estabilidade e a organização psíquicas se enfraquecem e os circuitos simbólicos se reduzem sobremaneira.

A questão é o quanto os "treinos" fomentam e, ao mesmo tempo, valem-se do ideal/caricatura de que sempre será possível realizar "as façanhas do extremo que fabricam o infinito a partir da experiência do corpo" (VIGARELLO, 2006/2012). De modo muito preciso e perspicaz, a meu ver, o autor denuncia a existência de um *fascínio* pela não limitação das normas físicas, como se pode verificar em triatlos, reides, velocidades verticais, descidas de corredeiras ou aventuras cada vez mais desproporcionais diante da capacidade e da força física do ser humano. Segundo ele, a extensão dessas práticas a públicos sempre mais amplos transformou esses sentimentos ilimitados em projeto de massa.

> *O corpo explorado em todos os sentidos tomaria assim a vez de outras "infinitudes": aquelas projetadas, não faz tanto tempo assim, pelo universo religioso ou mesmo pelo universo político. Estabeleceu-se um jogo interminável com o corpo em um mundo que se desencantava (VIGARELLO, 2006/2012, p. 250).*

A riqueza das contribuições de Vigarello leva-o até o ponto de afirmar que o corpo atual e seu treinamento acentuam de modo extremo, em última análise, uma dupla experiência da identidade, uma dupla maneira de os sujeitos buscarem encontrar a si mesmos em uma sociedade que enaltece a realização pessoal. É impossível não pensar em *Hércules* e seu sofrimento quando Vigarello alerta que o "desenvolvimento" do corpo se tornou, para muitos, o coração de uma experiência íntima, como exemplo privilegiado de uma exploração de identidade.

c. O mal-estar do corpo

A psicanálise foi surpreendida por transformações sociais que ainda estão em curso. Nesse sentido, a escolha de trazer fragmentos extraídos de casos clínicos se coloca como uma via interessante para a sistematização dos impasses enfrentados no cotidiano dos consultórios. Birman (2012) afirma que as novas modalidades de mal-estar começaram a se insinuar desde os anos 1970, culminando, nos anos 1990, em uma série de manifestações sintomáticas específicas, rapidamente classificadas e descritas pela psiquiatria por meio da nova categoria *transtorno*, muito mais abrangente que as antigas classificações de síndromes e doenças. O transtorno mental passou a ser definido a partir da catalogação de sintomas que, a bem da verdade, podem ser encontrados no âmbito do funcionamento psíquico de todo e qualquer sujeito. No lugar das antigas modalidades de sofrimento centradas no conflito psíquico, nas quais se opunham os imperativos das pulsões e os das interdições morais, o mal-estar também se evidencia agora, segundo o autor, como dor. Inscreve-se no registro do corpo, da ação e das intensidades.

Sem dúvida, o corpo é o "palco" no qual se instala e se vive, hoje, o mal-estar. O corpo nunca estará enquadrado e funcionando integralmente dentro das exigências da cultura contemporânea. Ele é a "caixa de ressonância privilegiada do mal-estar" (BIRMAN, 2012, p. 69). Considerando-se as múltiplas alternativas oferecidas para que se cuide cada vez mais do corpo, somos todos devedores e/ou transgressores a desobedecer aos desígnios de nossa vida administrada, na qual o corpo é o principal objeto de controle. O mal-estar do corpo é resultado da insatisfação do sujeito, potencializada pela publicidade, que, assim, popularizou e banalizou os princípios e as orientações criados pelo discurso médico. Ao lado disso, é bom que se diga, houve uma proliferação e uma disseminação das práticas exóticas, naturistas e místicas, com a difusão de ensinamentos de toda ordem. Ainda que surjam como contrapontos e até questionamentos ao poder hegemônico do saber médico tradicional, servem-se, no entanto, de método semelhante no que se refere à prática de lançar enunciações de toda espécie que indicam normas e padrões de conduta ao sujeito sobre o cuidado e a preservação do corpo, compreendido como um bem.

Ao contrário das preparações do espírito – cuidados com a alma e reverência a Deus – pregadas, respectivamente, pelos filósofos da Antiguidade e pelos religiosos obscurantistas da Idade Média, o sujeito se encontra reduzido a seu corpo, sustentado pelo domínio do discurso científico e objeto perfeito para o alcance das técnicas sofisticadas desenvolvidas pela publicidade, a serviço da indústria cultural (HORKHEIMER; ADORNO, 1944/1985). Discursos científicos sobre o corpo se sucedem e criam insatisfações e necessidades em sujeitos/consumidores em potencial da indústria da *qualidade de vida*, da *juventude* e da *beleza*.

Nos anos 1990, a partir da disseminação das categorias classificatórias e descritivas da psiquiatria, como o *estresse*, as *síndromes depressivas* e as *ansiedades*, especificamente a *síndrome do pânico*, o saber médico buscou retomar o controle da fronteira do corpo em seu limite com a dimensão psíquica, por meio da expulsão das concepções da chamada psiquiatria dinâmica. Sustentada pela teoria psicanalítica, a psiquiatria dinâmica compreendia esses fenômenos sob a perspectiva de que possíveis falhas no processo de simbolização e no registro da representação psíquica submeteriam o corpo a uma descarga de excitabilidade que não pôde ser ligada ou elaborada psiquicamente.

Seria oportuno perguntar, assim, se o recrudescimento dessa cisão entre o corpo e a mente não seria, também, responsável pela intensificação da administração das condutas sobre o corpo, cujo efeito seria um reducionismo significativo do sujeito ao corpo como espaço, como imagem. O sujeito, reduzido ao corpo que consegue ter, reduz suas possibilidades simbólicas, única via de articulação possível com o registro da pulsionalidade.

> *Em decorrência disso, os discursos naturistas e naturalistas se alastram no campo do imaginário social, impondo sua hegemonia numa outra economia dos signos. Nesse contexto, os tratamentos corporais assumem cada vez mais um lugar importante (BIRMAN, 2012, p. 76).*

A reivindicação da psiquiatria, sustentada nas neurociências, do corpo como base material, como natural, se expande para o controle mais ampliado e integral que se expressa, flagrantemente, nos hábitos e nas escolhas do homem contemporâneo. Em princípio, o progresso das técnicas que visam garantir *qualidade de vida, beleza, juventude* e *saúde* não é ruim em si mesmo, não se trata de recusá-las incondicionalmente. A academia, o *spa*, os exercícios, as dietas alimentares, as técnicas desenvolvidas pela dermatologia e as cirurgias plásticas podem ser considerados aquisições trazidas pelo progresso. Sua crítica, no entanto, deve ser feita, nos mesmos moldes que Freud a explicitou ao considerar, no texto de 1929, os impasses e as contradições dos avanços civilizatórios. Como técnicas e indicações advindas do desenvolvimento do saber médico, mas que se propagam largamente de forma banalizada – portanto, leiga e distorcida –, obrigam à denúncia do que hoje se define como *medicalização*, iniciada no mundo ocidental no final do século XIX.

A vulnerabilidade e o envelhecimento do corpo – ou, se quiserem, a perda da beleza e da juventude – converteram-se em mal a ser combatido. A contradição principal, porém, reside no fato de que a vida resulta reduzida, pois perde-se tempo físico razoável na administração do suposto bem-estar do corpo e, além disso, os meios e os instrumentos usados nessa cruzada *a favor* do corpo carregam a potencialidade de agir ferozmente *contra* ele.

À psicanalise, cuja concepção de corpo erógeno visava à desconstrução da cisão corpo e mente, restam questões fundamentais. O sujeito habitante da fronteira do corpo/objeto, entidade material submetida a ordens externas, é cooptado a partir de seus movimentos primários, inicialmente narcísicos e posterior e potencialmente mortíferos. O ideal da saúde, indiscriminado e fusionado com ideais eugenistas e estéticos, substitui e sombreia os ideais de salvação religiosa de antes, como também os de desenvolvimento e crescimento intelectuais ou espirituais em sentido amplo que buscavam a filosofia e a ciência.

O imaginário corporal presente na atualidade se inscreve em um projeto maior de biopoder (BIRMAN, 2012). Na verdade, o mal-estar do corpo vivido no lugar do mal-estar do sujeito se sustenta no empobrecimento do simbólico e, consequentemente, das relações. *Hércules* apresenta-se, aqui, como exacerbação, como *patologia*. Contudo, seu sofrimento vivido restritivamente como sofrimento do corpo é o mesmo que está presente nos estados considerados dentro da "normalidade", resultantes, sobretudo, da ideologia disseminada. As queixas que fazia de suas dores, ao mesmo tempo que parecia exaltá-las, obrigam a um exame mais cuidadoso do conceito de masoquismo, a partir da inversão que Freud veio a propor em 1924, sob os efeitos que a noção de pulsão de morte provocou em sua já vasta obra. Assim, *o mergulho mortífero de Narciso no lago virtual de sua imagem é, também, uma experiência bastante dolorida.*

3. As dores são começo, meio e fim?

O gozo masoquista e o empobrecimento do Eu

*"**Luto por mim mesmo**
a luz se põe
em cada átomo do universo
noite absoluta
desse mal a gente adoece
como se cada átomo doesse
como se fosse esta a última luta*

*o estilo desta dor
é clássico
dói nos lugares certos
sem deixar rastos
dói longe dói perto
sem deixar restos
dói nos himalaias, nos interstícios
e nos países baixos*

> *uma dor que goza*
> *como se doer fosse poesia*
> *já que tudo mais é prosa"*
> Leminski, *Toda poesia*, 1991

Masoquismo e gozo

a. As dores de Maria[21]

O engraçado é que a vida inteira fui medrosa. Ainda sou. Mas até para mim é inacreditável pensar no que eu tenho me disposto a suportar. Quando entra nessa, você ainda não sabe exatamente. Sempre ouvi minha mãe dizendo que a gente só cresce com sofrimento e ela era assim. Uma mártir. Fazia drama para tudo, foi vítima até o fim. Isso foi sempre o que mais me incomodou depois que ela morreu. Poxa! Será que ela não aprendeu nada e morreu cega, surda e sem sacar? Ninguém é tão vítima assim, sabe? Por isso hoje odeio reclamar das dores. Não faço isso nunca.

Sabe que, no fim das contas, a artrite hoje não me incomoda? As dores da artrite não incomodam porque as restrições, ao contrário, são horríveis, me enchem demais o saco. Meus dez dedos me abandonaram, se enrolaram. Ando mal, escrevo mal, comer é complicado,

---

21 *Maria* é um nome de origem incerta. Originou-se do hebraico Myriam, que significa senhora soberana, vidente; do sânscrito Maryáh, que quer dizer, literalmente, pureza e virtude; porém, em sua origem egípcia Mry, significa mar de amargura, oceano azedo, ácido.

apenas ao computador já me adaptei. Mas viraram ganchos, disformes. Tive dores reumáticas quando pequena, mas coisa que nem lembro, minha mãe me contou. Só sei que, quando eu era pequena, queria ser perfeita e isso sim me incomodava.

Claro que teve a ver com o balé, não tenho dúvida. Primeiro aquele esforço absurdo para alcançar os movimentos perfeitos. Todo mundo pensa que as bailarinas são como plumas, mas não são. Só a gente sabe o enorme peso que carrega no corpo. E depois não pode engordar, mas de jeito nenhum. Eu vivia neurótica, tive anorexia, bulimia. Olha, sou um prato cheio para você. Quer dizer, vazio... porque eu era tão franzina, tão magrinha. Como um ser tão mirradinho pode ser tão pesado? Ah, isso eu era. Sempre o pânico de estar fora do padrão, fora do tom, fora do movimento.

Quando larguei a dança, entrei em pânico de novo. Sempre essa nuvem negra. Eu comecei a engordar, mas não entendia que isso era natural. Um corpo que passava horas e horas dançando toma um choque. E eu parei mesmo. Dentro de mim, não foi de uma hora para outra, mas, para o meu corpo, foi. Eu estava cansada de tudo aquilo. Chegar para as aulas e os ensaios me dava ânsia, náusea. Eu não suportava mais. Tive que parar.

Você vai me achar uma louca, mas sabe o que me dava mais saudade? Não para mim, para o meu corpo. As dores. Pode? A vida inteira tinha que doer: fez o exercício direito, vai doer; se entregou de corpo e alma para a dança, vai doer. A dor tinha que estar lá, corpo mole não tinha vez. Minhas amigas, depois que larguei o balé, falavam para eu me exercitar, fazer academia, pilates, mas não dava mais para mim. Eu acho que seria capaz de matar um "personal" com minhas próprias mãos. Ninguém mais ia falar uma palavra sobre o meu corpo, entende?

O jeito foi me reinventar. Fazer lipoaspiração passou a ser um hábito. Fiz lipoescultura várias vezes. O médico mexia no corpo todo. Doía muito! Você não tem ideia do que é aquilo. Depois fiz um monte de pequenas "lipos" de manutenção. Comia pouquíssimo também. Aliás, a vida inteira mal comia. Um pouco a mais eu vomito. Eu não forçava, meu estômago punha para fora mesmo. Na última "lipo" que fiz, eu pedi para ele afinar total as minhas coxas. Essa doeu muito, não tinha posição.

A artrite nos dedos é inexplicável para mim. Começaram a doer as juntas dos dedos, mas eu senti essas dores a minha vida toda por causa do balé. Os médicos acham que, quando eu percebi, já devia fazer muito tempo que eu tinha dores da artrite, mas isso eu não sei responder. É provável. Quando os dedos das mãos e dos pés começaram a fechar, eu confesso que me apavorei. Já fiz tudo que você pode imaginar. É sem volta. Agora não tenho mais nada para fazer e tomo litros de cortisona. Claro que estou inchada e gorda, mas não faço mais nada porque é do remédio.

Uma psicanalista amiga de infância de *Maria* a encaminhou a mim. Desde os tempos que a amiga cursava a faculdade de psicologia, a vida de *Maria* lhe despertava preocupações. Ao longo do tempo, *Maria* procurou mais de cinco psicoterapeutas, de diversas abordagens, mas nunca permaneceu em tratamento por mais de três meses. Passou duas ou três entrevistas me explicando como cada momento que estava atravessando na vida inviabilizara o prosseguimento das terapias, caso a caso. "Não sei se aqui vai ser diferente. Essas escadas dificultam muito a minha chegada." Contudo, permaneceu vindo às sessões por mais de três anos, embora nunca tenha aceitado ou suportado vir mais de uma vez por semana. Suas sessões eram relatos obsessivos sobre o que havia ocorrido em sua semana. "Na segunda de manhã... na terça à tarde etc." Era doce e afável no trato e me agradecia constantemente a ajuda, que eu mesma não conseguia dimensionar exatamente qual era.

A interrupção das sessões se deu de modo bastante programado, uma vez que decidiu se recolher e passar a morar em uma casa de praia da família evitando, assim, se locomover demais. Sua marcha havia piorado bastante e, como por meio da análise havia reaprendido a se queixar das dores, pensou em levar uma vida, como ela disse, "menos dolorosa e menos dolorida". Casada e sem filhos, a aposentadoria de seu marido possibilitou a mudança. Ainda hoje, eventualmente, me envia e-mails com conteúdos típicos dos livros de autoajuda e sempre encerra suas mensagens me enviando "beijos de luz".

b. Os mistérios encerrados no corpo de Maria

Maria era uma mulher impressionante. Extremamente magra, trazia no rosto uma expressão crispada, que o fazia parecer tão contorcido quanto seus pés e suas mãos. Tinha 43 anos quando chegou à análise e chamava atenção pela aparência franzina e envelhecida em um corpo de menina. Eu me perguntava sempre como ela poderia ter se submetido a tantas lipoaspirações. Em sessões de conteúdos

144   AS DORES SÃO COMEÇO, MEIO E FIM?

quase sempre repetidos, a mãe já morta era mencionada com alguma frequência, mas rejeitava fazer associações e/ou rejeitava também minhas tentativas de interpretação que a remetessem a um mínimo de aprofundamento no nível de seu discurso. "Não sei... nunca pensei... analistas viajam..." eram suas respostas frequentes diante de minhas intervenções. Contudo, *Maria* fazia um enorme esforço para vir às sessões. Suas faltas foram raras, sempre avisadas e programadas. O marido era "ótimo, a ponto de me aguentar. Esse mérito ninguém tira dele, vive me carregando no colo. Mas trabalha muito, viaja constantemente a trabalho". Assim, sempre sozinha, sem filhos e com pouquíssimos familiares, tinha uma vida completamente organizada, sobretudo em torno dos limites de seu corpo, mas de resto muito esvaziada. *Maria* gostava muito de ler romances superficiais e livros de autoajuda. Muitas vezes, dizia que a leitura a ajudava mais que a análise, mas sempre se despedia com um "obrigada por me aturar..." e saía sorrindo.

Duas questões fundamentais para a presente reflexão:

1. A história das dores *no* corpo e *do* corpo, como ela mesma dizia, confundia-se com sua história de vida. Submetida a ideais extremamente rigorosos e vigiada por um Supereu cruel, desde os três anos fazia balé. Carregava, fortemente, a impressão de que, para ser amada, deveria manter seu corpo aprisionado em um circuito fechado em torno da busca pela perfeição. Sua mãe havia sido uma mulher culta, mas suas escolhas se restringiram à administração da vida doméstica e ao exercício obsessivo da maternidade. *Maria*, segundo o desejo de sua mãe, seria diferente, teria uma vida especial, encantada pelas conquistas que o balé clássico, certamente, lhe proporcionaria. Não seria permitido nada menos

que se tornar a primeira bailarina de um dos principais corpos de baile do mundo. Contudo, quando *Maria* decidiu parar, havia passado por algumas companhias pouco expressivas e ocupava quase um lugar de *figurante* no corpo de baile do Teatro Municipal de sua cidade. Evidenciava-se, assim, que sua busca, resultante das fortes imposições advindas de seus padrões identificatórios, articulava-se, desde muito cedo, a um discurso instituído, no qual o sacrifício de seu corpo e as dores dele decorrentes eram vistos como algo positivo, a referendar ou reafirmar tanto seu lugar de filha amada junto à mãe, quanto suas possibilidades de avançar na carreira de bailarina. Quais seriam os efeitos dessa aliança? Como dizia *Maria*: "nasci e vou morrer cuidando de um corpo que dói e que jamais foi tão perfeito quanto eu esperava".

2. Vivendo, assim, aprisionada em forte gozo masoquista, tendo se habituado às dores e ao sofrimento corporal, *Maria* encontrou substitutos perfeitos para seus circuitos compulsivos de repetição. Sustentada pelo discurso ideologicamente disseminado de que não existem lugares positivamente valorizados para as pessoas gordas, substituiu sua ânsia de ser amada e aprovada por sua mãe pela aprovação social em geral. "Não me aguentaria gorda... As pessoas podem não falar, mas te olham torto... É muito pior para uma ex-bailarina, você é vista como decadente... Perguntaram se eu tinha virado alcoólatra... Ou o pior de todos: 'por que você parou de dançar?', acompanhado de um olhar de pena." Além disso, encontrava na medicina estética uma parceria *perfeitamente perversa*, por meio da busca incessante de médicos dispostos a realizar os procedimentos que ela julgava serem essenciais ao que chamava curiosamente

de *bem-estar estético de seu corpo*. Assim como nos fragmentos anteriormente relatados, a aliança com os saberes instituídos da atualidade – principalmente os chamados conhecimentos médicos – em torno da administração e do controle do corpo, que não discriminam com clareza o conceito de saúde dos padrões estéticos vigentes, acaba por agravar as condições de sofrimento dos sujeitos, uma vez que a realidade objetiva passa a funcionar, principalmente, como *irracionalidade*. O que leva médicos e profissionais da saúde e/ou da estética a aceitarem parcerias tão claramente nocivas aos pacientes poderá ser explicado, também, pela análise da submissão das condições da existência humana à lógica mercantil das sociedades capitalistas. Entretanto, o que cabe ser destacado aqui diz respeito ao ponto a que chegam a submissão e a sujeição dos corpos em uma relação propriamente sacrificial.

c. Masoquismo em Freud

Os fragmentos clínicos tomados no presente livro cumprem a função de refletir, pela exacerbação da patologia ou do sofrimento, as maneiras como os sujeitos são atravessados e cooptados pela impronta cultural a partir de seus mecanismos psíquicos primários, sobretudo nos casos em que o corpo protagoniza a encenação da perseguição de ideais estéticos e de manutenção da juventude, paradoxalmente, colocando-se em risco a saúde geral, a do próprio corpo e a do psiquismo. Acompanhando Freud na tentativa de elucidar o funcionamento psíquico profundo e resolver os impasses encontrados em sua prática clínica, evidencia-se, cada vez mais, a importância da reformulação que ele veio a empreender a partir de suas investigações sobre o narcisismo e, mais propriamente, a pulsão de morte.

Em *O problema econômico do masoquismo* (1924/2010), Freud buscou lançar luz sobre as moções mais primárias que regem o psiquismo. Referindo-se às tendências masoquistas da vida instintual humana, considera sua existência enigmática: *o masoquismo torna-se algo incompreensível*.

> *Se a dor e o desprazer podem já não ser advertências, mas objetivos em si mesmos, o princípio do prazer é paralisado, o guardião de nossa vida psíquica é como que narcotizado.*
>
> *Assim, o masoquismo nos aparece como um grande perigo, o que absolutamente não é o caso de sua contrapartida, o sadismo (FREUD, 1914/2011, p. 185).*

O princípio do prazer, para Freud, é não apenas o guardião da vida psíquica, mas da vida em geral. Porém, encarregado de sustentar a vida a partir da promoção dos investimentos psíquicos, das ligações do mundo pulsional com o campo representacional e da estabilidade psíquica – a partir das descargas necessárias à homeostase do psiquismo –, não poderia mais ser compreendido como o responsável pela tendência à descarga absoluta, à inercia, ou, ainda, ser identificado ou associado ao princípio de Nirvana. Na verdade, a revisão do conceito de masoquismo conduziu Freud ao exame da relação entre o princípio do prazer e os dois tipos de pulsões que veio a descrever: pulsões de vida e pulsões de morte, seu segundo dualismo pulsional.

Existem, do mesmo modo, tensões prazerosas e distensões desprazerosas. Freud abandonou, assim, a ideia de que prazer e desprazer estão sempre referidos ao aumento ou à diminuição de uma quantidade de tensão advinda de estímulos. A questão diferencial reside menos nas quantidades e mais na *qualidade*, embora esta última sustente grande parte das condições enigmáticas que ele busca descrever. Não sobram dúvidas quanto ao fato de que o princípio do Nirvana exprime a tendência da pulsão de morte, o princípio do prazer representa a reivindicação da libido e o princípio da realidade está relacionado à influência do mundo externo. Esses são os três princípios em operação no psiquismo que se toleram e/ou entram em conflitos, de acordo com a coincidência ou a contradição de suas metas.

Entretanto, Freud indaga que, sendo o princípio do prazer o guardião da vida, uma vez que sua meta é a manutenção da tensão necessária, o que se pode dizer em relação ao masoquismo, ao movimento do psiquismo que alcança certo prazer nas circunstâncias mais desprazerosas, sobretudo a dor? *Maria* descrevia, muito nitidamente, um processo que poderia ser chamado de *positivação de sua dor*. Seu corpo tinha de doer para estar "bom", para o movimento ser considerado "certo", para ser "aprovado". A dor não era evitada, ao contrário, era buscada e esperada. Como compreender sua condição?

Freud faz uma distinção entre três formas de masoquismo: como uma condição para a excitação sexual, *masoquismo erógeno ou primário*; como expressão da natureza feminina, *masoquismo feminino*; e como uma norma de conduta na vida, *masoquismo moral*, sendo que o masoquismo erógeno, o prazer na dor, também está na base das outras duas formas. Alertando para o fato de que pouco se sabe do masoquismo erógeno ou primário, atribuiu a ele fundamentação constitucional e biológica. O desvendamento de seu funcionamento obrigaria à formulação de hipóteses cujos termos ainda lhe pareciam bastante obscuros. Apesar de garantir que alcançara, com facilidade, tanto a compreensão do masoquismo moral, apreendido a partir do sentimento de culpa inconsciente, quanto a identificação do masoquismo feminino, para ele facilmente observável, Freud deixa claro que permanece como enigma o funcionamento primário *masoquístico* do sujeito como determinante de suas condições propriamente estruturais.

Os questionamentos levantados diante de suas formulações acerca do masoquismo feminino são abundantes e conhecidos. Estendem-se para a concepção de Freud sobre a sexualidade feminina e a feminilidade. A adjetivação de certos tipos de sintomas, traços e condutas como tipicamente femininos tornou-se, assim, um problema a impactar na tessitura do conceito em seu articulado tríptico. As fantasias em jogo no masoquismo feminino, de ser amordaçado, amarrado, golpeado, chicoteado de maneira dolorosa, maltratado de algum modo, obrigado à obediência incondicional, sujado, humilhado e, mais raramente, mutilado, seriam um modo de o sujeito ser colocado em condição de criança pequena, desamparada e dependente. Contudo, a questão controversa reside no fato de Freud defender que essas fantasias, mais que isso, visavam especialmente colocar o sujeito numa situação caracteristicamente feminina, pois equivaleriam às fantasias femininas de ser castrada, ser possuída ou dar à luz. Curiosamente, ele parte da observação do masoquismo chamado feminino manifestado por homens. O que isso pode dizer mais precisamente? Apesar de toda a dimensão do significante cultural implicado, determinante da utilização do adjetivo feminino para descrever um quadro observado em pacientes homens, Freud, certamente, partia de sua concepção sobre a bissexualidade constitutiva, presente nos homens e nas mulheres. Ainda que mergulhado no risco de expor uma visão puramente preconceituosa, e disso, realmente, ele foi acusado, sua principal intenção, paradoxalmente seu principal mérito, foi conceber, genialmente, uma distinção fundamental, de um lado, entre masculinidade, atividade e sexo masculino e, de outro, entre feminilidade,

150 AS DORES SÃO COMEÇO, MEIO E FIM?

passividade e sexo feminino.[22] Ao romper, assim, com a equivalência desses termos, Freud inaugura uma reflexão ainda hoje relevante sobre sexualidade e gênero, tirando das categorias da psicopatologia as opções e posições sexuais adotadas pelos sujeitos ao longo de seu desenvolvimento psicossexual. E, no final das contas, ele considera o masoquismo feminino como manifestação regressiva da vida psíquica dos sujeitos, *seus elementos apontam para a vida infantil.*

É oportuno destacar os caminhos percorridos por Freud no texto, pois as três formas de masoquismo por ele descritas restam articuladas e correlacionadas. Trata-se de compreender a existência e a função do masoquismo erógeno, primário, em sua relação com os apelos das pulsões primordiais, ainda que sob as formas como, secundariamente, venha a se manifestar. "O masoquismo feminino que descrevemos baseia-se naquele primário, erógeno, o prazer na dor, que não pode ser explicado sem que voltemos muito atrás em nossa discussão" (1924/2010, p. 190).

A discussão que se segue trata, justamente, da retomada do conceito de pulsão a partir de seu primeiro dualismo, no qual a excitação da pulsão sexual e sua descarga seriam o que de mais importante ocorreria no organismo, sob a égide do princípio do prazer. Agora, é a tensão da dor e do desprazer, acompanhada da excitação libidinal, que se coloca primariamente, podendo ser compreendida como um *mecanismo fisiológico infantil que, mais tarde, desaparece.*[23]

---

22 Ver, a esse respeito, o Capítulo 5 e, mais especialmente, Freud (1931/2010; 1933/2010).

23 Ao longo de sua obra, Freud recorre à dimensão fisiológica para buscar compreender as bases do fenômeno psíquico. Para ele, o corpo erógeno tem o corpo somático, material, como base e suas reflexões buscam, a meu ver, mais apontar as correlações e as medidas que determinar causas e efeitos. De qualquer modo, a própria noção de pulsão tem base somática desde sua origem, sendo a base fisiológica não desprezível, embora não necessariamente predominante.

Freud denuncia a insuficiência de sua hipótese, mas segue em frente afirmando que a libido, a energia da pulsão de vida, encontra nos sujeitos, impactando corpo e psiquismo, a pulsão de morte que neles já vigora, que busca desintegrar o ser e conduzir cada um dos organismos elementares ao estado de inorgânica estabilidade. As pulsões de vida têm, assim, a função de tornar inócua a pulsão autodestrutiva, desviando-a em boa parte para fora, para os objetos do mundo exterior. Contudo, uma parte da pulsão de morte jamais realiza essa transposição para fora e permanece no organismo, podendo ser ligada, libidinalmente, às excitações sexuais. A isso Freud denomina *masoquismo original, erógeno.*

Freud, no entanto, sabia que restava sem resposta a questão sobre os efeitos da energia desligada da pulsão de morte sobre o psiquismo, quando aquela não se volta para fora como sadismo e violência, ou, ainda, quando suplanta as possibilidades de ligação aos impulsos libidinais. A circulação virulenta sobre o corpo e a compulsão à repetição que submete o sujeito psiquicamente demonstram que, em alguns casos – nas condições psicóticas ou nos chamados estados fronteiriços, especialmente –, os desvios de meta buscados pelas pulsões de vida, gradualmente, começam a se fechar, provocando o empobrecimento do psiquismo e aumentando significativamente os riscos de adoecimento e morte. O masoquismo primário, assim, seria testemunha e sobrevivência dos tempos primordiais de instalação e inauguração das possibilidades de existência de vida psíquica nos sujeitos, por meio da fusão das pulsões de

---

Em relação à libido, Freud, no texto aqui analisado, reafirma que a excitação libidinal estaria fisiologicamente presente na tensão de dor e desprazer e em diferentes constituições sexuais em seus diversos graus de desenvolvimento. Nos anos 1920 e 1930, suas considerações a respeito da base fisiológica se intensificam, como se poderá acompanhar, a seguir, em sua teoria sobre a angústia, que será analisada no Capítulo 4.

vida e de morte. De um lado, como masoquismo erógeno, tornou-se componente da libido e, de outro, ainda mantém seu próprio ser como objeto.

Desse modo, a circulação de natureza masoquista se expressa na vida psíquica dos sujeitos como gozo, no qual a dor e as tensões desprazerosas são vividas como uma espécie de prazer imediato, aliadas a prazeres eróticos também imediatos provocados pelas descargas de excitação sexual; como sadismo, voltado para fora, projetado como violência contra o mundo e contra os outros; ou como introjeção do sadismo, como masoquismo secundário, no qual resta a aliança com a realidade exterior, que passa a desempenhar a função sádica complementarmente necessária. Esse masoquismo primário está na base de todas as fases de desenvolvimento da libido, *delas tomando as variadas roupagens psíquicas que assume.* Como herança da travessia do complexo de Édipo, que funda o Supereu, persiste no psiquismo, de forma bastante definitiva e deletéria, segundo Freud, *o masoquismo moral*, que se manifesta de maneira atenuada em relação às expressões da sexualidade infantil. Enquanto, nas outras formas de masoquismo, o que realmente importa é o sofrimento psíquico e corporal imposto por si mesmo ou por outras pessoas – em geral, amadas –, o masoquismo moral se manifesta como sentimento de culpa e se submete aos desígnios do Supereu, que nada mais é que uma instância que se funda no psiquismo como representante dos objetos parentais internalizados, mais propriamente, como introjeção da própria cultura, com suas normas, leis, restrições, exigências, que renovam e ressignificam os ideais narcísicos do Eu, que terá permissão para se sentir amado e se amar apenas na medida em que cumpre os comandos do Supereu.

Considerado por Freud como a principal fonte da reação terapêutica negativa nos tratamentos psicanalíticos e como a mais séria das resistências ao sucesso da análise, a satisfação advinda do masoquismo moral, do sentimento de culpa inconsciente, é o maior bastião da *vantagem da doença*. De um modo inédito, a meu ver, Freud associa o sentimento de culpa ao que ele veio chamar de *neurose de destino*, a partir da qual o sujeito se vê aprisionado em escolhas que o condenam a uma vida miserável e infeliz, sejam afetivas, de trabalho ou relacionadas à maneira como decide lidar com seu dinheiro e seu patrimônio. As formas de sofrimento moral se sucedem indefinidamente, aprisionando-o em um circuito compulsivo de repetição cada vez mais curto e fechado. Para além das condições objetivas de existência, o sentimento de culpa advindo do masoquismo moral responde a um Supereu que, quanto mais exigente, mais impede o sujeito de realizar seus próprios desejos. Será oportuno examinar a importância do masoquismo moral na busca da compreensão do que bem denominou La Boétie de *servidão voluntária* (1553/1993), também objeto da reflexão dos autores marxistas – no que se referia à submissão da classe trabalhadora – e dos frankfurteanos, especialmente Horkheimer e Adorno – no que dizia respeito à submissão das populações mundiais aos padrões de comportamento ditados pela indústria cultural, a fim de atender à lógica mercantil capitalista.

Por ora, voltemos ao texto freudiano, que avança em sua tentativa de compreender os mecanismos inconscientes presentes no masoquismo moral, evidenciando, ao fim e ao cabo, que, no agravamento das condições masoquistas do sujeito, como as que podem ser flagradas no fragmento clínico de *Maria*, as diferentes formas de manifestação do masoquismo podem se apresentar articuladas. Desse modo, a predominância e a exacerbação do masoquismo primário, que, como diz Freud, assume diferentes roupagens ao longo do desenvolvimento psicossexual, poderá prevalecer, no psiquismo, como pura compulsão à repetição e, no corpo, como intensificação das dores e das tensões que, apenas remotamente, poderiam ser referidas a qualquer tipo de prazer.

O sentimento de culpa inconsciente do masoquismo moral torna-se acessível ao sujeito em análise como *necessidade de ser punido ou se punir*. Os analisandos chegam a tomar consciência da existência de uma espécie de funcionamento autônomo que o castigaria, distribuindo suas angústias e dividindo seus ódios frente a esse estado de coisas a partir de uma oscilação conflituosa que os leva a se identificarem como seus próprios algozes, sem saber, contudo, por que isso se daria, ou a atribuírem ao mundo e aos outros a tarefa cruel de subjugá-los, quase sempre a partir de uma condição que avaliam ser de pleno direito. Os pais, as relações amorosas, as instituições sociais – escola e vida de trabalho – seriam os agentes da punição autorizados pelo sentimento de culpa inconsciente do masoquismo moral. Do ponto de vista inconsciente, diz Freud:

> *Atribuímos ao Supereu a função de consciência [moral] e vimos na consciência de culpa a expressão de uma tensão entre Eu e Supereu. O Eu reage com sentimentos de angústia (angústia da consciência) à percepção de que não ficou à altura das exigências colocadas por seu ideal, o Super-eu. O que desejamos saber é como o Super--eu chegou a ter esse exigente papel, e por que o Eu tem de sentir medo quando há uma divergência com seu ideal (1924/2010, p. 196).*

O Super-eu, assim, ganha extrema importância na elucidação da manutenção e da revivescência constantes no psiquismo das tendências masoquistas e do sentimento de culpa inconsciente, uma vez que ele é, ao mesmo tempo, representante e guardião das moções pulsionais primárias advindas do Id, libidinais e mortíferas, e das exigências do mundo exterior, por meio da dessexualização do amor aos genitores ocorrida como resultado da dissolução do complexo de Édipo. Assim, o Super-eu conserva características essenciais dos imperativos da cultura, da qual os pais, até então, haviam sido representantes: seu poder, sua severidade, sua inclinação a *vigiar e punir*. Freud, contudo, afirma que a desagregação das pulsões pode produzir a intensificação da severidade do Super-eu que atinge o Eu, o submete e o fragiliza, podendo impedir ou extinguir sua função mediadora fundamental à estabilidade do psiquismo. Além disso, o Super-eu, remanescente dos ideais narcisistas do Eu e dos impulsos libidinais que haviam sido direcionados aos genitores, que, por outro lado, os investiram libidinalmente, torna-se, assim, representante do mundo externo real e modelo para os esforços do Eu. Isso permite afirmar que as relações do sujeito com os elementos atualizados de seu narcisismo e com as angústias advindas das perdas amorosas sofridas em sua infância serão determinantes da maneira como o sujeito se deixa submeter e impactar pelas exigências advindas da cultura.

As técnicas da publicidade, os instrumentos políticos e as estruturas de poder, certamente, se valem e se aliam ao Super-eu na manutenção de sujeitos servis e soterrados pelos seus próprios sentimentos de culpa, aprisionados em circuitos obsessivos de autovigilância e punição. Nos dias de hoje, pode-se dizer que a repressão sexual da sociedade vitoriana do final do século XIX foi substituída, eficientemente, pela administração e pelo controle do corpo. Há muito Freud ensinou que era preciso que a repressão social se aliasse aos mecanismos repressivos do próprio sujeito para provocar a neurose: *a intensificação das defesas no próprio sujeito é fonte de angústia e neurose*. Do mesmo modo, a tentativa de elucidação dos mecanismos psíquicos aqui descritos parte da hipótese de que a impronta cultural se aliou aos mecanismos mais primitivos do psiquismo, diante dos quais os sujeitos penam em suas frágeis e insuficientes tentativas de se defender.

Freud alerta para o fato de que certas pessoas causam a impressão de serem inibidas moralmente de um modo excessivo, uma espécie de *hipermoral*, que deve ser diferenciada do masoquismo moral pela predominância de atitudes sádicas, embora, nos dois casos, trate-se de uma relação entre o Eu e o Super-eu, de uma necessidade de satisfação por meio do castigo e do sofrimento. No entanto, a exacerbação da consciência moral remete, mais diretamente, à dessexualização do complexo de Édipo, ao passo que, com o masoquismo moral, a moralidade seria, novamente, sexualizada e os sujeitos seriam mais propensos à regressão aos moldes de funcionamentos infantis típicos do complexo de Édipo. Essa regressão é nociva ao sujeito e à sua consciência moral, uma vez que seu aprisionamento narcísico intensifica a *tentação de atos pecadores*, que abrem novamente o circuito necessário de expiação do sentimento de culpa por meio dos ataques de um Super-eu cruel e sádico, como também do disciplinamento e da vigilância das grandes autoridades parentais projetadas, *o Destino*, que, para Freud, era resultante do que ele denominou de séries complementares, ou seja, da busca constante do sujeito, na realidade externa, de afirmação e reafirmação de seus circuitos de masoquismo, gozo e compulsão à repetição, determinantes do funcionamento mental. Acrescentaria ainda, aqui, a figura de *Deus* e a do *Dinheiro*, no sentido proposto por Giorgio Agamben em *Homo sacer* (2002/2010).

Isso, certamente, poderia explicar os insucessos constantes de *Maria*, que vê, a partir da exacerbação de suas lesões e suas dores articulares, cada vez mais distante a meta imposta por sua mãe de que ela deveria se tornar a *primeira bailarina*. Curiosamente, quando ingressou em um corpo de baile que abriria condição para que o sucesso fosse alcançado, seu corpo adoeceu grave e insistentemente, reduzindo suas metas à tarefa de manter o mesmo corpo de bailarina, ainda que sem serventia. Por ora, cabe sublinhar que Freud descreve o masoquista como aquele que, a fim de provocar o castigo por esses substitutos parentais, necessita constantemente "fazer coisas inadequadas, [...] agir contra seus próprios interesses, arruinando as perspectivas que para ele se abrem no mundo real e, eventualmente, destruindo sua própria existência real" (1924/2010, p. 200).

Mais claro, impossível. O refreamento dos impulsos destrutivos, que impede a manifestação direta da pulsão de morte por meio de atitudes puramente sádicas e violentas contra o outro, resulta na intensificação do masoquismo no Eu e no fortalecimento do Super-eu a partir da agressividade e da destrutividade reinvestidas no próprio psiquismo. Assim, as consequências da aliança entre o sadismo do Super-eu, voltado para o Eu, e o masoquismo primário do Eu podem ser extremamente nocivas à estabilidade psíquica dos sujeitos. A moralidade é resultante da repressão das pulsões e não sua causa, pois a primeira renúncia pulsional será sempre imposta por poderes externos. Apenas então funda-se a moralidade no próprio sujeito.

> *Desse modo, o masoquismo moral vem a ser testemunha clássica da existência da mistura dos instintos [da fusão das pulsões]. Seu caráter perigoso se deve ao fato de proceder do instinto de morte, correspondendo à parte deste que escapou de ser voltada para fora como instinto de destruição. Por outro lado, tendo ele a significação de um componente erótico,* também a autodestruição do indivíduo não pode ocorrer sem satisfação libidinal *(FREUD, 1924/2010, p. 202, grifo nosso).*

Ao examinar, com tanta profundidade, o conceito do masoquismo, embora em um texto de apenas vinte páginas, Freud desvela a complexidade presente na constituição do psiquismo e nas saídas sintomáticas e patológicas que encontra para dar conta de garantir a estabilidade quase improvável de ser conquistada. As tendências masoquistas do sujeito, sejam em suas manifestações primárias, *sexualizadas* ou *moralizadas*, carregam a prova de existência da pulsão de morte e das possibilidades autodestrutivas, mortíferas e propriamente letais dos sujeitos contra si mesmos. Não deixam de denunciar, outrossim, as infinitas potencialidades de destruição do mundo e de violência contra o outro, em um âmbito no qual o único jogo possível é o da sobrevivência.

As considerações freudianas abriram um flanco no qual as questões se avolumaram, vindo a ser reforçadas pelos fenômenos da clínica contemporânea que, embora Freud não tenha antevisto exatamente, apresentaram-se quase como caricaturas das mazelas que, nos dias de hoje, o homem sofre na travessia da vida civilizada nos moldes capitalistas. Os chamados estados psíquicos fronteiriços dos sujeitos, submetidos, intensamente, ao registro da dor, do empobrecimento simbólico e da subjugação do corpo, obrigam à reflexão nos dois sentidos: dos movimentos subjetivos e dos padrões civilizatórios.

d. As ameaças masoquistas no corpo de Maria...

...e de *Helena*, de *Hércules*... Os fragmentos clínicos relatados no presente livro buscam permitir um mergulho nas entranhas de conceitos freudianos fundamentais e são, nessa mesma medida, colocados a dialogar com o pensamento de autores pós-freudianos. Claro que, para fins de análise, os casos aqui apresentados poderiam ensejar uma reflexão mais aprofundada das condições psíquicas de cada um dos sujeitos. Contudo, o que busco, mais exatamente, é o exame dos conceitos *a partir dos fragmentos clínicos*, sem necessariamente articulá-los de modo a atingir sínteses ou conclusões. Essa opção, a meu ver, propriamente psicanalítica, busca a introdução dos elementos na medida em que se apresentam para a reflexão, sem buscar o fechamento e as afirmações que teriam por finalidade comprovar os conceitos teóricos estudados ou fechar interpretações conclusivas sobre cada caso. Seguirei fiel a esse princípio propriamente psicanalítico, embora saiba que cada consideração tomada de empréstimo de um dos fragmentos clínicos relatados ressignifica e lança questões não abordadas em cada um dos casos anteriormente referidos. O risco de que as pontas soltas desarticulem a proposta vale a pena ser tomado, uma vez que, de outro lado, o embate travado remete à complexa teia que funda os sujeitos na relação com a impronta cultural, fundamental aos psicanalistas que lidam com fenômenos da contemporaneidade em sua relação com as complexas saídas sintomáticas buscadas pelos sujeitos. O embate na clínica se dá, diretamente, entre as dificuldades do trabalho no registro da palavra e a inacessibilidade do analista às manifestações patológicas no registro do corpo. Será possível fazer falar o trauma?

A experiência analítica já havia provado a Freud que não se poderia desembaraçar a trama presente na formação dos sintomas e do sofrimento psíquico apenas pela via da compreensão das neuroses. O exame das neuroses, em comparação aos sujeitos considerados "normais", conduziu-o, gradualmente, a considerar a perspectiva econômica do funcionamento mental como o aspecto mais importante na determinação das possibilidades de se alcançar a estabilidade psíquica ou de, ao contrário, adoecer. A partir de vivências traumáticas e disruptivas causadas pela descompensação

do equilíbrio entre as forças pulsionais que atravessam o corpo erógeno e o psiquismo, Freud foi induzido ao exame cada vez mais
profundo da dimensão primária constitutiva e determinante das
condições psíquicas. Os psicanalistas, hoje, deparam com fenômenos na clínica que se escondem, inicialmente, sob o manto da
neurose, mas que devem ser compreendidos a partir de falhas primárias que também se fundam em traços potencialmente psicóticos.
No entanto, não se poderá escapar do exame daquilo que se esconde
em manifestações corporais dos efeitos traumáticos causados
pelos embates pulsionais na *guerra de vida e de morte que é o viver*.
O confronto com a psicose na clínica e a necessidade de sistematização acerca dessa condição de adoecimento psíquico possibilitaram aos psicanalistas pós-freudianos, ao contrário do momento no
qual Freud viveu, o aprofundamento de conceitos que ele desen-
volveu já nos últimos anos de sua produção teórica. Na mesma
direção, a dimensão primária, a pulsão de morte, a energia livre e a
compulsão à repetição possibilitaram uma distinção mais rica dos
estados fronteiriços e de seu funcionamento.

Green (2010) alerta que Freud havia se ocupado da neurose e
da "normalidade", ampliando o campo freudiano com suas formulações acerca da perversão, embora referida à primeira. *A neurose
como negativo da perversão* revela uma concepção com fortes implicações em sua teoria, uma vez que a constituição dos sujeitos
ditos "normais", ou neuróticos, resultaria do desenvolvimento psicossexual no qual a perversão polimorfa da infância é central, tanto na
direção da desmistificação da loucura, quanto na abertura de caminhos para a compreensão dos modos primários de funcionamento
mental. No que se refere especificamente ao masoquismo, vale ressaltar, ele parte, inicialmente, do par sadismo/masoquismo, desta-
cando-o como mais uma das perversões sexuais.

De maneira geral, Freud sentia a necessidade teórica de dispor de uma estrutura mais intermediária do que originária para construir seu marco de referência. Assim ele se apoiou no sonho, no universo onírico – desprezando as outras formas da vida psíquica de quem dorme (pesadelo, por exemplo) –, do mesmo modo que, no universo da patologia, devia eleger a neurose como ponto de partida para sua reflexão e deixar de lado outras categorias que implicavam regressões mais profundas em fases anteriores. A descoberta do masoquismo seguiu a mesma trajetória: desvendar o processo intermediário responsável pelo fracasso do tratamento e pela permanência da infelicidade... [Porém], o masoquismo, nessa última acepção, causou problemas (GREEN, 2010, p. 105).

E o problema era propriamente *econômico*, uma vez que, após as postulações acerca da pulsão de morte, não seria mais possível considerar o masoquismo apenas como uma subversão ou uma transgressão do princípio do prazer, no registro das excitações e da descarga. O masoquismo denuncia, em suas formas de manifestação, as tentativas de acordo feitas entre *a ordem negativa* e a tentativa de positivação e manutenção da vida por meio de sua libidinização. Recorro a *Maria* para pensar sobre o tipo de enigma que apresenta ao *escolher* viver aprisionada em um sofrimento intenso que se converteu, paradoxalmente, em fonte de um gozo oculto. Paralisada nesse além do princípio do prazer, repetia compulsivamente uma série forjada na primeira infância e ressignificada pelos elementos pré-edípicos e edípicos em jogo. Quando as intervenções masoquistas sobre seu corpo deixaram de ser uma possibilidade, agravou-se o quadro de artrite reumatoide, bem como se reduziu o espectro psíquico de elaboração simbólica, que poderia ser a saída psíquica para seu longo sofrimento.

Green afirma que as dificuldades de superação desse estado de coisas podem ser explicadas pela concepção de Freud acerca do masoquismo erógeno, uma vez que ligações precoces uniram a sexualidade à dor em nome da coexistência libidinal, reafirmando o masoquismo. Esse atrelamento da dor ao prazer mistura-se, ainda, ao que o autor sugere chamar de *além do desprazer*, no qual as angústias primárias de desamparo, abandono e morte intensificam os aprisionamentos aos ideais narcísicos, obrigam à necessidade de reafirmação do amor parental – subjugação presente no masoquismo feminino – e se alimentam fortemente da vida social sob forma de masoquismo moral. O masoquismo primário e suas derivações são, nos termos de Green, a realização do negativo como valor inverso da vida.

As contribuições de Green acerca do *trabalho do negativo* operando no psiquismo são bastante valiosas, na medida em que, para ele, a negatividade enraizada na vida pulsional como causalidade natural transforma-se, no homem, em relação às exigências libidinais de prolongamento da vida e de investimento no objeto como modo de sobrevivência. O Eu e o outro necessitam ser investidos em favor da manutenção da estabilidade psíquica e da preservação da vida. No entanto, permanecem sem solução, ligação ou destino a negatividade silenciosa da pulsão de morte – gozo puro e imediato – e os impulsos mortíferos que retornam, barrados pelas repressões psíquica e também social, gerando as tendências masoquistas secundárias. O trabalho silencioso do negativo resta como ordem suprema – que não pode ser evitada, pois, se o psiquismo se institui a partir da fusão das pulsões de vida e de morte, tendo em vista os desvios das metas mortíferas imediatas, sobram em circulação e produzem efeitos a energia livre da pulsão de morte que não pôde ser libidinizada e os impulsos destrutivos reprimidos que retornam como masoquismo secundário. Para Green, essa negatividade sobrante interfere nos ideais narcísicos e na maneira como o sujeito se relaciona com o outro. O corpo é, certamente, a borda na qual circula essa energia não representada, que se transforma em sensações corporais e afetos que chegam ao psiquismo sem possibilidade de decifração por meio da linguagem. O narcisismo, que busca operar como um escudo protetor por meio do qual o Eu se torna o objeto amado, resta perseguido negativamente por ideais inalcançáveis; as relações amorosas parentais perdem positividade quando as ameaças de destruição do organismo e a ineficiência das resoluções narcísicas impelem e obrigam o sujeito a uma existência que pode, no extremo, ser vivida como *chantagem*, uma vez que o amor só seria garantido na medida em que se mantém a busca de ideais, ou seja, a transformação do sujeito naquilo que é permitido pelo Super--eu, supostamente atendendo às exigências feitas pelo mundo.

Green reivindica que a negatividade e a circulação sempre traumática da energia não libidinizada da pulsão de morte podem se apoderar, como se flagra nos estados fronteiriços, das manifestações masoquistas. O masoquismo erógeno, que, como ensinou Freud, resulta de uma negociação primordial entre prazer e dor, ou, se quisermos, entre prazer e *trauma*, converte-se em puro masoquismo primário, expressão praticamente direta da pulsão de morte. Na medida em que as relações sociais – a dupla parental, na origem – não favorecem as ligações e o investimento na construção da vida, sua preservação passa a ser garantida por circuitos limitados no corpo, em um gozo de pura descarga e de natureza mortífera. A negatividade projetada nas condições sociais transforma as sociedades pela criação de estruturas de exclusão e violência que podem reduzir a vida dos sujeitos a ciclos repetitivos de uma existência fundamentalmente traumática. A realidade construída a partir de

164 AS DORES SÃO COMEÇO, MEIO E FIM?

princípios destrutivos projetados converte-se em uma armadilha de difícil desmontagem, como se discutirá a seguir.

Por ora, é oportuno resgatar, ainda, as contribuições de Lacan, sobretudo no que se refere às distinções fundamentais que fez entre realidade e *Real*, noção que veio a descrever, apenas posteriormente, em relação aos conceitos de *Imaginário* e *Simbólico*. A realidade, tal como pode ser apreendida pelo sujeito, é uma construção imaginária, sustentada e definida pelas fantasias, que poderão ser simbolizadas na medida em que o sujeito se afasta das nuvens encobridoras de seu mundo *fantasístico* e fechado, passando a identificar uma ordem simbólica e os sentidos significantes que o atravessam e o transcendem. Contudo, Lacan postula uma dimensão inacessível, silenciosa, a que chama de *Real*, da qual o corpo – e a pulsão de morte –, em suas determinações biológicas e em sua finitude, é um dos seus veículos. Imaginário e Simbólico são dimensões do psiquismo que visam apaziguar as invasões virulentas e irrepresentáveis do Real. O Real é o que é estritamente impensável, o impossível de ser simbolizado, é o trauma por excelência, o que não é passível de ser assimilado pelo aparelho psíquico. Para Lacan, masoquismo erógeno, pulsão de morte e gozo seriam expressões da mesma ordem do Real, sendo, por exemplo, a esquizofrenia a manifestação máxima desse apoderamento da ordem destrutiva, que desligaria o sujeito das possibilidades de elaboração das fantasias na direção da simbolização.

Apesar de Green não se considerar um discípulo de Lacan, teve com ele laços estreitos, acompanhando seus seminários desde os anos 1950 até meados dos anos 1960. Contudo, interessado nas condições fronteiriças do adoecimento mental que o confrontavam desde a clínica, afastou-se de Lacan e de seus seminários, por discordar das amarras estruturalistas das categorias psicopatológicas propostas por ele e das restrições da clínica que defendia, sobretudo no que se referia aos limites do analisável e à impossibilidade de se escapar da linguagem e do significante. A questão colocada entre os dois diz respeito às possibilidades de o sujeito escapar da ordem do Real, do irrepresentável, das inibições corporais, daquilo que seria, em última instância, os desígnios da ordem biológica. Green afirmava ser de fundamental importância o trabalho clínico que incluísse as intensidades, a afetação e o sentimento, dos quais a transferência não poderia escapar e, ao analista, não seria possível desconsiderar.

Não pretendo, aqui, esgotar as ideias de Lacan e de Green e alerto para a necessidade de um exame mais aprofundado de suas concordâncias e discordâncias,[24] mas defendo que as contribuições de Green introduzem o irrepresentável, o não representável, as manifestações do trauma em seu registro propriamente corporal, as não falas e os não sentidos como elementos que fazem parte, pela negatividade, do campo representacional dos sujeitos e que devem ser considerados e trabalhados pelo analista. Nessa medida, o exame e a crítica das condições sociais ou da *civilização que se conseguiu alcançar*, como alerta Freud, aliados à análise das impossibilidades, das dificuldades e dos sofrimentos dos sujeitos, incluindo-se as inibições, os movimentos autômatos do registro corporal e as manifestações masoquistas, seriam o caminho possível, embora *no limite das impossibilidades*, para o enfrentamento, na clínica, de estados como o apresentado a partir do fragmento de *Maria*. À parte de suas sessões repetitivas no conteúdo, nas quais as condições autodestrutivas instaladas em seu corpo eram apenas literalmente descritas –

---

24 A esse respeito, recomendo resgatar os seminários de Lacan, sobretudo em sua última fase (LACAN, 1953/2005), e acompanhar Green, sobretudo a partir de Green (2010). Também é bastante pertinente para a compreensão dos pontos de discussão entre os dois autores a leitura de URRIBARRI, F. André Green: o pai na teoria e na clínica contemporânea. *Jornal de Psicanálise*, v. 45, 2012.

seus sintomas físicos eram raramente articulados e associados a outros níveis de sua narrativa –, havia uma circulação de ordem afetiva que se manifestava na transferência como possibilidade de reparação da relação devastadora que havia experimentado com sua mãe, em um pacto narcisista e mortífero de sacrifício constante de seu corpo. Embora escolhendo viver mais recolhida com o marido em uma casa de praia, seu movimento autoprotetor e de preservação *em uma vida menos dolorida*, como mencionou em sua sessão de despedida da análise, consistiu em ganhos, a meu ver, extremamente valiosos. Resta o impasse relativo à flagrante impossibilidade de circulação de sua dimensão odiosa, com vistas ao alcance de elaborações que permitissem o alívio de seu sofrimento corporal. Sua persistência em declarar os livros de autoajuda como mais eficazes que o trabalho da análise e em me enviar frases deles extraídas apontam, a meu ver, para as impossibilidades que a análise de *Maria* não pôde superar.

A dimensão afetiva – afetações, excessos e intensidades – não pode ser desconsiderada, pois a energia não ligada das pulsões de morte e a retroversão de impulsos destrutivos que não puderam encontrar seu fim no direcionamento ao outro e ao mundo circulam do corpo ao psiquismo, no limite entre o somático e o psíquico, como diria Freud. Essa circulação das intensidades merece ser melhor analisada. Birman (2012) afirma que o excesso transborda no psiquismo como *humor e pathos* antes de se deslocar para os registros do corpo e da ação. Os afetos secundarizados restam mais acessíveis ao registro das palavras e impactam o psiquismo, podendo ser decifrados a partir dos códigos e dos signos disponíveis ou vivenciados como angústia também secundária. No caso de *Maria*, seus medos e suas angústias desse tipo manifestavam-se por meio de um discurso de insatisfação e crítica às suas incapacidades de alcançar seus ideais e de uma postura de subserviência e submissão excessivas ao outro, que oscilava para ações pífias que a levavam a realizar pequenos *ataques educados* à analista. Já a energia não ligada apresentava-se como intensidade pura, descarregada sobre seu corpo de maneira visivelmente violenta, deixando, ao mesmo tempo, entrever um ódio na relação transferencial que ela própria não seria capaz de suportar.

Esse excesso interfere na regulação de sentimentos e afetos que não podem ser expressos, uma vez que parte dele será ligado pelas pulsões de vida e, uma vez libidinizados, permitem que deles se conte uma história, que alimentem e enriqueçam a narrativa. Porém, a despeito dessas matizações, o excesso sempre poderá escapar ao controle e à regulação psíquica, aparecendo como irrupção de algo no psiquismo que é vivido, como sugere Birman, como um corpo estranho. *Corpo estranho*, nesse caso, poderia ser desdobrado na afirmação de que as manifestações do excesso, de fato, atingem o corpo e são vividas psiquicamente como tal, vindas de um corpo que o sujeito estranha e que se rebela por *desrazões* que ele não consegue nomear. O corolário disso é a manifestação de angústia primária que inunda as sensações corporais, descrita, atualmente, como *síndrome do pânico* pela psiquiatria.

Será necessário aprofundar, no próximo capítulo, a teoria da angústia freudiana em suas reformulações provocadas pelo conceito de pulsão de morte. Por ora, cabe repetir que a angústia frente aos efeitos da passagem do tempo sobre o corpo, angústia secundária, remete ao excesso traumático, expressão do imperativo mortífero que se impõe como incontrolável e inacessível. No caso de *Maria, a artrite reumatoide grave* lhe deixava literalmente de pés e mãos atados e a única sensação que conseguia descrever psiquicamente, para além da dor, era o terror ante o poder desse *corpo estranho*.

O masoquismo necessário e a violência socialmente instituída

a. A repressão cultural das pulsões

Em *O problema econômico do masoquismo* (1924/2010), Freud não deixou dúvidas quanto ao fato de que a volta do sadismo contra o próprio sujeito, resultante da constante repressão cultural de suas pulsões, impede que grande parte dos componentes pulsionais destrutivos tenha aplicação direta na vida das pessoas. Contudo, quais são os efeitos dessa repressão e as medidas em que favoreceria, por um lado, o adoecimento psíquico e a morte do sujeito e, por outro, a violência sem limites, a guerra e a destruição entre os povos, pela irrupção imprevista e violenta da pulsão de morte?

Audoin-Rouzeau (2006/2012) afirma que toda experiência de guerra é, antes de tudo, experiência do corpo. Para ela, esta face corporal da guerra se confunde tão intimamente com o próprio fenômeno bélico que seria difícil separar a história das guerras de uma antropologia histórica das experiências corporais induzidas pela atividade bélica. A tomada das considerações de Audoin-Rouzeau aqui, embora possa parecer um desvio para territórios distantes ou excessivamente ampliados em relação ao tema central da presente reflexão, justifica-se plenamente. A violência desencadeada e vivida nos campos de batalha das grandes guerras superou em grande escala as reais necessidades de vitória de um dos lados. Além disso, o exame das condições nas quais os sujeitos expõem o corpo ao limite máximo de vulnerabilidade, rompendo com suas amarras éticas e morais para exercer – sem freios – a violência autorizada e institucionalizada da guerra, é elucidativo dos movimentos psíquicos estimulados nessa situação-limite, na qual o sujeito se aproxima de uma ruptura e de uma cisão do psiquismo sem precedentes, em um caminho que, se não o leva à morte do corpo propriamente dita, leva-o para o limite da anulação da vida psíquica e das estruturas que fazem dele um ser humano. As atrocidades contra o corpo em nome da guerra ganharam, ao longo do século XX, proporções inimagináveis e aterrorizantes que, gradualmente, pela exposição das disposições destrutivas do humano, possibilitam avaliar os custos que a renúncia pulsional dos sujeitos, decorrente do processo civilizatório, gera ao psiquismo e ao corpo.

Segundo Audoin-Rouzeau, no decurso da primeira metade do século XX, poucos ocidentais puderam, de todo, subtrair seu corpo à experiência da guerra. A experiência total da guerra entre 1914 e 1945 se traduziu, antes de mais nada, por uma mortalidade em massa: 8,5 milhões de ocidentais morreram durante a Primeira Grande Guerra e quase 17 milhões de combatentes e 21 milhões de civis foram mortos na Segunda. A este total, somou-se, nos dois casos, uma enorme sobremortalidade indireta. Na segunda metade do século XX, no quadro da revolução nuclear, a experiência da guerra se tornou nitidamente mais limitada socialmente, sendo a experiência corporal do combate afastada das sociedades ocidentais. No entanto, as ameaças de atentado contra o corpo tomaram outras formas e variações, sobretudo no século XXI, pelos avanços das práticas terroristas e pela disseminação da violência urbana, decorrente do aumento dos índices de criminalidade em sociedades nas quais há desigualdade, injustiça social e, de modo assustadoramente relevante, domínio perverso do narcotráfico.

Essa digressão se mostra relevante, pois a exacerbação da violência nas sociedades *pós-modernas*, disseminada pelas estruturas sociais em tempos considerados pacíficos, traveste-se de violência instituída, organizada e autorizada. Expressão de barbárie e de sadismo em todos os casos. No início do século XX, o soldado combatia com o corpo ereto, no extremo perigo do campo de batalha. Ficava-se de pé *fisicamente, mas, ao mesmo tempo, moralmente*. Tratava-se de ficar perfeitamente visível e, por isso, os soldados passavam por treinamentos duríssimos, em uma aprendizagem interminável da postura corporal certa por meio das posições regulamentares, especialmente a rigidez imóvel de sentido diante das autoridades mais graduadas. Audoin-Rouzeau sublinha que a produção sistemática de um corpo militar jamais tinha sido tão cuidadosa na preparação dos corpos para suportar as imensas canseiras da guerra. Essa aprendizagem inaugura, sem sombra de dúvida, uma nova cultura somática, origem de um inegável sofrimento físico que passa a ser valorizado como meio de se alcançar a eficiência. Segue sem resposta, contudo, o descompasso entre esses treinamentos, para além das possibilidades humanas, e seus resultados, pois os corpos preparados seriam, ainda assim, massacrados nos campos de batalha. Havia mais violência que a necessária para os fins da guerra, sendo que médicos, desde a Primeira Grande Guerra, alertavam para a extensão dos ferimentos nos soldados atingidos, que causavam danos que não poderiam ser reparados: *sonhavam com projéteis humanitários*, expressão de um paradoxo certamente intrigante.

Com a evolução bélica no século XX, os homens passaram a rastejar e a andar abaixados na mesma medida em que os armamentos se tornavam mais pesados e letais. Dos fuzis às bombas e aos mísseis nucleares, a vulnerabilidade do corpo era tão evidente quanto desconsiderada. Por que os soldados aceitavam lutar e se expor ao risco de morrer dessa forma? A violência da guerra não passaria despercebida a Freud, é claro. Tendo passado pela experiência da Primeira Guerra, para a qual seu filho mais jovem, Ernst, foi enviado, viveu as consequências da desorganização da vida social que lhe tirara o trabalho em sua clínica, encerrando-se em uma intensa produção teórica, da qual extraiu os artigos metapsicológicos. Porém, foi no entreguerras que mais se dedicou a pensar sobre os impulsos mortíferos e destrutivos do homem, sobre as mazelas e as fragilidades do processo civilizatório e sobre o horror da guerra, também impulsionado, de outro lado, pela morte repentina da filha Sophie e pelo aparecimento do câncer que viria a matá-lo. Nessa direção, *O mal-estar na civilização* (1929/2010) e *Por que a guerra?* (1933/2010) são textos fundamentais pelos questionamentos que fazem sobre a exacerbação do sofrimento, do mal-estar e da violência na vida civilizada do homem contemporâneo, em detrimento do prazer, dos laços afetivos e da busca pelo prazer e pela felicidade. Nos dois textos, Freud se volta para a condição humana buscando compreender por que a elevação do homem à suposta superioridade da *segunda natureza* não o protegeu de sua contradição estrutural e estruturante, que poderia, em *situações-limite*, transformar o sujeito em uma arma potencialmente mortal para si mesmo e para os outros. A violência nos campos de batalha na guerra exacerbava para além da capacidade de treinamento dos soldados, manifestando-se como pura barbárie, que não poderia sequer ser explicada pelas finalidades da dominação dos povos inerentes a toda guerra. *Na guerra, os meios superam os fins.* A periculosidade dos campos de guerra impõe aos soldados uma condição de terror, aprisiona-os rastejando-se entre bombardeios, farejando o risco da própria morte e testemunhando atrocidades sem equivalente anterior.

Não foi por acaso que Freud iniciou suas reflexões sobre a pulsão de morte, no texto de 1920, tomando para exame – de saída – as neuroses traumáticas dos soldados que voltaram da guerra, partindo, assim, de uma condição extrema do humano para refletir sobre as condições universais constituintes do psiquismo. Ao recolher a violência mais bárbara da guerra como própria da condição humana, alertou para o fato de que nem todas as forças pulsionais serão libidinizadas e encontrarão, nas alianças com as pulsões sexuais, saídas que preservem a vida. A satisfação sexual e amorosa, as produções sintomáticas e a sublimação – considerada por ele, até então, a saída mais nobre que o psiquismo poderia alcançar, pela transformação dos sobrantes pulsionais em produção cultural – não seriam suficientes para garantir a sobrevida do sujeito, sequer sua estabilidade psíquica, muito menos o progresso da civilização.

Que a guerra pudesse provocar importantes desordens psíquicas é algo que os médicos militares do começo do século XIX já sabiam, embora dessem a essa realidade, ainda mal conhecida, outros nomes que não os de hoje. Mas foram os conflitos modernos que, ao mesmo tempo, aumentaram consideravelmente o número de *feridos psíquicos* e forçaram os serviços de saúde das forças armadas a levarem-nos em conta e buscarem possibilidades de tratamento. A partir da Primeira Guerra, as hipóteses explicativas dos distúrbios psíquicos sustentaram-se nas desordens de natureza neurológica, provocadas pela violência das explosões. Do ponto de vista psiquiátrico, já se acreditava que a exposição extrema do sujeito a um ataque, para o qual seu corpo não encontrava meios de proteção e defesa, gerava vivências de vulnerabilidade e risco de morrer inevitavelmente traumáticas. De algum modo, questões se acumulavam na tentativa de compreender por que a psique levaria de volta, diretamente ao somático e de maneira bastante *realista*, as agressões sensoriais ligadas ao combate. As grandes guerras deixaram o trauma inscrito no corpo, poder-se-ia assim compreender. As ameaças de morte vividas na guerra se referiam às possibilidades reais não só de morrer, mas de ter o corpo estraçalhado, despedaçado. A sensação do risco de morrer pela desintegração do corpo conduz os sujeitos, regressivamente, às revivescências das angústias mais primárias de morte e desaparecimento, presentes no psiquismo desde a origem e base dos impactos traumáticos que atingem o psiquismo.

Morrer em pé, de cabeça erguida, íntegro, propriamente inteiro – desejos dos soldados de outrora que, curiosamente, não deixam de ser propósitos do homem contemporâneo, que vive as possibilidades de prolongamento da vida prometidas pela medicina com desconfiança e terror diante das doenças que podem desintegrar seu corpo ainda em vida ou *estraçalhar seu cérebro*, dizimando suas características subjetivas mais importantes. Como se a administração da vida proposta pela medicina moderna, finalmente, triunfasse sobre a capacidade do sujeito de carregar a vida a partir de seu desejo. No próximo capítulo, será acompanhado como a obsessão pelo controle do corpo e pela manutenção da beleza e da juventude, no final das contas, coloca o sujeito diante de sensações aterrorizantes. Parece que a estrada acaba repentinamente diante de um abismo, que lança o sujeito vagando no espaço.

b. Violência masoquista do sadismo

Em 1933, Freud escreve a Einstein uma resposta a uma carta na qual o último indagava ao inventor da psicanálise o que seria possível fazer para livrar os homens da fatalidade da guerra (FREUD, 1933/2010). De saída, Freud substitui a relação feita por Einstein em sua carta, entre direito e poder, para pensar a relação entre direito e violência, afirmando que, em tempos primordiais, os conflitos de interesse entre os homens se resolviam mediante o emprego da violência, a força muscular decidiria quem era o dono de algo ou qual vontade prevaleceria. Entretanto, rapidamente, essa força foi substituída por instrumentos e armas, acrescentando-se a necessidade de desenvolvimento de habilidades especiais para seu manejo. Essa passagem é importante, pois a principal dessas habilidades deveria ser a intelectual, que, aliada à força física, seria fundamental ao estabelecimento de estratégias. Assim, a vitória continuaria sendo alcançada pelos ferimentos provocados ao outro, chegando a levá-lo à morte, eliminando-se novas ameaças ou investidas do inimigo. No entanto, Freud alerta: "A morte do adversário satisfaz ainda uma inclinação pulsional" (1933/2010, p. 420).

De qualquer modo, a intenção de matar pura e simplesmente é substituída pela reflexão de que a violência da subjugação dos adversários é mais eficiente, com vista à exploração destes para atender aos interesses dos vitoriosos, que sua própria morte. Para Freud, o direito surgiu da união dos sujeitos subjugados por um poder soberano, opressor, violento e assassino. O direito seria o poder daqueles que se uniram para enfrentar a violência de um indivíduo. É o poder de uma comunidade, mas ainda é violência, pois poderá se voltar como violência pura contra todo indivíduo que a ele se oponha. Qual seria a condição psíquica necessária para que a ordem do direito – da comunidade – prevaleça e que os sujeitos a ele se submetam? A tendência psíquica à estabilidade, diria Freud. A comunidade deverá ser mantida de forma permanente, precisa se organizar, criar instituições, criar princípios contra as rebeliões, órgãos de repressão coletiva. Leis e instituições policiais são necessárias, mas se fundam desde a origem na violência legitimada para a manutenção do *status quo*.

Contudo, não apenas as instituições repressoras responderiam pelo controle das sociedades, pois os interesses produzem vínculos afetivos entre as pessoas de uma mesma comunidade e sentimentos comunitários também seriam a base da autêntica força dos grupos sociais. Poder-se-ia dizer que casamento e família são instituições que atendem duplamente a esse fim, pois se valem das trocas afetivas e dos vínculos amorosos em substituição à justificação da violência direta, como forma de se forjar sujeitos cujo padrão civilizatório esperado pela comunidade possa ser garantido.

Para Freud, essa é a condição essencial das sociedades organizadas: a superação da violência mediante a transferência do poder para uma unidade maior, mantida por vínculos afetivos entre seus membros. Ao examinar a condição da guerra, aquilo que estaria subjacente na irrupção da violência bárbara, que se avizinhava a esses dois homens importantes que haviam sido alçados à condição de *indesejáveis à comunidade* por sua origem judaica, ele considera que as coisas se tornam mais complexas quanto mais a comunidade abrange elementos de poder desigual: *homens e mulheres, pais e filhos, vencedores e vencidos*. Em outras palavras, senhores e escravos, opressores e oprimidos. O direito da comunidade, assim, se transforma em pura expressão das desiguais relações de poder em seu interior, pois as leis serão sempre feitas pelos dominadores, reservando poucos direitos aos dominados.

Ao longo da história, afirma Freud, o esforço dos oprimidos é a luta pelos direitos iguais, ao passo que as classes dominantes se recusam a levar em conta quaisquer possibilidades de mudança. A guerra é o acirramento extremo desses conflitos por questionamentos e tentativas de desmontagem da lógica da dominação. A violência da guerra, paradoxalmente, é a resposta das classes e das sociedades dominantes, que se valem dos mesmos impulsos sádicos reprimidos socialmente aliados às tendências masoquistas dos sujeitos, uma vez que serão enviados para o *front* os jovens oriundos das classes dominadas e submetidas ao poderio econômico e supostamente legal que detêm as classes dominantes.

É curioso acompanhar as considerações de Freud nesse texto, pelo tom propriamente *marxista revolucionário*, embora, certamente, essa não fosse sua intenção. Fiel à questão formulada por Einstein, buscava refletir sobre a íntima relação entre as estruturas sociais e as irrupções de violência e destruição a partir de sua compreensão acerca das condições psíquicas dos sujeitos. Nesse sentido, esclarece que há fontes de alteração ou manutenção do direito instituído que se manifestam de maneira pacífica, pela subjugação dos sujeitos, alcançada pelas mudanças culturais provocadas em cada membro da comunidade. Os limites sociais dessa subjugação não foram considerados por Freud, mas suas considerações, em textos como *Psicologia das massas e análise do eu* (1923/2010) e *O mal-estar na civilização* (1929/2010), apontaram para o impasse entre o jogo de forças pulsionais, as exigências da civilização e a impossibilidade do triunfo da racionalidade sobre a tensão causada pelas cisões e pelos conflitos psíquicos decorrentes dessa tensão.

> *Assim, a consequência de todos esses esforços guerreiros foi apenas que a humanidade trocou numerosas, mesmo intermináveis pequenas guerras, por raras, mas tanto mais devastadoras grandes guerras [...] Uma segura prevenção da guerra é possível apenas se os homens se unirem na instituição de um poder central, ao qual seja transferida a decisão em todos os conflitos de interesses (FREUD, 1933/2010, p. 424).*

Após as Primeira e Segunda Grandes Guerras, a hegemonia progressiva do sistema capitalista – o capitalismo maduro ou tardio – fez desaparecer, ou tornou inviável, qualquer outro modo de organização social, sobretudo aqueles que pregaram sociedades mais igualitárias, embora, contraditoriamente, assentados no cultivo do ódio ao *estrangeiro*. O poder central passa a ser o *Dinheiro*, em detrimento de *Deus* ou dos tiranos. O mercado consolida-se como saída brilhantemente construída, uma vez que não se trata mais de uma guerra contra a autoridade de pessoas ou os imperativos religiosos de um Deus.

> *O capitalismo é uma religião, e a mais feroz, implacável e irracional religião que já existiu, porque não conhece nem redenção e nem trégua. Ela celebra um culto ininterrupto cuja liturgia é o trabalho e cujo objeto é o dinheiro. A nova ordem do poder mundial funda-se sobre um modelo de governabilidade que se define como democrática, mas que nada tem a ver como o que este termo significava em Atenas, na Grécia (AGAMBEN, 2012, tradução nossa).*

Da medicina, como principal sistema de administração e controle dos sujeitos, à economia, como poder supremo para controlar a ordem social, o princípio passa a ser, como diria Agamben, *você deve obedecer*. É importante compreender, sobretudo, que os dois sistemas científicos – medicina e economia – se sustentam muito mais na irracionalidade, pois a medicina se vale das ameaças da morte inescapável para chegar até a garantia da imortalidade e a economia vive da fabricação das *crises*, que, em última instância, são maneiras de garantir a servidão voluntária dos sujeitos, pelos prenúncios constantes de que, sem a ordem econômica, se imporia o caos. Sugiro caminharmos um pouco mais com Freud na tentativa de compreender como essas sofisticações das estruturas sociais se valem da condição subjetiva para garantir seus resultados, para o bem e para o mal.

A segunda questão formulada por Einstein a Freud não é menos importante, ao contrário, refere-se à facilidade com que se mobilizam homens para a guerra. Partindo da suposição de Einstein sobre a existência de um instinto de ódio capaz de explicar a disposição para a guerra, Freud alerta para o fato de que os atos humanos trazem uma complicação de outra espécie, pois raramente um único impulso instintual se encontra em sua base. As decisões e as ações humanas são, mais propriamente, decorrentes da fusão de pulsões de vida com pulsões de morte, o que leva a crer que nem sempre os atos cruéis atenderiam a fins puramente destrutivos do outro. Freud destaca que uma parte da pulsão de morte segue circulando autônoma dentro do próprio sujeito e não será jamais destinada ao total extravasamento por meio da agressão aos outros. Ao contrário, os impulsos sádicos e destrutivos retornam ao psiquismo, aliam-se aos impulsos mortíferos e se tornam a base da consciência moral. A sofisticação dos meios de opressão e dominação do outro é resultado desses movimentos psíquicos, de modo que a circulação da destrutividade, vivida também como tendência masoquista do sujeito, o predispõe, por um lado, a oferecer seu corpo ao sacrifício e, por outro, a matar autorizado pelas concessões que a consciência moral lhe oferece, advindas da suspensão dos direitos forjada pelas instituições políticas e sociais durante a guerra.

Freud conclui que não se pode extinguir ou banir as tendências agressivas do homem. O ódio não deixa de ser um poderoso instrumento afetivo a manter unidas as comunidades. Foi assim com os bolchevistas, diz ele. Continua sendo assim, nos dias de hoje, em coletivos extremamente violentos, por exemplo, o que se autointitula indevidamente de *Estado Islâmico*, acrescento eu. No limite máximo, matar ou morrer. Nesse último caso, os interesses econômicos em torno do petróleo no Oriente Médio ajudaram a armar e fortalecer grupos minoritários de jovens que viviam em condições de opressão e desumanidade, sustentados por preceitos religiosos questionáveis. Não pretendo me estender sobre o tema aqui, mas ele é de relevância absoluta na atualidade, a meu ver.[25]

---

25 A esse respeito, ver Bouzar (2015). No livro, a educadora relata a trajetória de jovens que, de várias maneiras, estiveram vinculados ou tentaram escapar de suas ligações com Daesh, buscando, justamente, compreender como se produz a cooptação de pessoas ainda jovens e à distância, além do sofrimento e do esforço das famílias na luta pela recuperação de seus parentes. Ver também *L'islam*

c. Amansamento sádico do masoquismo

> *Mas como o senhor mesmo observa, não se trata de eliminar completamente as tendências agressivas humanas; pode-se tentar desviá-las a ponto de não terem que se manifestar na guerra (FREUD, 1933/2010, p. 430).*

Freud, assim como já expusera em *O mal-estar na civilização* (1929/2010), admite que só seria possível chegar a uma fórmula de combate à guerra por meios indiretos. Sublinhando que a psicanálise não necessitaria se envergonhar ao falar de *amor*, defendido, naquele texto, como único fator *civilizante*, resgata o princípio religioso do cristianismo: *ama ao próximo como a ti mesmo*. Embora considere que tal máxima seja muito mais difícil de realizar que defender. Sua aposta, então, se volta para outro tipo de ligação emocional propiciada pela identificação, ou seja, a travessia que os sujeitos necessitam fazer pelo complexo de Édipo, a partir da inata desigualdade dos homens, que os condena a se repartirem em líderes e dependentes. Segundo ele, a grande maioria dos homens necessita de uma autoridade que tome decisões em seu lugar, decisões que, em geral, são acatadas incondicionalmente. A extrapolação dos poderes do Estado e a proibição do pensamento pela Igreja apenas foram possíveis pela estruturação social que permitia o fortalecimento desses grupos dominantes em detrimento de uma extensa camada de sujeitos dependentes e alienados. Somente a partir da criação e do crescimento de camadas da população formadas intelectualmente e conscientes acerca dos fatores de dominação presentes

---

des banlieues. Paris: Syros, 2001; e *A la fois française e musulmane*. Paris: Editions La Martinière jeunesse, 2002.

na vida é que se conseguiria atingir uma sociedade de indivíduos que aceitassem a sujeição de suas pulsões à ditadura da razão em prol de uma coexistência pacífica.

Como se sabe, tal empreendimento sempre resulta impossível, em virtude das próprias condições estruturais do psiquismo descritas por Freud. Restaria, em sua fala, uma contradição, um impasse. Ele se coloca ao lado dos pacifistas que defendem como essencial o direito à vida e à manutenção das condições objetivas de existência, aquelas que o sujeito foi capaz de conquistar por seus próprios esforço e trabalho. Ainda que se manifestando a partir de um preceito nitidamente liberal, a argumentação de Freud em relação à guerra se coloca como fundamental, uma vez que ele chega até mesmo a antecipar que, a partir do aperfeiçoamento dos meios de destruição, uma guerra já não ofereceria oportunidade de satisfazer ao antigo ideal heroico, mas passaria muito mais a se converter em pura possibilidade de eliminação de um ou até de ambos os lados envolvidos. Se considerarmos a Guerra Fria, que se seguiu à Segunda Grande Guerra, observa-se, claramente, o deslocamento das forças e do poderio bélico para a disputa econômica e política dos grandes impérios, Estados Unidos e União Soviética. Em vez de combates, explosões e mortes, a guerra se dava no mundo sombrio e silencioso da espionagem e da contraespionagem. A economia e as leis de mercado passaram a ser os interesses defendidos em uma espécie de campo de batalha virtual, no qual sujeitos vivendo de forma intensamente administrada permaneceram subjugados por um tipo de violência disseminado entre as estruturas e os padrões apregoados pelas sociedades capitalistas. *O capitalismo, por enquanto, venceu a guerra.*

As guerras na contemporaneidade se converteram em mais um espetáculo dos modos de manutenção de poderio econômico, que não respeita ideologias, crenças e culturas. Não é casual que as disputas de hoje se circunscrevam ao território do chamado Oriente Médio, região na qual a concentração da riqueza do petróleo abre flancos intransponíveis na resolução dos conflitos ditos territoriais e/ou religiosos, mas que, no final das contas, servem para garantir a manutenção das estruturas da sociedade feitas não por homens pacifistas, mas pelas classes dominantes, para manter os sujeitos amansados, apaziguados e submetidos.

Quais são as questões centrais da presente reflexão a serem retomadas aqui? Como destaca Freud no final de sua resposta a Einstein, existem razões orgânicas para que os ideais éticos e estéticos tenham mudado: o fortalecimento do intelecto, que visa à dominação da vida pulsional, e a internalização da tendência à agressividade, com todas as suas consequências *vantajosas e perigosas*. Embora conclua que tudo o que promove a evolução cultural também trabalha contra a guerra, resta sem resposta o fato de que resíduos de violência *perigosos* permanecem na constituição humana desde a origem e que as estruturas sociais se fundem, também, a partir de uma violência, na medida em que impõem aos sujeitos a repressão de seus impulsos. Substratos indesejáveis persistem como embriões que crescem e ganham vida, tanto no surgimento de manifestações de violência inimagináveis atuadas na e pela sociedade, quanto pelos elementos que subjugam o sujeito em um isolamento, entrincheirado por seu próprio narcisismo de morte.

Os casos fronteiriços que se apresentam na clínica contemporaneamente ou, de maneira mais abrangente, as manifestações do mal-estar dos sujeitos ensimesmados e preocupados com sua imagem e com o corpo/palco do espetáculo, no qual ou por meio do qual se obrigam a encenar/viver, revelam as condições às quais os sujeitos estão submetidos pela vida em sociedade que, na atualidade, se assenta em uma violência simbólica sem precedentes contra as condições subjetivas e, mais precisamente, a vida psíquica.

O estado de guerra funda uma condição de exceção a ser superada, identifica os adversários e aquilo contra o qual se luta. Porém, as condições excepcionais dos tempos de guerra se converteram em bases das regras sociais. Pode-se dizer que, por um lado, o biopoder responsabiliza os sujeitos pelas mazelas e pelas ameaças que fariam à saúde de seu corpo, substituindo, assim, a ameaça de ataques externos pelos riscos causados pelo próprio sujeito, e, por outro, as ciências econômicas antecipam o caos que pode ser provocado pela desobediência e pela desconformidade às suas regras.

A investigação sobre os modos como as sociedades se reorganizaram no pós-guerra, a partir de 1945, aponta claramente para as razões *atualizadas* que levam os sujeitos a aceitarem, passivamente, as condições adversas que agora são distribuídas homeopaticamente por sua vida cotidiana. As tendências masoquistas mortíferas do sujeito, sustentadas pelos apelos de Eros, que seduz o Eu com promessas de *beleza, juventude, qualidade de vida* e, até mesmo, *infinitude*, intensificam-se a partir da criação de dispositivos sociais que reafirmam práticas e intervenções contra o corpo como *razoáveis, possíveis* e *legítimas*, nos mesmos moldes em que a consciência moral e ética dos soldados recebia autorização para o exercício da violência contra o outro durante as batalhas. De outro modo, as promessas provenientes da economia de consumo da sociedade, na qual a guerra travada diz respeito aos jogos propostos pela economia e pela circulação do capital, criaram e fortaleceram dispositivos de subjugação corporal, valendo-se, inclusive, de conquistas ditas científicas, herdeiras dos tempos bárbaros da guerra.

Nelson da Silva Jr. (2012) refere-se à hipótese freudiana sobre a sedução de outrora exercida pelas ideologias e pelos líderes, defendendo que, no século XX, o masoquismo moral sempre esteve solidamente apoiado em dois polos: a economia psíquica organizada pelo complexo de Édipo e a cultura patriarcal ocidental. De certo modo, as tendências masoquistas e mortíferas eram colocadas a serviço de um Super-eu rigoroso, que se valia do masoquismo moral e do sentimento de culpa inconsciente para triunfar, impondo aos sujeitos as exigências advindas dos padrões civilizatórios. Contudo, diz ele, a partir da modernidade, as instituições culturais, que perderam a força garantida, sobretudo, pelo discurso religioso, converteram em religião o discurso naturalizado da vida oferecida pelas sociedades capitalistas. O autor afirma que, em tal ambiente cultural, a constituição masoquista do sujeito tende a se satisfazer sob outras formas, pela desestruturação do masoquismo moral. Expressões diretas dos masoquismos erógeno e feminino têm mais espaço e estão mais presentes na cultura, na publicidade e nas modificações corporais.

Maria era uma mulher encerrada em uma trama violenta ocorrida dentro de seu corpo, mantendo-se, porém, estruturada psiquicamente e levando uma vida referendada pelas instituições e pelos laços sociais que construía. Do ponto de vista da sociedade, não se poderia afirmar que fosse desadaptada, desajustada, ou que comprometesse o convívio social com atitudes impensadas ou irrupções de violência. Contudo, carregava no corpo as marcas de uma longa batalha da qual foi subtraída gradual e regularmente pelos limites de mobilidade instalados em seu corpo. Pode parecer difícil sustentar que a violência que circulava no corpo e no psiquismo de *Maria* fosse da mesma ordem daquelas que explicariam as atrocidades vivenciadas pelos soldados nas guerras. No entanto, se concordamos com Freud que o direito contém, em seu sistema, a mesma violência contra a qual se ergueu originalmente, será inescapável considerar as manifestações sintomáticas e masoquistas dos sujeitos contemporâneos como expressão dessa mesma violência, sobretudo pela desestruturação do masoquismo moral, como bem sugere Nelson da Silva Jr.

184 AS DORES SÃO COMEÇO, MEIO E FIM?

Nesse mesmo sentido, ao examinar as contraditórias relações entre sociedade e indivíduos, Norbert Elias (1994) levanta uma série de questões em relação aos medos e aos temores do homem moderno. Para esse autor, esses medos são a base de sua passividade e sua imobilidade, que o levam a acreditar nas condições de vida como eternas, inclusive no que diz respeito às reações e às condições psíquicas do sujeito. Elias sugere que, justamente por não abrir mão das fantasias com as quais *enfeita a existência*, o homem tem tão pouca capacidade de suportar as catástrofes da história – que aniquilaram a vida e o sentido – e de diminuir o sofrimento que os seres humanos causam uns aos outros.

Pergunta ele: a capacidade de controlar o destino, como pessoas articuladas em sociedade, seria realmente tão insatisfatória, simplesmente porque os sujeitos sentem dificuldade em pensar no que haveria por trás das máscaras com que se sufocam, nascidas do desejo e do medo, e se ver como realmente são? Elias defende que o terror do desamparo permanece intransponível, inerente à condição de vulnerabilidade do homem frente a imensa gama de possibilidades de catástrofes e agressões a que pode ser submetido.

> *Assim, a ideia tradicional de uma razão ou racionalidade de que todas as pessoas deveriam ser dotadas por uma peculiaridade inata da espécie humana, e que poderia iluminar o ambiente como um farol, conforma-se muito pouco aos fatos observáveis (ELIAS, 1994, p. 69).*

A argumentação anterior não chega a ser exatamente inédita, mas o destaque que o autor concede à *função coletiva das fantasias partilhadas em sociedade* é certamente interessante. O desamparo e o terror frente à vulnerabilidade impulsionam, mas, ao mesmo tempo, encerram o sujeito em suas *fantasmações*, que carregam tanto as mentiras que o sujeito precisa estruturar como narrativa para suportar a vida, quanto aquilo que as próprias fantasias já revelam: a vida se sustenta em um tênue fio que tece a vida e a morte, indissociáveis. Obviamente, diante de tamanha fragilidade, não se pode deixar de considerar o poder conquistado pelas forças de Eros, que, ainda assim, são capazes de promover ligação, investimento e construção. Freud tem razão quando argumenta que os psicanalistas não deveriam ter vergonha de falar de amor, compreendido, aqui, como o efeito que a positividade das ligações afetivas pode provocar no sentido de uma espécie de permissão para a vida, sem a qual as chances de sobrevivência desapareceriam.

As tendências mortíferas e o terror diante da desintegração são elementos primordiais na constituição psíquica, assim como são essenciais os impulsos eróticos que carregam a tarefa de desviar as metas primárias de morte e utilizá-las para a construção e a prolongação da vida. A psicanálise e os psicanalistas necessitam encontrar um ponto de injunção no qual a angústia primária do real, o irrepresentável, siga mais à disposição desse desvio de meta que é a vida que contra ela, pressionando e reduzindo-a à pura administração empobrecida do morrer.

Em uma Europa devastada pela barbárie das grandes guerras, com o fortalecimento do nazi-fascismo, Freud se ocupou de compreender como os homens se mantinham coesos e liderados em torno de ideais francamente destrutivos. Para isso, utilizou conceitos como identificação, regressão, idealização, libido, repressão, pulsões de vida e pulsões de morte, pois sua visada continuava a se voltar para a movimentação dos sujeitos em coletividade, a partir de suas condições propriamente psíquicas, individuais. Entretanto, nos dias de hoje, em um mundo superpopuloso no qual a individualidade vem sendo, na maioria das vezes, aniquilada pelas forças da coletividade, que se apresenta cada vez mais assentada na intolerância com a diferença e com a dimensão singular, cabe resgatar que ainda permanece imprescindível a aplicação que Freud fez da psicanálise em auxílio ao esclarecimento perseguido pelos campos das ciências sociais.

Nessa direção, em relação às manifestações do mal-estar no corpo do sujeito contemporâneo e ao vazio simbólico que lhe é correspondente, sugiro seguir com Freud na virada que veio a propor em sua teoria sobre a angústia.

4. Angústia do real de um corpo que envelhece

O horror de envelhecer e morrer

"As contradições do corpo
Meu corpo não é meu corpo
é ilusão de outro ser.
Sabe a arte de esconder-me
e é de tal modo sagaz
que a mim de mim ele oculta.
Meu corpo, não meu agente,
meu envelope selado,
meu revólver de assustar,
tornou-se meu carcereiro,
me sabe mais que me sei.
Meu corpo apaga a lembrança
que eu tinha de minha mente.

188 ANGÚSTIA DO REAL DE UM CORPO QUE ENVELHECE

> *Inocula-me seus patos,*
> *me ataca fere e condena*
> *por crimes não cometidos.*
> *O seu ardil mais diabólico*
> *está em fazer-se doente.*
> *Joga-me o peso dos males*
> *que ele tece a cada instante*
> *e me passa em revulsão"*
> Carlos Drummond de Andrade, *Corpo*, 1991[26]

Angústia primária

a. Alice e a imagem de uma velha desconhecida[27]

As coisas começaram a piorar quando minha irmã mais nova morreu. Lembro-me de chegar para o velório e não conseguir atravessar a porta. Estava paralisada, suava frio, não conseguia respirar, tinha certeza de que ia morrer. Eu comecei a gritar e a gritar, parecia louca, pedia para ela não me levar com ela, dizia que não queria morrer, até que desmaiei. Minha mãe nunca me perdoou por isso, me acusou de ser egoísta, de não respeitar a dor de ninguém, mas o fato é que eu não tive

---

26 O poema citado está aqui reproduzido parcialmente.

27 *Alice's adventures in Wonderland,* de Lewis Carroll (Charles Lutwidge Dogson), foi publicado em 1865. Obra para crianças e adultos, de difícil interpretação, se constrói sobre uma personagem, *Alice,* que vaga por um mundo fantástico povoado de criaturas peculiares e antropomórficas. Por meio de uma realidade propriamente onírica, *Alice* é portadora e, ao mesmo tempo, se encontra com as principais contradições do mundo civilizado.

o menor controle. Quando minha irmã foi diagnosticada com câncer, eu jamais pensei que aquilo iria matá-la. Era jovem, bonita, tinha filhos pequenos... Morrer aos 39 anos é um absurdo. Eu já tinha quase sessenta, não... tinha uns 55? É isso...? Ela tinha sido um pouco minha filha, até se casar. Olha que ironia, ela casou antes de mim. Eu fiquei lá cuidando dela e dos meus pais, pensava que minha vida nunca mudaria. Já tinha aceitado o "bullying" da tia solteirona, todo mundo achava que eu iria ficar lá para sempre.

Meu casamento foi uma surpresa e não foi. Casei com um amigo de meu pai, dois meses depois que meu pai morreu... Ele morreu dormindo, feito um passarinho. É assim que eu quero ir também, porque minha irmã sofreu muito. Muitas cirurgias, muita quimioterapia. Eu literalmente fingi que não era comigo. Como me arrependo de não ter cuidado mais dela quando ficou doente. Fiquei em volta do meu filho feito uma leoa velha e era só no que eu pensava. Todo mundo percebeu o que eu tinha feito, casei com aquele homem alcoólatra, eu já estava cansada de saber. Ele tinha me pedido em casamento desde que eu tinha treze anos. Verdade. Depois ele se casou, enviuvou e veio atrás de mim. Mas foi quando eu vi que minha irmãzinha tinha ido embora, meu pai tinha morrido... Ficar sozinha naquela casa com minha mãe estava além do que eu conseguiria suportar.

O que me traz aqui são meus problemas com o meu filho, sabe? Eu vou ao psiquiatra há muitos anos, sempre resolveu. Eu me dou bem com os coquetéis que ele me dá, mas acho que ele não está conseguindo me aconselhar direito. Eu às vezes fico desesperada. As brigas com meu filho ficaram horríveis, mas como eu fui criar um monstro como esse? Ele só quer saber do dinheiro. Foi tentar ser artista, não deu em nada, pediu para eu montar um negócio e eu fiz. Hoje em dia, fico desconfiada, acho que a loja virou fachada para alguma coisa ruim. Ele nunca tem dinheiro e foi se apropriando dos meus bens. Eu fui para um flat porque queria ficar mais segura. Eu não gosto de falar sobre idade, mas posso te dizer que, depois dos setenta, ficou impossível me acalmar. Moro em um lugar que tem assistência médica e um monte de serviços, sabe? É uma ideia boa, viu? Umas amigas minhas também foram para lá. Ele ficou no meu superapartamentão, cada ano está com uma mulher diferente. Também é só ele que usa a minha casa de campo. Tenho que pedir com antecedência se quero ir lá. Quando aparece é para me ameaçar de interdição, diz que eu estou ficando louca. E acho que estou. Uma mãe pode odiar um filho que ela venerava? Às vezes penso que ele vai acabar me matando. Deus me livre! Ano passado, morreu uma das minhas amigas mais queridas e eu tive exatamente a mesma crise de quando cheguei ao velório de minha irmã. Só que, dessa vez, eu nem cheguei a sair de casa. Fiquei com o telefone na mão e comecei a tremer tanto que o aparelho caiu no chão. Mas não gritei, não conseguia pronunciar um "a". A faxineira me ajudou e, quando dei por mim, já tinham até enterrado a pobrezinha. Engraçado que, quando meus pais morreram, não foi assim. Do meu pai eu lembro que meu marido tomou a frente de tudo;

quando minha mãe se foi, eu cuidei de tudo, não me lembro de ter lamentado nada, porque ela tinha quase cem anos. Estava bom, né? Hoje eu fico me condenando por não ter chorado a morte dela, porque eu nem durmo mais de luz apagada de tanto medo de morrer. Se morrer é igual às minhas crises, vou te falar que é a coisa mais horrível que alguém pode passar.

Eu virei a velha da família. Mentira! Sempre fui a velha da família. Quando você cria uma irmã mais nova, você é a velhinha. Minha mãe me entregou o pacote e descansou. Depois eu casei mais velha e tive filho muito velha também. Disso eu me arrependo. Não conseguia entender esse filho. Agora, é curioso, sempre cuidei de minha aparência, sabe? Sempre me sentia jovem... A imagem, sabe? Nunca fiquei me cortando, não. Nunca fiz plástica. Mas sou especialista em maquiagem e, quando herdei todas as roupas de minha irmã, minha imagem rejuvenesceu. Hoje sou uma velha mesmo, nem sei mais quem é aquela pessoa no espelho. Odeio espelhos, sempre acho que vou passar mal "pra valer" se ficar me olhando. Eu enxergo o pânico lá, então não olho. Os velhos de antigamente eram mais felizes sendo velhos e respeitados como velhos. Hoje, todo mundo quer ficar jovem, mas é esquisito porque a gente perdeu o lugar. Com essa palhaçada, o respeito foi embora. Para o meu filho, eu sou um móvel velho. Cansei de ficar provando para o mundo que eu ainda sou jovem. Mas uma coisa é certa, se você quer virar velha, você vai desaparecer. Antes eu era velha em um corpo jovem e, agora, acho meu corpo tão velho... É assustador.

Minha vizinha de porta diz que a "brigaiada" com o meu filho é o jeito que eu tenho de viver. Quando não estou com ele, fico vigiando a morte. Ela deve estar um pouco certa, até me acostumei a brigar com ele. Você tem ideia de quantas vezes procurei um médico, dizendo que estou morrendo? As crises de pânico à noite pioraram muito. Acho que vou pôr alguém para dormir comigo. Antes, eu tinha uma cachorrinha e dormia com ela agarrada. Mas ela morreu. Não consigo mais ter outra, porque agora eu que vou morrer e largar o bichinho.

Alice veio me ver durante oito meses. Ao final desse período, saiu em viagem com uma de suas amigas por apenas três semanas, mas não retornou às sessões. Havíamos conversado bastante sobre a necessidade de ela construir outras possibilidades para viver a vida, já que, ao que tudo indicava, sua saúde era estável e poderia encontrar alternativas para fazer coisas que desejasse. No entanto, o convite da amiga a deixara bastante angustiada, repetia que sentia medo. Pensou muitas vezes em desistir da viagem, dizia que, no interior de Minas Gerais, para onde iriam, não teria socorro caso passasse mal. A amiga desmontara, pouco a pouco, cada uma de suas resistências conscientes e, nas sessões de análise, tentávamos colocar em palavras os medos que sobravam sem nomeação, após ouvir as argumentações da amiga insistente. Saiu de sua última sessão dizendo que viajaria no dia seguinte. No final das três semanas de ausência prevista, deixou uma mensagem: "Estou bem, a viagem foi ótima... Mais ou menos... Mas voltei uma semana mais cedo. Não saberia como dizer pessoalmente, então aviso que, por ora, não voltarei às sessões. Desculpe-me... Posso pegar com o seu porteiro os recibos das sessões que eu fiz?".

Alice estava com quase oitenta anos e saúde estável, mas fazia uso de remédios de controle, como ela chamava, da *hipertensão*, da *tireoide*, da *diabetes*. Além disso, tomava antidepressivos e calmantes havia mais de vinte anos. O psiquiatra que a medicava era um amigo antigo, que apenas lhe enviava as receitas. Um neurologista, que visitara recentemente para, supostamente, tratar de crises de enxaqueca, disse-lhe que as dores poderiam ser decorrentes do uso crônico de medicações e das tensões que enfrentava na relação com seu único filho. Sugerindo que procurasse um psicoterapeuta, indicou a ela meu nome.

b. Alice, a vida existente e as perdas de referência

Quando *Alice* chegou ao meu consultório, lembrei-me imediatamente das considerações de Freud, mencionadas na introdução do presente livro, sobre a condição de *analisabilidade* de adultos mais velhos (1903/1976), pois *Alice* me informou, já ao telefone, a idade que tinha. "Vou dizer agora para não precisar repetir pessoalmente", explicou dando risada. Contudo, logo me dei conta de que já havia atendido pessoas mais idosas que ela, sem que esse questionamento tivesse me ocorrido tão cedo. Sua aparência era jovial, mas compunha uma imagem que remetia às mulheres jovens de sua geração, seja pelas camisas de rendas ou estampadas com florezinhas miúdas, abotoadas até o pescoço, seja pelos cabelos penteados e presos, sempre com fixadores para aumentar o volume, e pelas suas unhas longas e vermelhas. A voz era grossa e rouca, mas assumia sempre um tom choroso, às vezes um pouco esganiçado. Era uma mulher magra e de aparência saudável, vivia da herança dos pais e do marido, tendo sido, ainda, funcionária pública até se aposentar. Sua atividade havia se restringido a atos burocráticos de uma repartição, os quais executara com obcecada perfeição, mas pelos quais não tinha o menor apreço. "Os homens inventaram os papéis e os carimbos para ganhar dinheiro, é somente um jogo.

Odeio políticos, são vazios, são uns fantoches." Essa última era uma palavra recorrente em sua narrativa, pois se via como um "fantoche na mão do filho, da vida e também da morte". Em uma de suas últimas sessões, falou longamente das diferenças entre o "medo da morte" e o "pânico de achar que vai morrer". O primeiro apertava seu peito e trazia tristeza, "pela saudade da vida vivida e da não vivida"; o segundo seria o puro terror porque "ficava fora do comando", vivendo sensações físicas arrebatadoras e supostamente fatais.

Em todas as sessões, que tinham frequência semanal, chegava com mais de uma hora de antecedência, carregando, invariavelmente, dois pequenos sacos de papel contendo docinhos de uma padaria que havia na esquina do consultório. "Esse é para você e esse é o meu." Com essa frase, se despedia. Na maioria das vezes, eu ficava segurando o saquinho de papel em minhas mãos e experimentava uma angústia difusa, que se referia, de certo modo, aos caminhos que esse trabalho poderia tomar, pois *Alice* não estava lá para escutar qualquer coisa que eu pudesse lhe ter dito. Ela simplesmente escutava a si mesma ou fazia muitos silêncios, e parecia nada demandar.

> *Essa história de fazer análise não é coisa da minha época. Acho que sou de uma geração sem época. Minha mãe sabia qual era seu lugar, até quando estava bem velhinha. Ela me diria, com certeza, que psicanálise é coisa para gente louca. Eu sou igualzinha àquelas pessoas que nunca fumaram e tentam segurar o cigarro. Aqui com você, me sinto exatamente assim: totalmente artificial. Depois de velha, acho que não dá mais.*

As principais questões suscitadas por esse fragmento remetem, a meu ver, a dois eixos de reflexão. *Alice* trazia a relação com seu filho como fonte principal de sofrimento, aprisionada em uma circulação de amor e ódio, dependências e rupturas. Nesse âmbito, o filho era responsável pelas grandes tristezas que tinha na vida, que impediam que ela tivesse uma relação mais feliz com sua velhice. Por outro lado, descrevia vivências aterrorizantes de morte, vindas de um corpo que já estava envelhecido e que, sadicamente, segundo ela, a ameaçava com os riscos de morrer. Ela usava uma frase comum para essas duas dimensões:

> *Tenho certeza de que vou morrer no meio de uma briga com meu filho ou em uma dessas crises de horror, cada vez mais frequentes. Tenho certeza de que, uma hora, meu corpo não vai mais aguentar, vai "jogar a toalha".*

Os dois eixos:

1. O primeiro refere-se às *condições de analisabilidade* de *Alice* e à identificação de quais seriam os reais benefícios do trabalho psicanalítico. De certo modo, apresentava uma narrativa que revelava sintomas de evidente natureza histérica, presentes, contudo, como traços de caráter inacessíveis, uma vez que não possibilitavam acessar a angústia subjacente a essas formações. A cada sessão, via-me vagando junto com ela em um emaranhado de palavras sem, contudo, encontrar nas histórias que contava sobre si mesma o fio de uma narrativa que a pusesse em contato com suas angústias. Os medos, as angústias secundárias, aparentemente realistas, apresentavam-se concentrados em torno do fato de que não teria mais lugar no mundo: "Hoje os velhos viraram uma epidemia, mas ninguém sabe o que fazer com a gente, a velhice não existe". Além disso, o filho, alçado à condição de inimigo número um, teria apenas a intenção explícita ou implícita de levá-la

à morte: "Claro que ele não me quer mais aqui, eu atrapalho os planos dele". Essas fantasias cumpriam, até certo ponto, a função reguladora do Eu na busca de garantir seu *modus vivendi*. Qual seria a função da psicanálise nesse caso?

2. As *crises de pânico*, denominação que ela emprestava de seu psiquiatra, continuavam significando para ela apenas os riscos literais e reais que tinha de morrer.

> *Meu corpo começou a me avisar sobre minha morte. Simples assim. Eu achava que as pessoas deveriam morrer como a minha mãe, bem velhinhas. Não aguentei a morte da minha irmã. Lamentei a perda dela, claro. Mas aquilo me fez ter um medo absurdo.*

3. A intensidade afetiva a que *Alice* tivera acesso dificilmente ou quase nunca entrava em um diálogo que permitisse novas formulações. "Percebe, agora eu já estou velha. É muito difícil isso, você vai ver. É medo de morrer." Aos 79 anos, *Alice* tinha, finalmente, encontrado uma espécie de álibi perfeito, pois, de fato, se aproximava do fim de sua vida, embora não tivesse, efetivamente, a menor possibilidade de antecipação do exato momento em que isso iria ocorrer. Esse eixo obriga ao exame das questões que se referem às condições de vida e ao lugar de pertencimento social que poderia ou não encontrar, pois as condições impostas pela finitude e por seus efeitos traumáticos haviam tomado conta de seu campo psíquico, reduzindo suas possibilidades de elaboração. Esse estado de quase paralisia psíquica, certamente, a abandonava na fronteira do real de seu corpo. A ele, entregava-se cotidianamente em uma espécie de ritual macabro que acontecia na calada da noite, quando ia se deitar.

c. Freud e a angústia das angústias

Inibições, sintomas e ansiedade (1925/1976)[28] é um trabalho extenso e árido, no qual Freud dedicou-se a examinar e rever sua teoria sobre a angústia. Os tópicos tratados abrangem um campo tão vasto que ele encontrou grande dificuldade em alinhavar suas ideias e unificar o conceito de angústia partindo dos diversos modos de funcionamento mental, dos tipos de sintomas observados em sua clínica e de suas formulações sobre o jogo de forças pulsionais constituintes do psiquismo descrito em seu segundo dualismo. Penso ser relevante acompanhar suas principais ideias. Por que falar de angústia? O que interessava, principalmente, a Freud em sua revisão? O que sua conceituação ampla sobre angústia poderia revelar?

Freud deparou pela primeira vez com o problema da angústia no curso de suas investigações sobre as neuroses atuais. Em *A sexualidade na etiologia das neuroses* (1898/1976), já havia se ocupado da questão ao buscar distingui-las das psiconeuroses infantis. Afirmando que toda neurose se assenta na vida sexual, refere-se às neuroses atuais para marcar que os fatores desencadeantes se localizam na atualidade do tempo, revelando a ausência das mediações psíquicas presentes nas psiconeuroses infantis. Sua sintomatologia apresenta características eminentemente somáticas, como no caso da neurastenia, ou concentra seu núcleo sintomático em torno da manifestação imediata de angústia. Interessante observar que, nessa época, ainda se via fortemente influenciado pela neurologia, o que pode ser facilmente constatado na leitura de seu *Projeto para uma*

---

28 Em alemão, o título do livro é *Hemmung, Sympton und Angst*. Em inglês o título foi traduzido, desde sua primeira versão, em 1927, como *Inhibition, Symptom and Anxiety*; em francês, foi adotado, desde a primeira versão de 1951, *Inhibition, Symptôme e Angoisse*. Em português, as diferentes traduções optaram, dependendo da origem, pela tradução de *angst* como *ansiedade* e *angústia*. Como se sabe, a escolha dos vocábulos não será indiferente. Voltarei ao assunto adiante.

psicologia científica (1895/1976). Isso o levava a buscar meticulosidade e precisão em relação à descrição acerca das manifestações psíquicas, faltando-lhe, no entanto, compreensão profunda acerca da dimensão primária do psiquismo e de sua relação com manifestações advindas do registro somático.

Em *Inibições, sintomas e ansiedade*, na retomada de sua teoria da angústia, Freud se volta ao exame das condições psíquicas sob a égide da pulsão de morte, passando a compreender que o princípio da constância, a tendência do psiquismo à estabilidade, se vê comprometido pelo acúmulo de excitações – energia livre – que são descarregadas no psiquismo sob a forma de angústia. O livro é composto de reflexões clínicas sobre temas variados e Freud gasta, inicialmente, boa parte dele na reflexão sobre as inibições e os sintomas.

Em relação às inibições, suas considerações sobre as dificuldades de certas pessoas com a alimentação, entre outras, são fontes preciosas que inspiraram vários trabalhos de autores pós-freudianos, especialmente sobre bulimia e anorexia, fenômenos ainda mais presentes em nossa clínica contemporânea. A distinção entre inibição, sintoma e angústia parecia ser, inicialmente, essencial para Freud, uma vez que esta última seria, mais propriamente, um *sobrante,* um *quantum* de energia que excederia a capacidade do Eu de acionar outras instâncias de mediação e defesa. A inibição seria uma limitação "normal" das funções do Eu e o sintoma representaria uma manifestação da modificação patológica dessas mesmas funções associada a alguma inibição, mas podendo ser compreendido, sobretudo, como formação de compromisso substituta de uma satisfação pulsional diretamente reprimida.

Apesar de suas tentativas, as distinções que buscou fazer não foram propriamente esclarecidas. Ao examinar a inibição alimentar, por exemplo, Freud referiu-se à *angústia de inibição*, ao sintoma histérico do vômito e à recusa do alimento, *decorrente da angústia,* encontrada nos estados psicóticos. A angústia se apresenta, assim, como um tênue fio a atravessar os estados psíquicos que ele buscou examinar, sem, contudo, conseguir isolá-la como pretendia. Como pensar a angústia? O que levou Freud a escrever um texto tão extenso, tecendo uma trama cujos alinhavos resultaram tão frágeis?

Ao longo de sua obra, Freud formulou hipóteses variadas sobre a angústia e sua gênese. Ela é, inicialmente, a manifestação de uma quantidade de energia da pulsão sexual não controlada pelo Eu. Posteriormente, veio a postular, em uma nota acrescentada em 1909 ao seu livro *A interpretação dos sonhos* (1900/2012), que o nascimento seria o protótipo do afeto de angústia. Desse ponto, aliás, partiu Otto Rank para escrever, em 1924, *O trauma do nascimento*, livro no qual defende que a intensidade do *trauma* e a angústia que ele desencadearia no nascimento seriam primordiais para os caminhos do sujeito na direção da patologia ou da normalidade. No texto de 1925, Freud segue suas reflexões atrás de pistas sobre a gênese da angústia, dedicando-se a responder, especialmente a Rank, que, a partir de suas contribuições, havia novamente colocado em questão o tema do trauma real e a teoria freudiana da *sedução*, com o claro objetivo, no entanto, de relativizar a maioria de suas considerações.

A angústia frente a um perigo real, a angústia automática e o sinal de angústia são os termos dos quais parte Freud para considerar que, seja ante um perigo real ou uma situação traumática de origem social, o sinal de angústia é um mecanismo psíquico que funciona como um símbolo mnêmico e permite ao Eu reagir por meio de uma defesa. Embora considerando o valor das concepções kantianas[29] sobre a dimensão paradigmática da realidade do trauma

---

29 Em *Inibições, sintomas e ansiedade* (1925/1976), Freud evitou, enfaticamente, sustentar suas reflexões no ponto de vista filosófico sobre a angústia e a angústia da existência. No entanto, atribuiu valor considerável às concepções de Kant acerca da especificidade da condição humana em sua extrema fragilidade ao nascer, sendo o bebê humano submetido ao império da desrazão e sujeito a ser educado por adultos a fim de alcançar a possibilidade de existência. Ver *Crítica da razão pura*, de Kant, publicado originalmente em 1781.

na vivência dos bebês humanos a partir do nascimento e a angústia decorrente da separação da mãe, e defendendo que o desamparo e a dependência os predisporiam à neurose, Freud considera, porém, exorbitante a teoria de Rank, uma vez que não haveria, até então, comprovação de correlação entre partos difíceis e prolongados, por exemplo, e o desenvolvimento da neurose. Freud, certamente, não despreza as formulações de Rank, sobretudo no que se refere às vivências primárias traumáticas, mas descarta a situação específica do nascimento e as condições do parto como pontos fixos de ancoragem da gênese da angústia, alertando para a falta de investigação propriamente científica sobre o tema.

Freud recusou embarcar em mais uma viagem especulativa como, entretanto, já fizera em *Além do princípio do prazer* (1920/ 2010). Apesar das restrições que faz à utilização das reflexões filosóficas sobre a angústia da existência, termina por dedicar boa parte do final de suas reflexões à retomada de sua teoria "especulativa" das pulsões, sua mitologia. Filosoficamente, diz ele no prefácio do texto de 1925, a angústia da existência é tomada como um dos caminhos para se construir visões de mundo: "deixemo-las aos filósofos". Sem fazer relações explícitas entre a angústia primária, o sinal de angústia do qual o Eu é portador e a energia não ligada da pulsão de morte, deixa o texto descosturado e pleno de questões. A recusa de Freud em vincular a questão da angústia às interrogações da filosofia moderna, certamente, enfraqueceu seu texto, mas sua opção teria sido casual? Se, ao conceituar a pulsão de morte, permitiu-se transitar entre a biologia e a filosofia, no caso da angústia, sua hesitação parece se justificar tanto pelos efeitos provocados pela dimensão especulativa do texto de 1920, quanto pela natureza mesma das *vivências corporais dos estados angustiados* e de sua fisiologia. De todo modo, as noções de angústia primária, trauma e pulsão de morte restam, ainda que fragilmente, irreversivelmente articuladas.

Em *Novas conferências introdutórias à psicanálise* (1933/2010), escritas a expectadores imaginários, uma vez que nunca foram efetivamente proferidas, Freud dedica uma delas – "Conferência 32: Angústia e instintos" – para voltar ao texto de 1925 e resgatar seus questionamentos.

> *Senhoras e senhores: não ficarão surpresos em saber que tenho novidades a lhes relatar sobre nossa concepção da angústia e dos instintos fundamentais da psique, e também que nenhuma delas pretende ser a solução definitiva para os problemas que abordamos. Deliberadamente uso aqui o termo "concepção". São questões muito difíceis as que nos são colocadas, mas a dificuldade não se acha na insuficiência das observações, são justamente os fenômenos mais comuns e familiares que nos apresentam esses enigmas (1933/2010, p. 224).*

Mais uma vez, as ideias abstratas em torno do *enigma* da angústia serão menosprezadas por ele, que prefere retomar ponto a ponto suas considerações anteriores. A angústia é um estado afetivo, mas, ainda que possa ser compreendida a partir de determinadas sensações de prazer-desprazer, é também o precipitado de um certo evento significativo. Sua condição de hereditariedade se apresentaria no nascimento, durante o qual as alterações de atividade cardíaca e respiratória são inevitáveis e necessárias. Essas reações fisiológicas são, assim, próprias da angústia, desde a primeira vivência no momento que se inaugura no parto: "a primeiríssima vivência de angústia seria tóxica" (1933/2010, p. 225). É flagrante o fato de que Freud escolheu ancorar a vivência de angústia em uma base orgânica e hereditária em sua gênese. A base do trauma é propriamente corporal. Em outras palavras, existiria uma disposição *corporal* à reação da angústia, à revivescência da situação traumática, com dois desfechos possíveis. O primeiro parte da angústia como sinal que levaria o Eu a trabalhar na direção da fuga ante o perigo real ou no erguimento de defesas psíquicas ante os *perigos internos* provocados pelo aumento de excitações. No segundo eixo, que aqui interessa especialmente, está a angústia paralisante e inadequada ante o presente, que esgotaria as capacidades mediadoras do Eu. Ante um perigo externo, é possível se defender mediante a tentativa de fuga, mas, ante os perigos internos, as saídas são muito mais difíceis e complexas e podem não se colocar como suficientes. A angústia, como estado afetivo, é a reprodução de um velho acontecimento ameaçador. Nesse sentido, ela é conservadora, ancorada que está no limite entre a vida e a morte, enfrentado pelo sujeito desde o momento em que nasce.

Embora Freud volte a examinar as dificuldades de se distinguir o perigo real, que viria do mundo externo, das ameaças internas, usando como protótipo a angústia de castração, resta evidente que a angústia primária é o estado afetivo, também relativo aos impulsos conservadores e mortíferos atuantes desde o nascimento, que inundará o psiquismo de modo bastante ameaçador ao longo de toda a vida e se articulará projetivamente com o mundo externo, determinando modos de existência e criando e fomentando muitos dos perigos reais advindos de fora. Esse movimento projetivo das moções mortíferas e destrutivas oriundas do funcionamento primário do psiquismo, para ele, explica em grande parte a crença e o temor que os sujeitos têm acerca das ameaças funestas vividas como impostas pelo *destino*.

Freud encerra sua conferência abrindo uma clareira. Adverte que, felizmente, as pulsões de morte nunca estão sós, mas sempre amalgamadas com as pulsões eróticas, de vida; as construções da cultura, as condições de existência do sujeito no mundo serão fundamentais para mitigar e prevenir a revivescência do trauma diante dos reais riscos de destruição e morte do homem. Ele não fala em angústia como expressão direta da pulsão de morte, mas afirma, outrossim, que a angústia primordial se instala no entrecruzamento das reações fisiológicas, despertadas pela vida, e da vulnerabilidade da existência humana, provocada pelas sensações simultâneas de intenso risco de morte. A angústia, assim, seria um estado afetivo descarregado especialmente no corpo, decorrente do conflito pulsional original, inerente e estruturante das condições subjetivas de existência.

Não por acaso, a complexidade da história de *Alice*, que engloba, certamente, uma gama de hipóteses interpretativas, desde a presença de fortes inibições até sintomas de caráter flagrantemente histéricos, revela, mais profundamente, manifestações variadas de angústia, nas quais o Eu resulta fragilizado e perde sua capacidade de se defender. Múltiplas formas de sofrimento, que poderiam ser compreendidas no âmbito das manifestações histéricas, exacerbaram-se ao longo da vida, ressignificando fantasias edípicas sobrecarregadas pelas perdas e pelas mortes das pessoas queridas, pelo crescimento e pela separação de seu filho e, inegavelmente, pelo processo de envelhecimento e pela dificuldade de encontrar pertencimento social.

A complexidade e a dificuldade que Freud encontrou em relação à sua teoria da angústia se explicam, até certo ponto, pelo fato de que, embora na clínica as manifestações dos estados de angústia sejam identificáveis, sua relação com a dimensão traumática e mortífera e sua presença na compulsão à repetição apontam para um tipo de exacerbação afetiva diante da qual o sujeito psíquico pode vir a sucumbir. As crises de angústia de *Alice* se agravam e passam a ser muito mais frequentes na medida em que ela vive o envelhecimento do corpo, sua crescente dificuldade de inserção social e seus medos *realistas* de morrer. Aos 79 anos, vive a morte como perigo eminente, mas essas ideias também decorrem de suas resistências inconscientes. Paradoxalmente, essas fantasias protegem-na de se aproximar dessa desproporcionalidade da angústia, impedindo-a de reconstruir uma possibilidade de narrativa e de aceder à sua dimensão propriamente desejante.

Entre os herdeiros de Freud, Lacan se inscreve como um dos grandes autores que, apoiando-se no *Unheimlich*, na relação com esse estranho corpo que habitamos, defende que a angústia surge quando o sujeito é confrontado com mais do que a falta, *com a falta da falta*, ou seja, com a vivência de uma alteridade onipotente que invade o psiquismo e destrói sua faculdade de desejar. A esse ponto retornarei, pois, embora, de um lado, *Alice* se queixasse da falta de espaço social que a permitisse e a viabilizasse como sujeito desejante, de outro, foi por si mesma, gradualmente, se despojando das coisas que havia conquistado e abrindo mão de seu patrimônio, ainda que, para esse fim, tivesse encontrado em seu filho a figura, a alteridade que, em sua fantasia, mais do que anulá-la subjetivamente, desejava propriamente exterminá-la. Os impulsos mortíferos e odiosos endereçados ao filho chamavam sua atenção como elementos sinistros, assim como estranhava e tentava expulsar de si mesma as manifestações odiosas que havia experimentado em relação à irmã e à mãe. Sua vitimização masoquista, contudo, não era mais uma saída suficiente para a descarga diária de um excesso que sacrificava diretamente seu corpo.

d. Realangst, vazio e morte

Birman (2012) afirma que os limiares de irrupção e de falta de controle da vontade diminuíram sensivelmente nas individualidades contemporâneas, que passaram a ficar cada vez mais assujeitadas e à deriva das imposições do excesso. O psiquismo não mais regula as cargas excitatórias que o atravessam. Sobra, assim, a angústia do real e seu corolário, o efeito traumático. Nesse sentido, queixas como as de *Alice* em relação às *crises de pânico* e, ao mesmo tempo, à falta de ancoragem afetiva e de suporte social para aqueles que vivem os limites impostos pelo envelhecimento permitem sugerir que este entrecruzamento de fatores produz uma espécie de paralisia psíquica a que *Alice* se encontrava fortemente submetida. Não tendo o poder de antecipar os acontecimentos, perdeu a capacidade de dimensionar o impacto dos excessos que a atravessavam. Ao se isolar e decidir viver sob constante vigilância médica, pela intensa angústia de não pertencimento e desamparo que experimentava ao sair de casa, colocou-se constantemente em estado de fuga de algo que viria do mundo externo. Além disso, o filho passou a representar uma ameaça que vivia como real. Ao ceder quase tudo que tinha para ele, mas, ainda assim, permanecer na posse e no controle dos bens e do dinheiro a que ele teria acesso, converteu-o em seu maior adversário e inimigo. Por outro lado, durante a noite, sozinha em seu quarto, confrontava-se com vivências aterrorizantes, traduzidas simplesmente pela sensação de estar morrendo.

A fragilização do Eu e a gradual diminuição de sua capacidade de se defender reduzem, de maneira significativa, o limiar de irrupção do excesso, e o Eu falha em sua função de buscar regular as intensidades que alcançam o psiquismo. Em consequência, os sujeitos ficam diante de forças que os ultrapassam e contra as quais não conseguem lutar. Resta a impotência diante de algo maior que condena à paralisia psíquica. Como havia afirmado Freud (1920/2010), os sujeitos lançam mão da compulsão à repetição para buscar, ainda que por meio da revivescência da situação traumática, antecipar-se agora ao que não pôde, anteriormente, controlar. Submetendo-se ao imperativo das ações, seguem aprisionados em circuitos fechados de atos compulsivos que se repetem e repetem. Nesse sentido, é fundamental resgatar a questão que vem sendo aqui perseguida a respeito da primazia do campo do traumático sobre as efetivas possibilidades de regulação e simbolização na contemporaneidade, prevalência que intensifica o aprisionamento dos sujeitos nesses circuitos. Tomar *Alice* em suas dificuldades de prosseguir vivendo descortina as condições de existência (im)possíveis para as pessoas que envelhecem, pois o campo do traumático parece se expandir de maneira insuportável, atingindo o corpo. Pode-se perguntar quais os limites da relação entre essa devastação psíquica e a fragilização e o adoecimento das condições neurológicas das pessoas mais velhas. A demência senil, o Alzheimer e outros males não deixam de guardar relação com a falta de proteção psíquica a que os idosos acabam submetidos, na maioria dos casos.

> *Ao lado disso, depreende-se como o pânico se inscreve diretamente nesse contexto, na medida em que a subjetividade fica impotente em face dos acontecimentos irruptivos. Assim, a subjetividade é tomada pelo sentimento de horror. O que se impõe aqui é o fantasma da iminência da morte, já que, incapacitado de agir, o eu entra em estado de suspensão, pois como instância psíquica não pode mais regular as relações entre o corpo e o mundo (BIRMAN, 2012, p. 116).*

No caso das pessoas idosas, a relação com o estranhamento e as dificuldades de aceitação do envelhecimento do corpo agravam essa condição de fragilidade, pois, como se acompanhará a seguir, o aumento da longevidade resultou na sofisticação dos instrumentos de controle e administração da vida, sobretudo no que diz respeito às inúmeras e extensas prescrições da medicina sobre o modo de vida das pessoas mais velhas. Os dispositivos de inserção social, mais exatamente os lugares e os espaços de pertencimento e reconhecimento dos idosos nas sociedades capitalistas, ainda permanecem reduzidos ao acompanhamento e ao exame minucioso dos males do corpo. De outro lado, a perda de reconhecimento refere-se à retirada do idoso das suas possibilidades de seguir encaminhando seus próprios desejos, uma vez que suas experiências e sua sabedoria acumulada não apresentam valor social efetivo. As inúmeras alternativas de tratamentos e equipamentos para alcançar a *boa forma* e os grupos de convivência e cuidados gerais são, certamente, dispositivos de manutenção da saúde e, ao mesmo tempo, espaços de socialização. Mas a perda real de pessoas, de vínculos afetivos e dos espaços nos quais os idosos possam exercer suas opções desejantes e sua capacidade criativa termina por enclausurá-los em circuitos cada vez mais restritos e imediatistas em relação à inevitável aproximação da morte.

A desqualificação e a desvalorização em relação a si mesmo, presentes nos casos nos quais os sujeitos são aprisionados ao registro imediatista do corpo, como expressam os fragmentos clínicos até aqui relatados, podem ganhar proporções inimagináveis no caso das pessoas idosas. Freud já alertara sobre o agravamento do encapsulamento narcísico em situações de vulnerabilidade do corpo (1914/2011), que, geralmente, anulam ou atacam as condições psíquicas e a capacidade do Eu de exercer sua função reguladora. No caso das pessoas idosas, agravam-se as condições e os sinais advindos do real do corpo e são estilhaçados os espaços de pertencimento afetivo e social. De maneira vertiginosa, as sensações de morte e a vulnerabilidade do corpo passam a aterrorizar os sujeitos pelo abismo no qual se veem lançados em seu cotidiano.

Atualmente, a medicação antidepressiva passou a fazer parte, quase que obrigatoriamente, da enorme lista de medicamentos que são prescritos aos idosos. Para usar uma expressão de Birman, a *despossessão do Eu,* ou o esvaziamento radical da possibilidade de respostas do sujeito frente às mazelas que enfrenta em sua vida, produz efeitos altamente deletérios. Entre distimias, crises depressivas e crises de pânico, a capacidade de regulação das funções psíquicas resta gravemente comprometida. O sentimento de culpa inconsciente presente no masoquismo moral perde força, mas em uma direção em que substitutos simbólicos não serão encontrados, pois resta a sensação de esvaziamento. *Alice* muitas vezes se perguntava, por exemplo, sobre o sentido das brigas constantes com o filho. Contudo, menos que abrir vias de elaboração propriamente psicanalítica, essas indagações completavam o circuito de sua repetição compulsiva, que perdia, ele próprio, a força pulsional de sua manifestação. "Acho que a gente se acostumou a brigar; as brigas me fazem mal, mas aprendi a conviver com elas; fulana falou que eu preciso disso para viver." Para além disso, restava a imensidão do vazio.

e. A representação da angústia e do real – caminhos

Tomo o conceito do *Real* desenvolvido por Lacan porque suas contribuições permitem uma ampliação considerável das questões até aqui nomeadas. No texto *O simbólico, o imaginário e o real* (1953/2005), Lacan define o Real como *aquilo que nos escapa*, sendo claramente distinto dos dois primeiros registros, pois é sem fissura. Não acessível diretamente, o Real só se deixaria apreender e entrever por meio do Simbólico. No entanto, durante a década de 1950, dedicando-se a conceituar o Real em diversos textos, Lacan passou a se referir a essa dimensão da existência do sujeito como aquilo que sempre retorna, como os astros e as estrelas, sendo inacessível à simbolização. Na relação do sujeito com o símbolo, há a possibilidade de uma "forclusão (*verwerfung*) primitiva", ou seja, de que alguma coisa jamais seja ou venha a ser simbolizada, pois se manifesta essencialmente como Real. Para ele, isso é o que ocorre na psicose, a condição psíquica na qual o sujeito se vê atingido em sua possibilidade de acesso ao Simbólico, única via estruturante da realidade humana. O sujeito apenas tem acesso ao mundo na medida em que, além do imaginário, das significações, ele faça uso do significante. O campo do Real, ao contrário, não o permite – pela inacessibilidade ao Simbólico – ultrapassar o campo do vivido, enclausurando-o no registro imediatista da vida e da morte do corpo, sem experimentar jamais a sua imortalidade simbólica. O Real seria o espaço dissociado definitivamente do tempo, como afirma Birman (2012). Assim, o Real é pleno, basta a si mesmo, prescinde de objeto.

Sem entrar no exame profundo da teoria lacaniana,[30] ressaltaria, para nossos fins, que certamente há uma oscilação no conceito. De um lado, a radicalidade do Real pleno e sem fissuras, no qual haveria apenas a falta de objeto e a falta da falta de objeto, e, de outro lado, a primeira posição de Lacan, que afirmava que o Real, ao mesmo tempo, é feito de cortes, pois a entrada do sujeito no registro do Simbólico, por meio do significante que o antecede e da primeira experiência do desejo, articula o Real e a linguagem. Para que o sujeito fale, é preciso que ele entre na linguagem, no discurso preexistente. O Real com que se preocupa Lacan parece ser o do sujeito falante, o Real de sua fala, que se inscreve no Simbólico, o Real que se expressa e também estrutura a sua fala. Porém, em meados do ano de 1960, o Real, certamente, escapa ao Simbólico, articulado que está com *das Ding*, com o *vazio*. O Simbólico já não pode mais apreender o Real, há um além. Ressaltando a ideia de pulsão de morte e de um mais além do princípio do prazer freudiano, a presença viva da pulsão de morte se articula, para Lacan, com o gozo, com o Real. O Real pleno é inacessível e isso coloca uma questão fundamental à experiência psicanalítica, pois somente pelo caminho científico, de pequenas equações – ínfimos detalhes, atos que escapam –, pode-se tentar acessar o Real. Desse modo, Lacan não se mostra muito otimista, pois a noção do Real, em sua complexidade, não permite a

---

30 A obra de Lacan é vasta e complexa, o exame aprofundado de sua teoria, sobretudo no que se refere às passagens e aos desdobramentos que veio a tecer em torno do conceito do Real, terá grande valia para os estudiosos de sua teoria. Cito, aqui, Lacan (1953/2005; 1954-1955/1979; 1992).

construção de uma fórmula científica. Seria, de fato, inapreensível, não apreensível de uma forma que faria um todo. É possível fazer cortes ou fissuras que permitam o acesso ao Real? Qual a função do Eu, considerando-se que ele seria, para Freud, o lócus no qual a angústia se origina e é deflagrada automaticamente? O Eu desaparece das reflexões lacanianas, principalmente após as críticas que teceu à redução ideológica da noção de Eu empreendida pelos psicanalistas americanos, sobretudo Hartmann.

A discussão mencionada anteriormente entre Lacan e Green merece ser retomada aqui. Se a clínica psicanalítica, hoje, se encontra atravessada pelos estados fronteiriços, pelo aprisionamento dos sujeitos no registro corpóreo do traumático, quais seriam as saídas possíveis dessa condição? Como enfrentar os enigmas já radicalmente denunciados por Freud ao flagrar a dimensão primária do psiquismo e as articulações entre os traumas armazenados no registro do corpo e as exigências civilizatórias que impõem condições igualmente traumáticas de existência? Green (2010) afirma que, desde o escrito *quase testamentário* de Freud, *Análise terminável e análise interminável* (1937/1976), a infinidade de questões que se voltaram à prática psicanalítica, sobretudo em relação ao seu alcance e à incômoda reação terapêutica negativa, obrigou Freud e os psicanalistas pós-freudianos a uma reflexão incessante. No que se refere aos estados fronteiriços, evidenciou-se que as fixações eram muito mais antigas que as invocadas comumente nas neuroses. Contudo, Green alerta para a importância de se distinguir os fracassos do tratamento psicanalítico dos casos em que as reações terapêuticas negativas se manifestam como substrato indesejável da condução de uma análise. Nesse sentido, divididos entre atribuir a culpa dos fracassos a falhas dos pacientes que seriam inanalisáveis ou a analistas *mal analisados*, o que se omite é o fato de que ainda nos encontramos em uma ignorância persistente quanto às reais possibilidades de mudança do psiquismo, pois muitos dos seus recônditos permanecem desconhecidos a todos nós.

> *Se o papel do sentimento de culpa e o do masoquismo foram há muito tempo reconhecidos no fracasso da psicanálise, o do narcisismo, ainda que pressentido, foi muito menos considerado [...] Seria preciso, ainda, esclarecer o paradoxo de uma relação que tem a ver igualmente com o esforço de dar prosseguimento a ela e com a esterilidade de seus efeitos, de tal modo que o fracasso do analisando e o do analista se tornam indissociáveis (GREEN, 2010, p. 115).*

No caso dos fracassos da análise, a questão, segundo Green, é se o tratamento possibilita ao paciente, e também ao analista, entrever um sistema mais seguro para a organização narcísica que a cultura do fechamento masoquista. *Alice* sempre me fez pensar se e até que ponto o trabalho da análise poderia ajudá-la, menos pelo fato de seus quase oitenta anos, ou mesmo pela cristalização de seus sistemas, mas muito mais pelos efeitos da devastação psíquica provocada pelas vivências aterrorizantes da angústia de morte e de desapropriação, contra a qual lutava a partir de movimentos projetivos intensos. Como ela não se cansava de mencionar, tinha apenas a relação odiosa com o filho para viver e não tinha mais futuro algum. Não havia mais tempo, em sentido amplo e restrito.

Quando Freud distingue uma destrutividade ligada, representada pelo Super-eu, de uma destrutividade flutuante, distribuída pelo conjunto do aparelho psíquico em estado livre, esta última considerada a causa mais profunda do fracasso da análise, ele indica, por meio dessa imagem, a parte não transferível da destrutividade, aquela que não seria suscetível de se ligar ao objeto transferencial e que não se pode qualificar de narcisismo. Para Green, essa parte se refere ao narcisismo negativo, cujo ideal é o zero. Segundo ele, é comum fazer alusão à virada de 1920 na psicanálise, porém seria preciso considerar, entre outras coisas, que Freud *entrou verdadeiramente em pane* depois de elaborar as revisões teóricas que se viu impelido a fazer. Sua intuição sobre o que considerava ser a verdade precedia a compreensão detalhada que conseguia elaborar e as coisas não seguiam, necessariamente, a ordem esperada. *Inibições, sintomas e ansiedade* (1925/1976) apresenta, flagrantemente, esse movimento de Freud, que, como ele mesmo já havia mencionado no fechamento de *Além do princípio de prazer* (1920/2010), *claudicava* e se via à mercê de muitos caminhos diante dos quais se encontrava, por vezes, perdido. Apesar dos riscos que corria de colocar abaixo seu edifício teórico, acreditava que só chegaria à verdade por suas deformações. Green afirma que, desde o início de sua obra, Freud havia deparado com os entraves do conhecimento da verdade no que se referia a pensar sobre o psiquismo normal e o patológico, mas, nesse segundo momento, é em sua própria teoria que descobre os impedimentos de se chegar a um "conhecimento psíquico heuristicamente mais promissor" (GREEN, 2010, p. 115).

Por esse caminho, Green chega ao texto de Freud *A negação* (1925/2010b), no qual o conceito de *desmentida* (*Verleugnung*) abre espaço para a reflexão sobre as singularidades a respeito da clivagem, escancarando uma contradição que, embora não fosse nova em sua teoria desde o exame das condições psíquicas de *O homem dos lobos*, introduz a verdade irrefutável sobre a necessidade de se distinguir a forclusão (*Verwerfung*). No final do texto, Green lança a hipótese de uma *negatividade* que age no interior da vida pulsional, conectando afirmação e negação aos dois grandes grupos de pulsões: Eros e Thânatos.

> *Na verdade, o que é novo é o fato de Freud descobrir que a sexualidade infantil não é apenas fonte de fixações em que se perfilaria a sexualidade singular do adulto, mas que a elaboração de suas pré-formas em sua relação com o Eu é produtora de modos de pensar, alguns prototípicos (recalque-negação), outros mais desconcertantes (desmentida-clivagem), ou mesmo no limite do entendimento (forclusão, rejeição), que poderiam levar a buscar ligações entre as matrizes lógicas – nas quais se travam relações inesperadas entre a sexualidade e o Eu – e as impressionantes construções posteriores a que chegam os psicóticos, das quais os delírios são os exemplos mais chamativos, mas não os únicos (GREEN, 2010, p. 132).*

Essas considerações de Green apontam para a grandeza das mudanças teóricas às quais Freud se viu empurrado. Desde *O Eu e o Id*, de 1923, ele havia conseguido integrar o conceito da pulsão de morte na revisão da teoria do aparelho psíquico e começou a refletir sobre a clivagem do psiquismo, cada vez mais interessado na dimensão primária e constitutiva do psiquismo e, especialmente, do Eu. Uma linha mais nova de pensamento surgiu a partir do momento em que Freud constatou semelhanças entre os mecanismos pertencentes a psicoses e outros detectáveis, com mais ou menos nitidez, em quadros neuróticos. Os avanços de Freud na direção do desvendamento do Eu são difíceis, pois apresentam sua relação cada vez mais íntima com a psicose,[31] mais precisamente pela

---

31 Vale esclarecer que, nesse caminho problemático de desvendamento das relações do Eu com a pulsão de morte, Freud segue uma dupla direção em que compara neurose e perversão e neurose e psicose. Restaria, ainda, o desafio da comparação entre perversão e psicose. A esse respeito, ver *Neurose e psicose* e *A perda da realidade na neurose e psicose*, ambos de 1924.

vulnerabilidade defensiva do Eu. Acompanho Green quando sugere que essas contribuições de Freud abrem um campo de visão rico de possibilidades, sobretudo no que diz respeito a retomar e esclarecer a vocação singular do Eu. Lacan havia denunciado a indigência teórica, máscara da ideologia, com a qual os psicanalistas americanos, especialmente Hartmann, haviam tratado a questão do Eu, transformando-o de certo modo em uma espécie de vilão a ser tratado, *despatologizado* e readaptado. No entanto, ao proclamar o retorno a Freud em seus caminhos primordiais, acabou por destituir a problemática do Eu do *status* de questão a ser retomada e constantemente reexaminada. Para Green, esse abandono foi bastante nocivo ao esclarecimento de questões fundamentais deixadas por Freud, apesar das ameaças que poderiam representar para sua teoria. Lacan escolhera, segundo ele, abandonar e desqualificar essas reflexões.

As polêmicas considerações de Green sobre Lacan nos interessam, aqui, menos para o exame ou a identificação de qual seria o verdadeiro caminho a prosseguir, mas muito mais para demonstrar o grau de complexidade presente no exame das relações do sujeito com o Eu, em sua constituição heterogênea e sua duplicação inevitável, como defende Green. A clínica contemporânea nos tem colocado diante de dificuldades e essas experiências, a meu ver, obrigam a acompanhá-lo na retomada do Eu em sua relação com o narcisismo e com a pulsão de morte. Com o trabalho do negativo e partindo de suas experiências clínicas com os pacientes fronteiriços, as contribuições de Green permitem a compreensão do mal-estar dos sujeitos, que, como ele diria, os faz oscilar entre a obrigação de sobreviver e a impossibilidade de satisfazer a sua aspiração de viver. Ele defende que existem infinitos modos de o sujeito expressar seu desejo cotidiano de morrer, representando grande desafio ao psicanalista.

A necessidade de sair do impasse de uma teoria do Eu tão debilitante assim não é uma tarefa fácil, na medida em que o próprio reexame das referências existentes já aponta para distinções, divisões e divergências ainda difíceis de superar, uma vez que psicanalistas de grande expressão e reconhecimento seguem, ao menos aparentemente, em direções opostas. Acredito que o caminho deva ser exatamente esse: manter-se na tensão dessas divergências, buscando responder algumas questões fundamentais, ainda que elas conduzam a novas possibilidades de reflexão. É o que temos por ora e não é pouco. Green afirma que não é dando a entender que a manifestação do que se chama Eu é apenas uma ficção reinante em um espaço povoado de miragens – descrição freudiana, é importante mencionar – que se responde às questões colocadas por estes funcionamentos psíquicos tão singulares e estranhos. Para ele, o conteúdo a que se refere apenas apareceria à plena luz negativamente, talvez porque a forma como o Eu é amoldado pelas defesas, infiltradas por aquilo que supostamente o protege – as pulsões –, põe em xeque esse estatuto de instância. A violência pulsional atinge o Eu de maneira extrema, principalmente pela pulsão não canalizada pelas vias do desejo. É a pulsionalização das defesas que desconcerta e até anula as funções reguladoras do Eu, pois seus efeitos negativantes são destinados a destruir a aspiração da atividade psíquica.

Definitivamente, o princípio descrito por Freud, de que há dimensão inconsciente no Eu, não pode ser tomado como uma abstração teórica. As dificuldades encontradas no caminho de retomada do Eu apenas poderão ser enfrentadas na medida em que se considere que nem tudo ali é inteligível para o pensamento psicanalítico, como defende Green, quando destaca "o paradoxo de ter de enfrentar um duplo obstáculo: primeiro, é da natureza de um tal Eu pulsionalizado, depois, que uma tal pulsionalização vai de par com a inconsciência de suas defesas" (2010, p. 146).

Penso que o mérito de Green é, exatamente, manter essa tensão no bojo mesmo de suas reflexões teóricas sem ceder a redefinições que obstaculizem o pensamento reflexivo, pois as pulsões do Eu endereçam a duas diferentes vias de compreensão: o narcisismo, o amor que o Eu dedica a ele mesmo, e as pulsões de destruição, de morte, que são o *combustível* das defesas. Ao examinar a proposição de Freud no texto de 1925, Green sugere que angústia, sintoma e inibição são ações psíquicas para as quais a resposta e a intervenção do Eu são fundamentais, elas ocorrem no Eu ou acorrem ao Eu por efeitos ou falhas de suas funções. No caso da inibição, há razões para pensar que seus resultados podem vir a ser extremamente invasivos, chegando a levar ao comprometimento de funções vitais, o que anularia a função autoconservadora do Eu e colocaria em xeque, como fizera Freud, as próprias metas da conservação.

O Eu, a que Green chamaria de *Eu-fronteira*, estaria na borda. Sua imagem fronteiriça, à qual ele recorre para refletir sobre seus casos clínicos, certamente permite refletir sobre os limites do psiquismo de modo geral, no cumprimento de sua saga decifradora do mundo, que podem resultar na perda de sua capacidade simbólica da qual o tempo é a categoria necessária estilhaçada. Pode-se dizer que *Alice* perde territórios ou deles abre mão na medida em que a negatividade segue desmontando sentidos e anulando a eficiência de outrora de seus sintomas neuróticos. As inibições e as angústias enclausuram-na em um *estar à beira de* – imagem fronteiriça de Green –, vivendo intensa angústia de desapropriação de si mesma, sobre a qual só poderia fazer menção quando nela não estivesse totalmente aprisionada. As dificuldades do analista são inúmeras, pois as tentativas de interpretação terminam enredadas em uma verdadeira armadilha decorrente de fortes defesas projetivas. Na maioria das vezes – e essa era uma reação recorrente em *Alice* –, os pacientes recebem a interpretação do analista como uma projeção de seu inconsciente, portanto, incompreensível, mesmo que suas fontes no discurso do próprio paciente fossem conscientes e identificáveis, pois o simples fato de ter passado pelo discurso do analista desapropria o paciente de sua fala. Nesse sentido, mencionei, anteriormente, que a única possibilidade de prosseguimento da análise de *Alice* seria permitir a ela apenas a enunciação de seu próprio pensamento em voz alta, como sugere Green:

> *Talvez a enunciação em voz alta do pensamento seja suficiente para antecipar sua periculosidade potencial pelo afluxo do imaginário assim solicitado do qual é preciso se defender por uma técnica de terra arrasada. É aqui que a imagem do vazio associado à desapropriação se conjuga com o sentimento de transbordamento em face de um imaginário fortemente concentrado. O que está em causa, numa primeira abordagem, permite reconhecer o duplo impacto das angústias de separação e intrusão, a concorrência de vínculos objetais e narcísicos (GREEN, 2010, p. 148-149).*

Esse estado de coisas é incompatível com o desdobramento das capacidades do Eu, mas sua gravidade vem do fato de que as vivências aterrorizantes provocadas pela angústia primária que o invade são ativadas pelo próprio Eu, ainda que na tentativa pífia de defendê-lo. As pulsões de morte camufladas, mas preponderantes na aliança com as pulsões eróticas, como acontece na manifestação negativa do narcisismo, apenas podem ser mantidas sob certo controle do Eu quando sua regulação permite colocá-las a serviço das relações de objeto. Contudo, o outro poderá, ainda que projetivamente, ser sempre considerado o pior inimigo, como, aliás, ocorrera com o filho de *Alice*.

Esse é o cenário, o leque de questões, que descortina as dificuldades enfrentadas, desde Freud, na consecução das análises, em cada embate singular que passa a ser travado, sobretudo nos casos fronteiriços nos quais o Eu, paradoxalmente fragilizado, usa toda a sua força de morte, conservadora, para anular as possibilidades de sucesso terapêutico. Freud tinha clareza da importância de se compreender a angústia, estado no qual o Eu pode vir a sucumbir desde as próprias ameaças que carrega a partir das pulsões que o habitam e o constituem. "O Eu é a sede de todas as angústias" (GREEN, 2010, p. 119). Green, providencialmente, acrescenta a depressão – os estados depressivos – na alternância dessas condições de extrema debilidade do Eu. Sem anular a importância das duras críticas feitas por Lacan aos americanos psicanalistas do ego, como se autointitulavam, crítica ideológica, inclusive, de extrema proeminência, na qual foi seguido e acompanhado pelos autores frankfurteanos, é preciso lembrar que o Eu-defesa em sua dimensão patologizante e devastadora, descrito por Freud desde 1895, é o mesmo Eu-corpo que, *nos dias de hoje*, excessivamente fragilizado, submete e aprisiona o sujeito a lógicas restritivas, imediatistas e empobrecedoras. *Nos dias de hoje* é a chave que obriga a prosseguir na direção do exame das condições objetivas de existência na fomentação do sofrimento e da anulação psíquicos a que os mais velhos infelizmente são submetidos.

Angústia e vazio do envelhecimento nas sociedades capitalistas

a. A insuficiência das condições objetivas de existência para os mais velhos

As sociedades capitalistas se sustentam a partir de uma estrutura de classes sociais, que se constituem de acordo com as possibilidades de acesso a bens e valores econômicos. Em meu livro *Depressão & doença nervosa moderna* (2004), busco ressaltar que, embora se possa traçar, já a partir de Platão, uma relação entre sociedade e domínio, o conceito de sociedade se consolida, mais propriamente, com o advento da sociedade burguesa, quando se tornou visível o contraste entre as instituições feudais e absolutistas, por um lado, e aquela camada social que já dominava, então, o processo vital e material da sociedade, por outro. O sujeito burguês busca a sobrevivência pelo domínio da natureza e da organização da vida em sociedade, principalmente por meio do direito à propriedade e do acúmulo de capital, determinantes da divisão do trabalho e da sociedade em classes. Norbert Elias, em *O processo civilizador* (1993; 1994b), afirma que essas classes se movimentam apenas lentamente, segundo uma dinâmica na qual as elites econômicas buscam se distanciar cada vez mais das outras classes sociais para não serem ameaçadas por elas. Seu poder, contudo, não vem do fato de deterem para si a maior parte dos bens econômicos, mas, principalmente, pela garantia de que serão os próprios usos, tradições e costumes que deixarão mantida e cristalizada a estrutura das estratificações sociais. Em geral, quanto mais a classe superior procura se isolar como meio de garantir que não é ameaçada pelo desejo de ascensão social das outras classes, mais ela buscará criar novos padrões de comportamento que, historicamente, acabam por ser absorvidos e incorporados de modo geral. Isso significa dizer que padrões criados com interesses específicos vão passar a fazer parte do imaginário social, o que, segundo Elias, significa dizer que passarão a fazer parte de cada sujeito em sua singularidade, infiltrados em seu mundo imaginário: "sua segunda natureza, pelas mudanças na estrutura de sua personalidade" (1993, p. 263).

O processo civilizatório constitui uma mudança de longo prazo na conduta dos sentimentos humanos rumo a uma direção muito específica, não se tratando, porém, de algo conscientemente orquestrado por um grupo, fruto de uma racionalização que possa ser particularmente compreendida. Considerando-se o pertencimento social de cada um dos sujeitos, essa segunda natureza garante um certo tipo de equilíbrio entre os interesses coletivos e individuais, resultante do jogo estabelecido desde o princípio do projeto educacional de cada sujeito entre o controle externo e o autocontrole. A estrutura familiar, a autoridade paterna e a introjeção das exigências da cultura pela fundação do Super-eu são fatores fundamentais que operam na manutenção de uma dinâmica social, mas que não permitem, via de regra, significativas alterações em relação às estratificações sociais.

As ideias de Elias, sociólogo, judeu e alemão, nascido e criado durante o pleno desenvolvimento da psicanálise freudiana, têm o mérito de sublinhar os movimentos individuais na produção das condições sociais, menos pelas ações deliberadas e conscientes, desde a origem, dos sujeitos e das coletividades que pela insidiosa impronta que se forja gradual e progressivamente em cada um, em geral pelos pais, já eles próprios completamente aderidos a sua segunda natureza. Para o autor, na contemporaneidade, tanto quanto antes, não são apenas as metas e as pressões econômicas, tampouco os motivos políticos, que constituem as principais forças motrizes de mudanças estruturais da sociedade. As instituições políticas se estruturam, ao contrário, para garantir a manutenção das condições objetivas de existência, sustentadas por um sistema econômico que, em geral, se perpetua por muito tempo, confundido que passa a ser com a "vida natural".

Do controle pela violência física direta, advindo do poder de polícia instituído, ao controle pela violência da subjugação do corpo – biopoder/biopolítica, como bem denominou Foucault –, aos sujeitos são dados meios econômicos de consumo e produção que criam situações para transformações sociais superficiais, apenas no que diz respeito a garantir a perpetuidade da lógica do sistema como um todo. Nos dias de hoje, inegavelmente, o sistema capitalista tem hegemonia e a quebra dos poderes que o garantem só poderia ocorrer na medida em que se alcançasse, em primeiro lugar, o desvendamento dessa segunda natureza, *o estranho familiar*.

O questionamento profundo da vida que se leva como sendo a única possível, "a vida natural", não é tarefa fácil ou simples, pois as resistências inconscientes e os traços identificatórios primordiais do sujeito persistem como causas do imobilismo social, ou pior, da reprodução dos mesmos entraves, mesmo quando se busca estabelecer nova ordem social. Assim como as monarquias herdadas da Idade Média, nas quais o poder real era garantido não apenas pela violência, mas pelos sistemas educacionais e, principalmente, religiosos, o *Mercado* e o *Deus/Dinheiro* (AGAMBEN, 2002) reinam absolutamente, entranhados que estão nos recônditos mais profundos do psiquismo de cada um, pela disseminação de tradições, usos e costumes que habitam o imaginário e marcam a identificação subjetiva.

Nas sociedades capitalistas, importância é atribuída apenas àqueles que produzem valores e colocam-se como consumidores, garantindo, assim, a cadeia econômica. Em *A solidão dos moribundos* (2001), Elias afirma que o problema do envelhecimento e da morte – e, em consequência, o problema do abandono e da exclusão dos velhos – diz respeito à maneira como as sociedades lidam com o inevitável processo biológico. Nas sociedades capitalistas, industrializadas, os seres humanos modernos passaram a não aceitar, de modo algum, a finitude, coisa que o velho ou o moribundo carrega como um estandarte em seu corpo, disseminando o medo de morrer, o pavor do fim da vida, que fragiliza, inclusive, as relações familiares com as pessoas idosas e gera o afastamento e o isolamento das pessoas que envelhecem. Paradoxalmente, o aumento da longevidade, que apenas gradual e lentamente vem sendo absorvido pelo mundo do trabalho, faz coincidir a aposentadoria com a entrada socialmente oficializada na velhice, uma vez que os velhos são retirados da vida produtiva em um momento cada vez mais distante do final efetivo de seu viver. Assim, eles são empurrados para os bastidores e excluídos do convívio social, não necessariamente pela

ação direta das pessoas, mas pela própria vivência de falta de pertencimento à vida produtiva, a única vida que possui valor nas sociedades capitalistas.

Cabe ressaltar o que Elias nos instiga a pensar sobre a aversão
dos adultos, na contemporaneidade, a tudo aquilo que lembre a
ideia da morte, decorrente da característica de homogeneidade do
padrão dominante do atual estágio da civilização. Os cuidados e a
proteção dos velhos e dos moribundos, antes atribuição da família
e do círculo de amigos e vizinhos, foram transferidos para a esfera
estatal e, cada vez mais, são administrados pela medicina em sua
missão precípua de garantir vida ou sobrevida. Como em todos os
setores de proteção e cuidado social, os dispositivos e os equipamentos de cuidados dos velhos terminam por isolá-los, mesmo em
casos como o de *Alice*, que, por ter possibilidades financeiras, se
autointernara em uma espécie de clínica aparentemente aberta, na
qual, no final das contas, permanecia praticamente prisioneira.
Para além dos movimentos e dos limites subjetivos anteriormente
mencionados, o que se pretende evidenciar, aqui, é que as estruturas sociais se sofisticaram, passando a oferecer falsas opções de
vida aos sujeitos que vivem cada vez mais, pois o que podem dispor
como lugar social restringe-se aos equipamentos para tratamento
médico e aos espaços de isolamento para a espera da morte. Impossível pensar que tais condições não sejam deletérias ao sujeito
psíquico, à relação que o sujeito terá com o mundo externo e com
as ameaças e os ataques que sofre desde dentro, submetido, ainda,
à fragilização de seu corpo, agravada pela incapacitação progressiva
do Eu de exercer mediação e defesa.

A rede de atendimento institucional aos idosos, paradoxalmente, sustenta-se na perseguição do retardamento da morte biológica, promovendo, para isso, o afastamento cada vez mais significativo do idoso do convívio social. Para Elias, esse processo leva ao
que ele chama de *morte social do velho*. Em um mundo estruturado

para pessoas jovens, belas e saudáveis, a circulação das pessoas idosas lhes é concedida, mas apenas como concessão, pois, como dizia *Alice*, "o mundo que está aí não foi feito para os velhos, o mundo não está nem aí para os velhos, sinto-me como um fantasma que ninguém vê, mas todos temem". Elias destaca que as pessoas vivem secreta ou abertamente o terror da morte, o que gera angústia, depressão e sofrimento, cujas dores psíquicas são tão intensas que passam a ser vividas como dores físicas de um corpo que está irreversivelmente em deterioração. A saída seria, certamente, opor a tamanho sofrimento uma realidade que, incluindo a ideia de finitude como elemento fundamental da vida, leve à estruturação de condições sociais, familiares e institucionais, das quais os idosos sigam fazendo parte, sendo efetivamente incluídos na vida em geral. O impasse se coloca quase como insolúvel, uma vez que, ao contrário, a pauta do envelhecimento, como tenho defendido, é cada vez mais antecipada e faz parte da vida das pessoas jovens e adultas, não pela via da aceitação, mas, essencialmente, pela via de fomentação do horror à velhice, excluída dos padrões de aceitação social. O mercado, que fideliza as pessoas na saga de permanecerem jovens e belas, necessita do horror aos velhos, feios e doentes. Assim, as chances de essas pessoas chegarem à velhice pela via da aceitação e do reconhecimento de sua experiência como positiva são reduzidas, pois, desde a infância e a juventude, já não havia identificação alguma, ou qualquer reconhecimento do valor da velhice e da importância de se levar em conta a finitude.

Em *A ética protestante e o espírito do capitalismo* (1905/2004), Max Weber já havia destacado que as formas modernas de atividade econômica veem no trabalho o lugar central da vida dos indivíduos, como vocação ou dom, como um dos centros dominantes da moralidade humana. A ética do trabalho veio dar sentido à vida em um mundo desencantado, o que faz do capitalismo moderno o sistema mais eficiente em termos de adesão e produtividade. Entretanto, o

224 ANGÚSTIA DO REAL DE UM CORPO QUE ENVELHECE

capitalismo também se funda em um conflito advindo da própria lógica que o sustenta e que se vale do fortalecimento da noção de indivíduo e da independência de suas ações. Nessa medida, o trabalho como valor apenas se sustenta por ser incorporado pelos sujeitos como obrigação moral do indivíduo, que deve seguir as exigências da sociedade para que todos, sem exceção, produzam por meio dele. Aquele que não trabalha não estaria mais de acordo com a ética da sociedade, ética que persiste e repercute mesmo entre aqueles que já trabalharam e se aposentaram.

Evidencia-se, assim, que, do ponto de vista estrutural, as condições de existência nas sociedades capitalistas se forjam e, ao mesmo tempo, fomentam sofrimento aos sujeitos pela dupla dimensão de alienação necessária para a administração e o controle dos movimentos individuais. A primeira forma de alienação diz respeito aos meandros do processo civilizatório, a partir da intrincada rede de pulsões e afetos tão bem descrita por Freud, pela qual o bebê humano se vê atravessado e sustentado durante a infância no seu encaminhamento em direção à existência civilizada; em segundo lugar, está a dimensão propriamente social, na qual as estruturas e as instituições fundam práticas e formas de controle que são aprimoradas ao longo de toda a vida.

b. Os efeitos devastadores da sobrevivência na velhice

À psicanálise, a partir das considerações citadas, restam questões bastante relevantes, na medida em que as possibilidades de intervenção e elucidação desse estado de coisas permanecem fundamentais para a compreensão dos modos de subjetivação e adoecimento psíquico dos sujeitos na contemporaneidade e da maneira como o mal-estar e o sofrimento do sujeito se encontram amplificados pelas condições sociais. Somente a partir de um diálogo com outras disciplinas – ciências sociais e políticas e pensamentos filosóficos –, considerando as condições contemporâneas de existência, será possível compreender esses fatores em profundidade e chegar a formulações teóricas consequentes que apontem saídas para alguns impasses fundamentais enfrentados pelo sujeito em seu mal-estar. A negatividade denunciada por Freud, causa maior das dificuldades encontradas por ele na clínica, levou-o a examinar as condições nas quais a civilização se assentara. Essa negatividade emergiu e se fez mais nítida para ele nos estados de guerra que foi forçado atravessar. As armadilhas do processo civilizatório e o fortalecimento do capitalismo como sistema econômico hegemônico são aspectos que não poderão jamais ser desconsiderados pelos psicanalistas no exame das manifestações sintomáticas e patológicas da atualidade.

O fato de que a vida possível concedida às pessoas idosas seja, no fundo, uma vida que não merece ser vivida condena-os a uma existência fundamentalmente traumática, na qual as redes de proteção social falham gravemente em manter as condições mínimas para que os sujeitos psíquicos permaneçam vívidos e atuantes. Giorgio Agamben se dedica, em *Homo sacer* (2002), a compreender o conceito de *vida sem valor* ou *indigna de ser vivida*, diante da qual os sujeitos passam a ser considerados incuravelmente perdidos. É certo que ele parte dos estados terminais de pacientes que apenas fariam aguardar a morte e que, atualmente, passaram a representar um custo alto para o Estado na manutenção de sua sobrevida. Sem, contudo, entrar no mérito do difícil problema ético da eutanásia e das políticas públicas em torno da administração da morte, o autor se interessa muito mais pela fixação de um limiar além do qual a vida cessa de ter valor jurídico – uma vez que já não possui sequer valor econômico – e pode ser extinta.

> *É como se toda valorização e toda "politização" da vida (como está implícita, no fundo, na soberania do*

> *indivíduo sobre a sua própria existência) implicasse necessariamente uma nova decisão sobre o limiar além do qual a vida cessa de ser politicamente relevante, é então somente "vida sacra" e, como tal, pode ser impunemente eliminada. Toda sociedade fixa este limite, toda sociedade – mesmo a mais moderna – decide quais sejam os seus "homens sacros" (AGAMBEN, 2002, p. 135).*

Isso equivale a dizer que os sujeitos serão abandonados, de certa maneira, à própria sorte, na medida em que a vida nua não está mais condenada a um lugar particular ou uma categoria definida, mas habita apenas o corpo biológico de cada ser vivente. Agamben se refere, ainda, às políticas do nazismo, segundo as quais o governo do Reich chegou a emitir uma medida que autorizava a eliminação da vida indigna de ser vivida, com especial menção aos doentes mentais incuráveis, aos velhos que tivessem doenças incuráveis ou, ainda, aos excessivamente idosos, impedidos de oferecer qualquer tipo de trabalho nos campos de concentração. A tenacidade com que Hitler desejou a execução de seu *Euthanasie-Programm* sustentava-se, até certo ponto, nos princípios eugenéticos que guiavam a política nacional-socialista. Porém, as políticas de prevenção de doenças hereditárias e proteção da saúde do povo alemão já representariam, por si mesmas, uma tutela suficiente e gerariam os programas chamados "humanitários" de cuidados, que custavam muito ao Estado e tornaram-se economicamente inviáveis em tempos de guerra, sem que seus pressupostos chegassem a justificar a necessidade do extermínio em massa promovido pelo Reich. A persistência de Hitler na manutenção dos seus controvertidos programas reside no fato de que, por trás da aparência do problema "humanitário", estava no horizonte a nova vocação biopolítica do Estado nacional-socialista, do poder soberano de decidir sobre a vida nua. Desse modo, o autor denuncia uma contradição, em seus termos, insuperável, na origem de certas políticas consideradas humanitárias, ainda hoje desenvolvidas nas sociedades capitalistas, para as quais "a vida indigna de ser vivida" deixa de ser um conceito ético, que concerne às expectativas e aos desejos legítimos do indivíduo, e passar a ser um conceito político. Na perspectiva da biopolítica moderna, ela se coloca, sobretudo, na intersecção entre a decisão soberana do indivíduo sobre a vida e a tarefa da nação de zelar pelo corpo biológico. A compreensão de como funcionavam os programas *eugenéticos* do Reich e quais eram seus pressupostos e seus objetivos é, nos termos de Agamben, fundamental, pois os programas *eugenéticos* sinalizam o momento em que a integração entre medicina e política, característica essencial da biopolítica moderna, começa a assumir a sua forma consumada.

> *Isto implica que a decisão soberana sobre a vida se desloque, de motivações e âmbitos estritamente políticos, para um terreno mais ambíguo, no qual o médico e o soberano parecem trocar seus papéis (AGAMBEN, 2002, p. 139).*

Retomo as reflexões feitas no capítulo anterior sobre a disseminação no pós-guerra de uma violência cotidiana praticada por dispositivos sociais criados para fins de controle e administração do corpo dos sujeitos e também de suas mentes. Agamben, seguindo a trilha foucaultiana, aponta com clareza o quanto a biopolítica ou o biopoder assumiu, hoje, a função de regulação social, sendo o corpo, em seu valor político, jurídico e econômico, o principal alvo de um controle que o subjuga. Na verdade, o esvaziamento da dimensão subjetiva simbólica é flagrante. O caso das pessoas idosas, seu isolamento, o afastamento do convívio social e a *morte social* a que são impelidas, denunciados por Elias, acabam se transformando na "caricatura", no ápice de uma condição tecida ao longo da vida dos sujeitos. A ideia de *infinitude*, ilusoriamente propagada, e

228 ANGÚSTIA DO REAL DE UM CORPO QUE ENVELHECE

o desprezo da categoria do tempo, com vistas a afastar a ideia da morte, contraditoriamente, levam-nos a viver aterrorizados pela subjacente presença da morte, que se torna ainda mais violenta e devastadora na medida em que os laços sociais se fragilizam progressivamente, determinando a sensação de morte absoluta. Essa forma de antecipação da ideia da morte aterroriza os mais velhos porque é, também, provocada pelo medo de ser esquecido completamente por familiares e amigos e pela falta de sustentação simbólica subjetiva e coletiva.

c. *Angústia frente ao tempo que se esvai – o esgotamento vivido no real do corpo*

História do corpo (CORBIN; COURTINE; VIGARELLO, 2006/2011-2012) é uma obra necessária, na medida em que a tirania exercida pelos poderes que atingem o corpo, que o impactam desde o mundo externo, mas também, como tenho defendido até aqui, a partir das movimentações mais primárias do psiquismo, tornou-o o último ponto de ancoragem no qual os sujeitos travam embates de vida e morte nesse movimento dúplice entre viver e morrer, estruturante da única vida que é possível de ser vivida. Somente por meio do corpo é possível referir-se para se apreender como sujeito, gerir-se, manipular-se, transformar-se, ultrapassar-se como pessoa ou indivíduo, entre os outros – seja por cirurgia, terapias, drogas etc. A este ponto retomarei no último capítulo, mas cabe por ora ressaltar que as pessoas idosas, na medida em que avançam para a fase final de suas vidas, perdem, inclusive, essa referência, deixando o corpo de ser um instrumento de suas afirmações narcísicas e masoquistas para ser um corpo que apenas sinaliza e persiste em seu caminho em direção à morte. Se as estruturas simbólicas e suas condições psíquicas puderam preservá-los como sujeitos psíquicos, e se seus corpos serviram como palco de tentativas vãs de retomada do controle do sujeito frente à ordem coletiva, agora, na velhice, o embate é com o último tempo, o tempo de rendição e de entrega. O tempo, negado e até anulado diante de movimentações onipotentes e primárias do psiquismo, retorna, agora, como tempo congelado, como falta de tempo. Se, como descrevia Foucault (1967/1977), a sexualidade é o ponto imaginário pelo qual cada um deve passar para acessar a sua própria inteligibilidade, a totalidade de seu corpo, a sua identidade, o que dizer dos sujeitos aprisionados em funcionamentos que os isolam em "ilhas de narcisismo", vivendo o gozo masoquista em detrimento do prazer, que transformaram o corpo em seu contorno subjetivo principal, quando o corpo passa a ser corpo/morte, corpo/inimigo, operando, na verdade, a expulsão do sujeito de um lugar para o qual não há substitutos?

A fragilização da ordem simbólica acaba por finalmente apresentar ao sujeito, na velhice, uma conta que ele dificilmente poderá pagar. *Alice* vivia nessa fronteira de despossessão e o arsenal de que dispunha para se defender era bastante incipiente. O relato dos fragmentos clínicos de *Alice*, longe de terem o objetivo de servir a generalizações simplistas, justifica-se pela gravidade de questões que apresenta. De um lado, em relação ao alcance da clínica psicanalítica e, de outro, pela denúncia de uma lógica social que, mesmo se tratando de alguém com pleno acesso a dispositivos e equipamentos, esvazia e desconstrói os espaços de pertencimento efetivo das pessoas mais velhas, isolando-as e abandonando-as na completa submissão aos poderes médicos e jurídicos que as retiram completamente de sua condição desejante. Apesar das extremas dificuldades, é preciso repetir que, ao psicanalista, resta a função de resguardar um espaço e um tempo nos quais os mais velhos pudessem se interrogar a partir dos próprios desejos para tomar suas decisões na vida que, afinal, ainda lhes resta. Definitivamente, esta não é uma tarefa fácil.

5. A mulher, a feminilidade e o gênero feminino

As (im)possibilidades do envelhecimento da mulher

"A primeira constatação efetuada pelo psicanalista é a de que o humano não para de querer falar daquilo que não pode dizer (a mulher, a morte, o pai etc). A partir de então, nossa via de pesquisa se define por uma máxima impossível: aquilo que não se pode falar, é preciso dizê-lo!"
Serge André, *O que significa ser uma mulher?*, 1986, p. 10

a. O desespero de Hadassah[32]

Hoje eu estou bolada. Estive lendo sobre a Angelina Jolie. Tão bonita! Por que ela está fazendo isso com seu corpo? Já se foram os seios, mas... agora, os ovários? Não, ela não deveria tê-los tirado... Eu queria muito que hoje fosse o dia em que finalmente você vai me dar sua opinião... Você acha que toda essa guerra contra a mãe... não, quis dizer outra coisa... na verdade, é contra a morte, faz sentido? Uma mulher tão bonita, mas declara que está bichada, ela não pode ficar com nada que venha da sua mãe. E, olha, ela tem tantos filhos! Ela gosta de ser mãe!? Mas eu li noutro dia que a casa dela é uma "zona", uma sujeira, foi o George Clooney que falou. Eles moram numa mansão que é uma pocilga...

Depois de mais de quinze minutos falando sem parar sobre o assunto, pergunto o que a impacta tanto. Ela fica tremendamente contrariada e me diz que nem tudo tem algo a ver com ela, é um assunto que chama a atenção de todas as mulheres e que é impossível que eu não concorda com isso. Respondo que ela tem razão, que essa história toca as mulheres especialmente. E ela segue:

Você sabe que eu tenho pavor de cirurgias. Faz uns dez/ quinze anos que eu deveria ter operado as minhas pálpebras, essas bolsas horríveis, mas não tenho coragem. Faço todos os peelings e botox da vida, mas não aguentaria me

---

32 Na cultura grega, *Hadassah* deriva de *hadas*, mirto ou murta, planta dedicada à deusa *Afrodite*. Era também muito utilizada na confecção das grinaldas das noivas, ou simplesmente se convertia em cobertura de proteção da deusa. *Hadassah* era também o nome das serviçais da divindade.

cortar. Mas e se alguém me dissesse que minha mãe me deixou a morte como herança? Eu ia ter que fazer alguma coisa. Minha mãe me ajudou a vida toda, criou meus dois filhos para eu poder trabalhar, nunca tive um marido de verdade, ela me deu tudo. O Alzheimer tirou ela de mim faz tanto tempo, muito antes de ela falecer, mas eu não tenho medo de ter também, fiz aqueles testes, sabe? Acho que dá para confiar.

Essa foi uma sessão de muita angústia, assim como muitas sessões que se seguiram, e muitas demandas diretas a mim, sua analista mulher. Feminino, mãe e morte apareciam quase como sinônimos. Tempo, herança, envelhecimento e novamente a morte eram outros pontos traçados por *Hadassah,* uma mulher de 51 anos que estava vivendo os impasses e as mazelas provocados pela entrada na menopausa, sem, contudo, tratar diretamente do assunto. Apenas dizia frases elucidativas: "A minha temperatura corporal subiu muito. Tenho sentido uns calores, mas eu ainda menstruo de vez em quando, sabia? Vejo que você também precisou colocar um ar condicionado, finalmente".

Hadassah chega à análise após ter passado por uma separação traumática e devastadora. Seu casamento, no entanto, havia sido construído em bases muito frágeis, pois nunca confiara em seu marido como companheiro ou como pai para seus filhos. Vivera constantemente desqualificando e humilhando aquele homem e tinha consciência do que fazia.

> *Eu tenho um desprezo, um ódio mesmo por ele. Que pessoa brocha! Nunca dizia nada, nunca participava de nada. A inércia e o silêncio dele acabavam comigo. Eu esperneava e gritava feito uma velha louca e ele tinha um prazer, que só eu percebia, em me enlouquecer.*

Sua mãe sempre morou em sua casa e era a pessoa com quem contava para ajudá-la a lidar com as grandes questões e tarefas de sua vida. "Ela era uma espécie de marido para mim e acho que eu também o era para ela. Não me separei antes porque minha mãe não concordaria, dizia que casamento é tudo igual." Logo após a morte da mãe, no meio de mais uma dessas discussões em que apenas *Hadassah* falava, seu marido teve uma violenta reação e, dizendo que ela não tinha mais a mãe para protegê-la, espancou-a e arrebentou toda a mobília do quarto onde estavam. Em seguida, pegou alguns pertences pessoais e saiu de casa para nunca mais voltar. *Hadassah* abriu vários processos judiciais contra o marido, embora repetisse que era grata à sua explosão. "Pelo menos uma vez, ele tomou uma atitude de homem. Já é alguma coisa, tenho filhos e eu sei que eles precisam ter um pai e não uma geleia."

Curiosamente, o que a trazia para a análise era menos a separação – "eram favas contadas" – que as dificuldades que vinha sentindo em "estar solteira depois de velha". A perda de sua mãe trazia uma dor insuportável e a solidão a incomodava mais que tudo. Tinha a sensação de que sua família implodira e que, agora, gostaria muito de poder ter sua juventude de volta. Em algumas sessões, *Hadassah* se voltava contra sua mãe por não a ter preparado para a vida, tomava consciência de que havia feito com ela uma espécie de pacto, no qual seu casamento e seus filhos cumpriam, sobretudo, a função de agradar a mãe, que se dedicou ferozmente a criar os netos.

> *Seu Alzheimer chegou para ficar... depois que os meninos cresceram, ela não suportou ficar sem função. Mas e eu? Como é que eu fico? Eu me livrei do casamento e agora tenho que voltar no tempo? Não sei se dá mais. Eu ando enlouquecida com o que pode acontecer. Com meu corpo, sabe? Olhe para minha idade. Eu ando em*

pânico de sair de casa solteira. Meu casamento era uma porcaria, mas eu era uma mulher casada. Agora, sou uma mulher prestes a ser decretada velha. Por quem? Pela menopausa, é um fato, simples assim. Eu vi o que o tempo fez com minha mãe, ela morreu acabada. Era uma mulher lindíssima e elegante e morreu muito velha e feia, desdentada, cabelos ralos. Enchi minha casa de fotos dela quando era aquela criatura deslumbrante que eu conheci.

b. Por que escrever especificamente sobre a mulher?

As questões até aqui levantadas buscaram elucidar a complexa trama que envolve os sujeitos na contemporaneidade, que impõe condições *irracionalmente* objetivas de existência, que se vale dos limites primários e profundos do psiquismo como meio de garantir o controle e a administração do corpo e da vida de cada um. O campo do traumático se amplificou, principalmente pela utilização do corpo como palco, contorno, no qual o sujeito se enclausura e se encontra, paradoxalmente. Nesse sentido, escrever especificamente sobre a mulher se demonstra fundamental, pois seu aprisionamento biológico é fonte de angústias intensas, entremeado e interferido que está pelo discurso da medicina e pelos desígnios da cultura, que passaram a se confundir com a natureza do corpo da mulher, dele se apropriando e naturalizando aspectos e determinantes advindos da cultura. Ainda que se considere a noção de feminilidade, sobretudo depois de Freud, como uma característica ampla do humano e de suas estruturas psíquicas, bem como a perspectiva de gênero naquilo que pode, hoje, desvelar a partir de investigação mais profunda e consistente sobre a contraposição às concepções biológicas tradicionais sobre os sexos, as dificuldades que a mulher atravessa em sua especificidade de gênero são significativas e distintas e merecem ser consideradas separadamente.

Em outras palavras, trata-se de compreender como os destinos da anatomia, como dissera Freud, se entrecruzam e são interferidos por uma série de fatores externos, que tornam a vida da mulher na contemporaneidade especialmente difícil, quase impossível. Em uma versão própria da frase de Napoleão: *geografia é o destino*, Freud (1924/2010) cunhou a frase *anatomia é o destino*. Existe um corpo, o Eu é sobretudo corporal. Mas o que isso quer dizer? O exame dos conceitos de narcisismo, pulsão de morte, masoquismo e angústia apresenta, muitas vezes, um Freud oscilante, perdido entre a busca de esclarecimento sobre a fisiologia corporal e o desvendamento da dimensão psíquica, mais propriamente simbólica, do sujeito. Suas investigações conduzem-no, sem dúvida, a examinar a complexidade do entrecruzamento no qual os limites da anatomia são insuficientes não apenas para distinguir os sexos, mas para uma compreensão aprofundada de como se constitui a subjetividade, para além das determinações biológicas. Feminilidade não é sinônimo de ser mulher, é uma condição psíquica que se expressa e se forja ao longo do desenvolvimento psicossexual e, por isso, Freud necessitou se aprofundar na armadilha do sexo biológico, sem, contudo, a ela sucumbir, a meu ver.

De qualquer maneira, no caso da mulher e de sua relação com o corpo, há questões específicas que desvelam aspectos entrelaçados, que merecem ser analisados para se darem a conhecer de maneira mais clara. A vivência angustiada de perda de lugar social e afetivo, experimentada nas entranhas do corpo da mulher e a passagem do tempo que o marca nitidamente a cada etapa de vida vencida justificam a necessidade de se voltar para as determinações biológicas da mulher, que carregam em si mesmas um calendário/destino a se cumprir. *Hadassah* se viu lançada, após a morte da mãe, ao encontro de sua problemática em torno da mulher que vinha conseguindo ser *apenas com muita dificuldade*. Agora, termina por se confrontar com os limites de seu corpo atravessado por um tempo que, até certo ponto, ela não pudera perceber. Vivendo nos tempos de sua mãe, seu casamento e sua maternidade tinham sido puramente imitação, e a vida lá fora, tardiamente, apresentou-se como um duro teste, para o qual seu Eu corporal não lhe servia propriamente de sustentação.

c. Enigmas e mitos sobre o corpo da mulher

A relação da mulher com o próprio corpo traz marcas distintivas, peculiares e exclusivas ao gênero feminino? Há especificidades a serem consideradas sobre as vivências que tem a mulher sobre a passagem do tempo e as marcas impressas em seu corpo, que indicam envelhecimento e proximidade da morte? Na verdade, trata-se de compreender como as ambivalências instaladas desde o nascimento no corpo biológico/erógeno, que apontam ao mesmo tempo para a vida e para a morte, geram à mulher um custo adicional considerável na difícil administração empreendida no percurso em que ser objeto de desejo, manter-se bela, pode significar, paradoxalmente, fugir e flertar com o risco de morrer, envelhecer e perder o lugar de objeto desejado.

Segundo Serge André (1986), jamais se poderá saber o que quer uma mulher. A sabedoria ancestral apontaria para uma oscilação incontornável entre o culto da mulher como mistério, enigma, e o ódio à mulher como mistificação, mentira. Ainda assim, e justamente por isso, segue viva a investigação sobre qual é a real questão em torno da feminilidade e sobre quais bases ela se assenta, mas, ao mesmo tempo, se dissimula e se esconde. Freud terminou enfatizando, no final de sua obra, nos textos em que buscou tratar da questão da feminilidade e da sexualidade feminina, que o fato de que as considerações anatômicas parecem definitivas e definidoras não poderia ser, isoladamente, de grande ajuda para a compreensão da mulher e de sua difícil e enigmática posição feminina. Mesmo assim, penso ser importante dar um passo atrás para prestar atenção, justamente, à dimensão biológica do corpo feminino no entrecruzamento muito pouco nítido com as imposições e as distorções advindas da cultura. O que seria destino? O que seria atribuível a um determinado momento histórico e a uma dada condição cultural?

A mulher carrega, inegavelmente, uma relação bastante íntima com o desenvolvimento de seu corpo, tanto pelas fortes pressões impostas por sua *biologia* quanto pelas exigências extremamente contraditórias feitas pela cultura, que a estigmatiza como objeto *fetichizado* de desejo. Em outras palavras, um corpo-fetiche. Como afirma Pascal Ory, "o corpo humano a partir do século XX – que vai ser durante muito tempo, em primeira linha, o corpo da mulher – será submetido a um tríplice regime, cosmético, dietético e plástico" (2006/2012, p. 159).

Atravessado por essa linha temporal, o desenvolvimento do corpo feminino – menstruação (menarca, destacadamente), gravidez e menopausa – passa a ser subjugado por uma condição psíquica correlata àquela do *controle hipocondríaco do corpo*, como denominei anteriormente. Plásticas, mutilações e amputações, ao lado de anseios e atribuições do viver, advindos do início da vida sexual e amorosa, do casamento, da maternidade, das separações, da solidão e da morte, fazem da mulher uma representante do controle coletivo de seu corpo, como será possível acompanhar a seguir, podendo se converter em uma guardiã obcecada e cruel da manutenção do corpo dentro de limites impostos por seus ideais narcísicos produzidos e distorcidos pelos ideais difundidos coletivamente.

Proponho acompanhar algumas passagens e mudanças fundamentais no corpo e na vida da mulher, pois, certamente, essa condição psíquica impacta e potencializa angústias e medos. O caminho é longo e não menos complexo, mas acredito que valha a pena acompanhar as etapas "evolutivas" vividas pela mulher em seu *corpo feminino*. O que a passagem do tempo pode acarretar de aterrorizante e ameaçador, exclusivamente para a mulher?

Freud, em *A feminilidade* (1933/2010), afirma que a ciência da anatomia "ao deparar com um ser humano, a primeira distinção que faz é macho ou fêmea". Porém, ele questiona esta certeza, pois ela só poderá ser partilhada e aceita, ainda que cientificamente, até determinado ponto. De qualquer modo, há uma riqueza e uma complexidade de questões no exame mais detido desse pressuposto no qual os seres humanos são divididos e classificados pelas especificidades de seus órgãos genitais. A descrição que a ciência faz sobre o caminho que define o macho como sendo o produto sexual masculino – o espermatozoide – e seu portador e a fêmea como sendo o óvulo e o corpo que o abriga, como bem destaca Freud, necessita ser desdobrada em suas nuances, pelo que essa análise permite elucidar. Para além dessa primeira distinção binária, a influência do sexo nas formas do corpo e tecidos é inconstante e variável.[33]

Na verdade, a constituição de um discurso sistemático sobre a diferença sexual é bastante recente, a partir do século XIX. Birman (2001) sugere que sua naturalização necessita, oportunamente, ser

---

33 A esse respeito, ver o interessante trabalho de Anne Fausto-Sterling, professora de biologia na Universidade de Brown, Boston, Estados Unidos. No livro *Sexing the body: gender politics and the construction of sexuality* (2000), ela afirma que os modos europeus e norte-americanos de entender como funciona o mundo dependem em grande parte do uso de dualismos – pares de conceitos, objetos ou sistemas de crenças opostos. Discorrendo sobre essa dimensão binária, alerta para a ideologia presente na fabricação de saberes que buscam objetivar os dois sexos biológicos como absolutos e completamente definíveis.

desconstruída, ou seja, a afirmação positiva, mas não irrefutável, da existência "natural" de apenas dois sexos e, consequentemente, dois gêneros. Até meados do século XIX, por excelência, o sexo era apenas o masculino, figurado como o sexo perfeito. Não se pode deixar de constatar, como resultado, a persistência do modelo masculino na maioria absoluta da literatura da fisiologia médica para se pensar o feminino, o gênero feminino e a mulher. Vale dizer que, até início do século XIX, não se tratava propriamente de ausência absoluta da investigação sobre o corpo da mulher ou sobre suas funções reprodutoras. Os sexos, na verdade, eram concebidos de maneira hierárquica, sendo efetivamente regulados pelo sexo masculino, principal parâmetro para descrição da fisiologia e do funcionamento do corpo humano. É importante compreender que, no início do século XIX, o deslocamento do paradigma de um sexo único para o que passa a considerar os dois sexos, certamente, tem relações com mudanças e práticas sociais que não podem ser desprezadas. E quais seriam as consequências dessa mudança de paradigma?

> Da mesma maneira, o antigo paradigma do sexo único, com a postulada hierarquia entre o masculino e feminino, não se limitava apenas ao deleite contemplativo dos sábios, mas desdobrava-se também em consequências cruciais para as práticas das relações sociais entre os sexos. Já que convivemos de maneira naturalizada com o modelo da diferença sexual há duzentos anos pelo menos e, assim, perdemos de vista sua relatividade histórica, é preciso que se enuncie com clareza o que isso significa. É preciso então desnaturalizar essa questão, inscrevendo-a decididamente na temporalidade histórica (BIRMAN, 2001, p. 34).

A construção do sexo e do gênero é tão imprecisa, desde os tempos precoces da concepção, que, a meu ver, vale a pena uma retomada mais atenta de alguns aspectos da jornada de ser e se tornar mulher, acompanhando os embates travados no corpo entre sua dimensão biológica e sua inextricável relação com a cultura, a segunda natureza. Ressalve-se, uma vez mais, que toda a pesquisa e a descrição médico-científicas são inerentemente atravessadas pela perspectiva político-ideológica, como de resto se vê alterada ou influenciada qualquer produção da ciência. Esse aspecto não poderá ser desprezado no exame das questões que se pretende analisar.

Tomo, para esse fim, descrições retiradas do consagrado *Tratado de fisiologia médica*, de Guyton e Hall (2011). O objetivo é lançar luz sobre elementos que, desde as descrições propriamente fisiológicas, acabam por enfraquecer, significativamente, a tese da existência de dois sexos e, consequentemente, dois gêneros. Constata-se que outras possibilidades são facilmente desveladas, o que evidencia mais imprecisão e interferências ideológicas na construção do discurso científico sobre diferenças sexuais que se costuma considerar. Do mesmo modo, esses traços nitidamente ideológicos marcam o discurso científico na descrição fisiológica do corpo da mulher.

d. No início

Nas cinco primeiras semanas de gestação, as gônadas femininas e masculinas são indiferenciadas e "indiferenciáveis", e seus tratos genitais sequer se formaram. A masculinidade e a feminilidade finais dos indivíduos, estritamente do ponto de vista biológico, são constituídas de maneira bem mais complexa do que se acredita correntemente. Elas serão, finalmente, caracterizadas em termos de diferenças apenas a partir do cumprimento de três etapas, duas das

242 A MULHER, A FEMINILIDADE E O GÊNERO FEMININO

quais delicadas, sutis e nem sempre tão precisas em seus resultados, principalmente se consideradas as condições específicas de cada sujeito, em sua inescapável singularidade. São elas: sexo genético (genótipo), sexo gonadal (gônadas) e sexo genital (fenótipo).

A primeira é aquela que diz respeito, mais propriamente, à constituição originária do embrião, os cromossomos herdados XX ou XY. Para além das mutações ou das distorções, são as possibilidades herdadas – como se verá a seguir, mais tendências e disposições que definições prévias. Destaque-se que sua função se restringe à determinação *apenas na origem* da diferenciação dos sexos: feminino ou masculino, *potencialmente*.

Ainda biologicamente, as duas etapas seguintes serão essenciais até que a distinção sexual fisiológica se complete. A segunda etapa ocorre entre o 22º e o 24º dias de gestação, quando se inicia a formação das gônadas do feto, manifestando-se, ao mesmo tempo, a capacidade do ovário primitivo de sintetizar hormônios estrogênicos e a dos testículos de fazer a síntese de testosterona.

Observa-se, assim, o início da terceira etapa, ou seja, a distinção dos ductos genitais e da genitália externa, que dependerá completamente da presença ou da ausência de hormônios. O princípio orientador estabelece que *influências hormonais positivas* originadas na própria gônada produzem a genitália masculina e que, na *ausência de qualquer influxo hormonal*, forma-se a genitália feminina. Nas mulheres, pela ausência de hormônios, os ductos genitais já formados indistintamente em fase primitiva da gestação regridem pela falta de testosterona, formando-se, a partir desses tecidos primordiais remanescentes, o clitóris e os órgãos genitais femininos como um todo. As gônadas femininas, uma vez formadas sem a presença de hormônios masculinos, apenas posteriormente passam a secretar os hormônios estrogênicos fundamentais para a formação da vagina e o desenvolvimento completo de ovários, útero e mamas.

Pode-se sugerir, de um lado, que a compreensão de existirem apenas dois sexos biológicos, ensejadores de dois gêneros da espécie humana, é bastante parcial e insatisfatória, uma vez que caberia supor a existência de múltiplas e indefinidas possibilidades para esta trajetória constitucional. Ainda que seja binária em sua origem, ela depende e também se encontra determinada pela quantidade de produção e de distribuição dos influxos hormonais no corpo. De outro, questão que me interessa na presente reflexão, estão as peculiaridades do corpo da mulher em sua constituição, em consequência desses desdobramentos.

Em um breve exercício de imaginação, pergunto quais seriam as consequências da baixa presença de testosterona na constituição do genital masculino e nas características gerais do corpo consideradas masculinas nos indivíduos portadores dos cromossomos XY. Ao contrário, o que poderia gerar para a constituição da genitália feminina e as características do corpo consideradas femininas, em indivíduos portadores de cromossomos XX, a presença imprevista de testosterona? Cabe, no mínimo, sugerir uma investigação mais cuidadosa e minuciosa acerca dessa diversidade de possibilidades na questão dos sexos e dos gêneros, que pode se apresentar bastante precocemente na vida dos sujeitos desde a origem.

Não estou defendendo aqui, cabe alertar, a prevalência da determinação genética nos infinitos caminhos de constituição dos sujeitos sexuados. Trata-se apenas de colocar em questão a perspectiva binária defendida pelos saberes instituídos por medicina, fisiologia e biologia, cujas imprecisões parecem ser mais evidentes do que se permite apreender, uma vez que ainda persiste e se revela a mesma hierarquia descrita por Birman como determinante do antigo modelo do *sexo único*.

Ainda do ponto de vista fisiológico, as funções e as produções dos hormônios sexuais, e não apenas eles, dependerão, posteriormente, de outros hormônios produzidos pela glândula da hipófise e pelo hipotálamo, o que aumenta em progressão geométrica a complexidade do sistema hormonal como um todo e as possibilidades de interferências internas e externas nos caminhos pelos quais o corpo vive, se desenvolve, encontra saúde ou adoece e envelhece.

Volto ao corpo da mulher. Ressalto, do discurso científico anteriormente mencionado, a marca da negatividade na compreensão da constituição de sua feminilidade. Há uma ausência que o inaugura e cabe indagar as peculiaridades e especificidades dessa condição. Valeria, da mesma forma, questionar até que ponto essa concepção de negatividade na formação do corpo da mulher não se encontra sobrecarregada pela impronta cultural e ideológica, uma vez que a utilização de termos como regressão e involução são escolhas dos sujeitos no exame dos fenômenos observados.

Se há uma base fisiológica inicialmente comum aos dois sexos, por que não descrever que a *evolução* dos órgãos sexuais apenas toma caminhos diversos em cada caso? Bem se poderia explicitar essas etapas, levando-se em conta também a atividade e a positividade necessárias aos movimentos que desenham as gônadas e os genitais, em qualquer caso.

e. A percepção da diferença anatômica dos sexos

Em *A feminilidade* (1933/2010), Freud afirma que a constituição do desenvolvimento sexual feminino não se ajusta à sua função sem alguma relutância. Note-se que ele parte, obviamente, do parâmetro positivo descrito acima para examinar a sexualidade, ou seja, da sexualidade masculina. Fisiologicamente, vale ressaltar, a sexualidade feminina origina-se de uma falta. Falta de um pênis que "involuiu" para um clitóris em consequência da ausência da testosterona. Freud, ao longo de todo o texto, vai evidentemente buscar desconstruir esses saberes, ao se interrogar sobre os caminhos que toma a menina até tornar-se mulher. Não se pode dizer que a concepção freudiana não abriu caminhos para a compreensão da mulher em suas diferenças e suas especificidades. Porém, como se sabe, sofreu intensa influência do positivismo do século XIX, sobre o qual ainda pesava fortemente o paradigma do *sexo único, o sexo masculino*. O texto está carregado dessas marcas ideológicas, embora se possa encontrar ao mesmo tempo, em Freud, movimentos valiosos na abertura de uma discussão sobre sexualidade e gênero, a meu ver, sem precedentes.

Anteriormente, em *Algumas consequências psíquicas da diferença anatômica entre os sexos* (1925/2010a), Freud deixara claro que, ao examinar as primeiras configurações psíquicas da vida sexual, seu objeto havia sido a criança do sexo masculino, o garoto pequeno. Porém, o complexo de Édipo da menina apresentava problemas de maior complexidade, impulsionando a investigação para tempos mais primários, o que o levou, finalmente, a ressignificar a sexualidade mesma dos garotos, que ele havia julgado, de modo ainda parcial, mais simples e direta. Segundo ele, ao obter algum conhecimento da pré-história do complexo de Édipo da menina, evidenciou-se que o período correspondente no garoto era ainda bastante desconhecido.

> *Em tais juízos não nos deixaremos influenciar pela contestação dos partidários do feminismo, que desejam nos impor uma total equiparação e equivalência dos sexos, mas admitiremos de bom grado que também a maioria dos homens fica muito atrás do ideal masculino e que todos os indivíduos, graças à disposição bissexual e à herança genética cruzada, reúnem em si caracteres masculinos e femininos, de modo que a masculinidade e a*

feminilidade puras permanecem construções teóricas de conteúdo incerto (FREUD, 1925/2010a, p. 298).

Evidente que a fidelidade de Freud aos pressupostos da ciência médica e às descrições fisiológicas e anatômicas não significa para ele limites intransponíveis. Embora não os questione, escolhe deles se valer para introduzir a tensão inerente ao fato de que a construção psíquica e cultural dos dois sexos atende a fatores muito mais complexos, pois, desde a origem, a bissexualidade não permitiria a distinção completamente nítida entre o sexo feminino e o masculino. Essas contradições ainda se apresentam vivamente nos textos mais importantes que escreveu sobre a mulher e a feminilidade (FREUD, 1939/2010, 1933/2010). Desse modo, o clitóris, por exemplo, tomado como órgão rudimentar, representante de um pênis que *involuiu*, vai ser assim considerado por ele do começo ao fim do texto, inclusive quando, em suas conclusões, segue a reafirmar quais seriam as saídas mais nobres da mulher no seu encontro com a feminilidade. No entanto, a falta de um atributo físico vai, gradualmente, se evidenciando como falta simbólica. Questões até então absolutamente cristalizadas são analisadas desvendando a cultura *falocêntrica*, de cujos efeitos, certamente, ele próprio não escapava.

As mudanças necessárias e decisivas pelas quais a menina passa até se tornar mulher, defende Freud, serão encaminhadas ou realizadas, principalmente, antes da puberdade. Traçando comparação com o desenvolvimento dos meninos, ele diz que a evolução da menina pequena para uma *mulher normal* é, no entanto, bem mais difícil e complicada. Curiosamente, para ele, os dois sexos pareciam atravessar da mesma forma as primeiras fases de desenvolvimento da libido, mas seria na fase fálica que as diferenças entre os sexos, ao contrário do que se poderia supor, de início recuariam

completamente diante das semelhanças, para, apenas posteriormente, se apresentarem irrevogavelmente. "A garota pequena é um
pequeno homem" (FREUD, 1933/2010a, p. 271). Assim, a mulher
tem a primeira fase de masturbação infantil pela descoberta de
seus clitóris, ou seu pequeno e atrofiado pênis, sendo a vagina ainda
inerte em sua capacidade de sinalizar sua existência e se colocar
como um órgão sensível para a menina.

Para além das questões propriamente edípicas e da dupla troca
de objeto amoroso, descrita por ele como necessária na trajetória de
tornar-se mulher, gostaria, por ora, de dar destaque ao que se circunscreve às sensações e às vivências que a menina pode vir a ter
em relação a seu corpo. A menina constata que lhe falta um pênis,
esse é um fato incontestável, mas a relação com o clitóris como um
órgão primitivo, a ser abandonado e substituído pela vagina como
única maneira de aceder à feminilidade, é um ponto de inflexão
que, ainda hoje, merece ser melhor analisado e desarticulado. As mulheres vivem o clitóris como incipiência de um pênis? Ou o clitóris
faz parte e complementa as sensações vaginais e a sexualidade feminina ao longo da vida?

As concepções freudianas acerca da feminilidade, das possibilidades e das escolhas da mulher em sua vida sexual e amorosa foram
e são objeto de muitas controvérsias, mas destaco que as intensas
discussão e oposição do movimento feminista a elas já haviam sido
antevistas por Freud e mencionadas no texto de 1933. As feministas
julgaram duramente o ponto de vista freudiano, defenderam que
ele fosse descartado, pois era *lixo* puramente ideológico e machista.
Contudo, a questão a ser considerada, a meu ver, refere-se principalmente ao fato de que Freud, ao mesmo tempo, discorre sobre os
efeitos que a falta, ainda que forjada culturalmente, produz na relação que a mulher tem com seu corpo/fetiche, o corpo que ela visa
aperfeiçoar como fetiche para si mesma e para os outros. Ainda que
supostamente imperfeito na origem, o que se observa é que a falta

simbólica é ressignificada também no nível do corpo feminino, que deverá ser, principalmente, belo e desejável em sua vida adulta.

Fiel à sua concepção de um corpo erógeno, Freud examinou a relação que a menina tem com a falta de um pênis, não somente pelo óbvio exame das diferenças anatômicas entre os sexos, tão comuns entre crianças de três a cinco anos, mas, sobretudo, pela falta simbólica do pênis/falo. Obviamente, a falta do pênis lhe é apontada a partir de uma narrativa também construída nas entranhas ideológicas das condições culturais.

f. A menarca e a maturidade reprodutora do corpo feminino

Ainda de acordo com o *Tratado de fisiologia médica*, de Guyton e Hall (2011), no caso específico da mulher, a produção hormonal é significativamente interferida pelas emoções. Pois os hormônios foliculares e luteinizantes sintetizados pelo par hipotálamo/hipófise dependem também de condições de vida e estados emocionais, vistos também circularmente como decorrentes da própria evolução e do ciclo das produções hormonais. Esses hormônios são responsáveis por regulação do crescimento, desenvolvimento, puberdade, reprodução e secreção de hormônios específicos. Sua produção pode ser afetada por vários fatores, inclusive as substâncias isoladas e descritas pela neurofisiologia, como dopamina, serotonina, noradrenalina, endorfina, entre outras, que sofrem também interferência das condições ambientais (os chamados estressores psicossociais), em relação à quantidade produzida de cada uma dessas substâncias nos casos específicos. Em relação a esse aspecto, mesmo as publicações ditas científicas parecem percorrer terrenos pantanosos, nebulosos, sobretudo no que diz respeito a hormônios produzidos pela mulher. Uma vez que a meta pretendida é a descrição puramente fisiológica, as ambiguidades surgem, a meu ver, porque o exame detido das produções hormonais do corpo da mulher aponta imediatamente para um entrelaçamento bastante familiar aos psicanalistas, naquilo que remetem à noção de corpo erógeno, à elevação da condição puramente biológica para a *segunda natureza* (FREUD, 1927/2010). A presença da dimensão psíquica e toda a impronta cultural também dela determinante são contribuições que a psicanálise, inegavelmente, introduziu no campo, pondo em questão toda e qualquer pretensão de se alcançar isenção e objetividade em relação ao discurso médico e fisiológico sobre o corpo da mulher.

Ao mesmo tempo, apesar das marcas da dimensão biológica em seu corpo, também determinantes da construção e da desconstrução de sua feminilidade, paradoxalmente, a mulher desvela, nesse entrecruzamento, os emaranhados simbólicos presentes na noção de feminilidade. Seu modo de exercer *atividade por meio da passividade* sempre intrigou Freud. Distinguindo o sexo feminino das características centrais de feminilidade, ele compreende a passividade como constitutiva do psiquismo. E não apenas do sexo feminino. Em outras palavras, mulher, feminilidade e passividade são noções distinguíveis entre si.

> *Quanto mais nos afastarmos do estrito âmbito sexual, mais nítido ficará esse erro de superposição. As mulheres podem despender grande atividade em diferentes áreas, e os homens não podem conviver com seus iguais se não desenvolverem um alto grau de passiva docilidade. Se vocês agora disserem que esses fatos demonstrariam justamente que tanto os homens como as mulheres são bissexuais no sentido psicológico, concluirei apenas fazendo "ativo" coincidir com "masculino" e "passivo" com*

"feminino". Mas aconselho que não o façam. Parece-me inapropriado e nada acrescenta ao que sabemos (FREUD, 1933/2010, p. 267).

No parágrafo que encerra o texto, Freud admite que o que tinha a dizer sobre a feminilidade é incompleto e fragmentário e nem sempre parece amigável. Contudo, justifica que seus limites de investigação foram determinados pela função sexual, sendo que a mulher é um ser humano em outros aspectos, o que obrigaria ao prosseguimento das reflexões. Nesse sentido, escolho examinar a complexidade desses limites decorrentes da função sexual, buscando questionar, mais precisamente, a ideia de determinação advinda dessas mesmas funções, separando-as dos aprisionamentos culturais interferentes das condições amplas de existência da mulher.

O tempo passa. A primeira menstruação avisa para a menina a chegada da suposta maturidade reprodutora de seu corpo, sinalizando as principais mudanças fisiológicas *silenciosas* que já vinham ocorrendo no período que antecede a menarca. Contudo, o sinal advindo do sangramento, provocado pela descamação epitelial da parede do útero, novamente surge de uma ausência: ausência da fecundação, não instalação da vida e morte do óvulo. O sinal assustador é o sangramento, perda de sangue, muitas vezes, vivida como ameaçadora e geradora de angústia. A não distinção entre a dimensão cultural e sua influência sobre as marcas que essas experiências vividas no corpo imprimem no psiquismo da mulher é fundamental. Que efeitos resultariam desta simultaneidade entre ingresso na vida sexual, capacidade de gerar a vida e ameaça de morte, seja pela não instalação da vida ou pela morte direta do óvulo?

A relação entre a menstruação e suas significações nas mais diversas culturas se apresenta como fonte inesgotável para o exame das ideias que venho desenvolvendo. Cito uma lenda indígena, entre inúmeras.[34] O grupo indígena Karajá, que habita a bacia do Rio Araguaia, possui uma lenda bastante interessante e impressionante que associa o ciclo menstrual da mulher à piranha vermelha. Segundo essa lenda, a menstruação ocorre quando esse peixe agressivo se agita no útero da mulher e a fere mortalmente, uma vez que ou mata seus bebês ou a mataria aos poucos, regular e mensalmente. Em várias culturas africanas e também asiáticas, as mulheres são consideradas impuras durante o período menstrual. Espiritualmente impuras ou seres diabólicos, *portadoras de desejos pecaminosos e da morte*.

A passagem do tempo é, assim, desde muito cedo, vivida como ameaçadora, também e principalmente na literalidade do corpo. Ironicamente, reedita-se na mulher a insegurança e o desamparo vividos na primeira infância, com a consequente busca por ser amada, enquanto se vive uma profunda angústia e um temor diante das mudanças corporais. Se a vivência, ou a narrativa sobre ela, das distinções anatômicas pela menininha produz feridas narcísicas, impondo consequências importantes ao seu desenvolvimento psíquico, a menarca alerta para a adolescente a respeito de uma duplicidade inescapável, como se verá adiante. As *cólicas menstruais* que podem aparecer com frequência, principalmente no início da vida reprodutiva da mulher, e as alterações dolorosas provocadas pelo aumento das mamas e pela retenção excessiva de líquidos tornam a mulher, na maioria das vezes, amedrontada, insegura, revivendo e ressignificando a relação intensamente conflituosa com sua aparência e seu corpo. Relação que pode perdurar durante toda sua vida, destaque-se.

Vale repetir, para além das contraposições e dos questionamentos ao discurso freudiano sobre *a feminilidade*, que Freud não deixa de todo modo de denunciar, inclusive a partir de sua própria

---

34 Lenda extraída de Ricardo (1996/2000).

condição de homem que viveu nos séculos XIX e XX, a trama cultural, a organização das sociedades ocidentais e o lugar ocupado pelas mulheres em sua contemporaneidade. Penso que Freud, datado e determinado que era pelo seu tempo, explicita, em suas tentativas de explicar o funcionamento psíquico da mulher de modo universal, o entrecruzamento de questões, que passam pela avaliação e pela produção de estigmas em relação à mulher e a seu corpo, construídas por uma cultura sabidamente *falocêntrica*.

Como nos propõe Birman (2001), a leitura crítica dessas ambiguidades e desses paradoxos na obra de Freud é fundamental, pois a sexualidade feminina – *a feminilidade* – fundada na figura do falo e forjada como sua negatividade nos possibilitaria, justamente, desvelar as contradições e os paradoxos presentes na condição da mulher. Os marcadores temporais, a meu ver, são importantes vias de acesso ao exame profundo acerca da relação da mulher com o corpo/objeto de amor/desejo.

Quando da chegada da primeira menstruação na mulher, se intensifica na menina uma profunda angústia de caráter sobretudo narcísico, uma vez que a dança dos hormônios em seu corpo provoca desorganização e desequilíbrio suficientes para levar à fragmentação do Eu, como nos alertaram Laplanche e Pontalis (1985). Chegou o tempo de a *menina virar moça*. Mas a transição que será vivida na literalidade de seu corpo remete, mais propriamente, a uma quebra de seus ideais narcísicos e da consequente perda do amor parental como havia sido vivido até então.

A infância da mulher repentinamente termina quando ela flagra um movimento corporal que, nas mais diversas culturas, a obriga a abandonar as brincadeiras infantis e se aproximar de responsabilidades frente a seu próprio corpo e às estruturas sociais. São os temores e as angústias da *moça*. Sua entrada na vida reprodutiva é marcada por inúmeros alertas ambíguos advindos de seu próprio corpo, inscritos nos matizes culturais, em torno da condição de engravidar, de se tornar mãe. De um lado, o forte afluxo hormonal provoca *desordem* jamais vivida no registro do corpo, cuja função é transformá-lo em suporte do desejo sexual até então reprimido. De outro, as angústias são reativadas pela intensificação dos mecanismos repressivos internos, pois eles são potencialmente aumentados pelos atravessamentos das narrativas sociais, em geral, repressoras e amedrontadoras.

Paradoxalmente, junto com a pressão evidente para crescer e amadurecer, a menina sofre significativa diminuição ou total parada do crescimento físico. Na mulher, o conhecido estirão de crescimento ocorre durante sua passagem, em geral sorrateira e silenciosa, para a puberdade, cujas mudanças no corpo, que já se faziam presentes, são percebidas com nitidez e impacto apenas durante e após a primeira menstruação. O corpo da mulher, com seu crescimento consideravelmente desacelerado, e muito frequentemente com significativo ganho de peso, é visto como um corpo disforme e desprovido de beleza. Se a menininha, a partir da tomada de consciência das distinções anatômicas do sexo em sua travessia pelo complexo de Édipo, passa a se envergonhar e cobrir o corpo, apresenta movimento semelhante no período que se segue à primeira menstruação. Em geral, as adolescentes não identificam nitidamente em seu corpo, e muito menos em sua aparência, o passaporte para ingressar na chamada vida amorosa, sexual e reprodutiva, enquanto devem abandonar, não sem dor e sentimentos de perda, as ancoragens narcísicas infantis que eram garantidas pelo amor parental.

Com as mudanças ocorridas nas culturas ocidentais, que acarretaram o abandono das tratativas familiares e sociais que serviam para arranjar e garantir o casamento, a responsabilidade e o poder de seduzir os parceiros passaram a ser deixados para a mulher, que se viu submetida à confrontação de seus ideais e suas possibilidades singulares com os ideais preconizados coletivamente.[35] Momento de extrema fragilidade psíquica advinda, principalmente, das alterações de seu corpo e das novas exigências sociais, a mulher poderá viver angústia intensa, que resulta em uma desagregação psíquica sem precedentes. A tomada de consciência da impronta cultural é irreversível, vivida muito intimamente pelo controle de seus movimentos corporais.

A mulher se dá conta, então, de que seu corpo passa a ser, de forma organizada, um corpo administrado coletivamente. Engravidar é uma questão muito menos individual ou até mesmo familiar. Trata-se de uma questão coletiva, social. Engravidar é uma questão de Estado, com letra maiúscula. Jean-Jacques Courtine (2006/2012) cita Primo Levi: "Meu corpo não é mais meu corpo", para defender a ideia de que a pergunta válida, ainda nos dias de hoje, em pleno século XXI, é: "Meu corpo será sempre meu corpo?". No caso das mulheres, essa pergunta se desvela, paradoxalmente, a partir do sinal mais íntimo que podem receber, seu primeiro sangramento menstrual. A pergunta vem desdobrada em outras duas: para que serve meu corpo? Para quem serve meu corpo?

Birman (2001) afirma que a formulação inaugural de Freud sobre o valor e a importância das mulheres na construção da civilização vem do fato de que, apesar dos efeitos mórbidos do processo de modernização social sobre as mulheres, como a repressão sexual, estas não deixariam de ser agentes fundamentais na realização deste próprio projeto. A meu ver, as marcas geradas pelo contexto da reprodução biológica empurram as jovens mulheres para a necessidade da revisão dos costumes e, de certo modo, toda jovem passa

---

35 Evidentemente, esses novos arranjos atingem não apenas as mulheres, impactando os homens de maneira complementar, aprisionando-os também em modos de funcionamento estereotipados, que merecem ser analisados separadamente, a meu ver.

a se questionar, e também ao outro, sobre os limites de suas contingências biológicas, impostos, sobretudo, pela ideologia.

A seguir, tratarei da questão da maternidade especificamente, mas, agora, cabe destacar que a preparação da mulher, a partir da primeira menstruação, para o desenvolvimento de seu *dom* para a maternidade responde às exigências das modalidades de inserção da mulher no campo social, como se suas faculdades morais estivessem efetivamente definidas por suas potencialidades naturais (BIRMAN, 2001). O suposto amadurecimento sexual da mulher chega, assim, envolto em inúmeras contradições e ambiguidades, vividas no registro de seu corpo. Potencialmente reprodutora, a mulher precisa atravessar toda a sua adolescência reorganizando-se narcisicamente, em busca do amor e da confluência de sua vida sexual *desejante*, para fins de reprodução. O casamento e a família seguem sendo as instituições necessárias a serem alcançadas pela mulher, o que explica, em parte, as controvérsias e as polêmicas em torno da discussão sobre a descriminalização do aborto, por exemplo. Assim como fizeram as feministas no início do século XX, as mulheres seguem lutando para reafirmar que *o corpo é nosso, é de cada uma de nós*.

Há algum tempo, ouvi de uma jovem adolescente no meio de uma grave crise de anorexia: "Era muito mais feliz quando brincava na rua misturada entre os moleques e ninguém dava muita bola para mim. Depois que menstruei, tudo mudou, mais para o mal que para o bem".

g. Gestação da vida

Como se sabe, após o exame das passagens edípicas da menina, renúncia ao gozo clitoridiano e troca de objeto amoroso, Freud caracteriza como saída nobre para a mulher, na ascensão à feminilidade, o *dom* para a maternidade. Como afirma Birman (2001), se esse atributo da mulher foi reconhecido de bom grado e sempre foi a fonte maior de seu poder no imaginário coletivo, na modernidade, tornou-se o caminho preferencial pelo qual se procurou, também, limitar o anseio das mulheres por outros poderes e lugares no espaço social. A finalidade biológica/ideológica do corpo da mulher seria a gestação e a maternidade, algo da ordem do *movimento instintual da mulher*. Obviamente, é questionável e culturalmente influenciada a concepção que naturaliza a maternidade como função social da mulher e circunscreve seus limites de existência em torno de seus ciclos biológicos, a saber, a possibilidade de engravidar e a capacidade de se tornar mãe. No entanto, o exame da relação da mulher com o corpo em sua dimensão biológica, os ciclos, os tempos, é fundamental justamente por essa apropriação ideológica: a gravidez e os traumas que impactam o corpo feminino, vividos e significados psiquicamente de modo indissociável da impronta cultural.

Se a menstruação denuncia a falta da fecundação e o descarte do óvulo não fecundado, ao contrário, quando um único espermatozoide atravessa a membrana do óvulo carregando consigo 23 cromossomos não pareados, imediatamente, se inicia o processo de multiplicação celular, a formação do embrião e do feto. *A mulher está grávida*. Aqui, mais uma vez, os hormônios desempenham papel de grande importância, uma vez que, após a formação da placenta, o corpo da mulher recebe quantidade dez a trinta vezes superior de estrogênio e de progesterona, além dos hormônios específicos do estado gravídico.

A gravidez tem um efeito *bombástico* sobre o corpo da mulher. Alguns exemplos:

- o corpo acelera seu metabolismo em até 25%;
- os ritmos cardíaco e respiratório aceleram até 50%;

- as fibras musculares do útero ficam mais espessas, passando a pressionar a bexiga e aumentando a vontade de urinar;
- o tamanho e o peso dos seios aumentam rapidamente e estes se tornam dolorosamente sensíveis;
- as auréolas dos seios escurecem e se tornam salientes;
- a musculatura do trato intestinal relaxa, provocando lentidão do ritmo e do funcionamento, podendo gerar crises agudas de hemorroidas;
- a pigmentação da pele tende a aumentar e se desorganizar gerando manchas, sardas, pintas e a chamada *linea nigra*, que atravessa verticalmente o abdome;
- as gengivas podem se tornar esponjosas e apresentar sangramentos frequentes;
- o refluxo do esôfago provoca azias em virtude do relaxamento do esfíncter do estômago;
- o coração trabalha duas vezes mais que o da mulher não grávida porque os órgãos necessitam do dobro do sangue para funcionar, principalmente os rins;
- no terceiro trimestre da gestação, o bebê em crescimento pronunciado pressiona e restringe o diafragma, causando forte sensação de falta de ar e insuficiência respiratória;
- a caixa torácica é bastante alterada com significativa abertura das costelas;
- os ligamentos das pernas, da pélvis e dos quadris ficam distendidos, causando dificuldades no caminhar;
- mãos e pés podem apresentar inchaços dolorosos.

Esses são apenas alguns dos exemplos pinçados de uma enormidade de fenômenos descritos exaustivamente pela fisiologia médica, especificamente o tratado de fisiologia anteriormente mencionado, de Guyton e Hall (2011). Chamam a atenção os altos riscos que corre a mulher grávida e também seu bebê no paradoxal percurso de gerar a vida e, ao mesmo tempo, *flertar* com a morte. Os ajustes corporais são violentos para a mulher e as chances de a empreitada fracassar são tantas e tão significativas que a expressão *milagre da vida*, correntemente utilizada para descrever a gestação e o parto bem-sucedidos de um bebê, não é um mero clichê. Após o parto, e durante o puerpério, caberá à mulher lidar com os efeitos sobrantes deixados pela gravidez sobre seu corpo. Em tempos de pressão social para a retomada quase imediata da vida produtiva no mundo do trabalho, a mulher não dispõe sequer da possibilidade de se recuperar a contento. Muito rapidamente, espera-se que ela recupere o corpo que tinha antes de engravidar – tarefa sabidamente impossível – e retome o pagamento do *pedágio* de sua circulação na esfera pública, ou seja, o corpo como objeto-fetiche.

Em torno da cruzada de ser mãe, articulam-se todos os significantes de heroísmo, que, como bem afirma Birman (2001), até meados do século passado, garantiram à mulher o poder no espaço privado, enquanto ao homem era destinado o poder no espaço público. Ser mãe completava a mulher e lhe garantia um lugar social definido e de destaque, originado de seu vínculo com a natureza e de seu poder no espaço familiar e privado. Contudo, será preciso considerar as implicações das condições sociais contemporâneas, pois algumas variáveis se colocaram atualmente à mulher, tornando a sua situação muito mais difícil e custosa em meio à luta por igualdade de direitos e participação social. O espaço público e o mundo do trabalho foram conquistados, mas, para além de toda a complexidade da trama social e psíquica tecida em torno da mãe trabalhadora, resta para a mulher uma enorme conta vivida e cobrada pelo e para seu corpo a partir dos efeitos e/ou das sequelas que passa a carregar.

Tomo, aqui, algumas narrativas sobre maternidade, gravidez e puerpério facilmente encontradas no senso comum, muitas das quais se sustentam na banalização do saber médico, a fim de destacar a maneira como a angústia dessa travessia marca a mulher. O que se observa é que são narrativas que alcançam o estatuto de imperativos a serem obedecidos na vida administrada dos dias atuais.

1. Toda mulher tem o *dom* da maternidade, que, como tal, não pode ser negada ou evitada. As que pensam que não querem ser mães apenas não se encontraram ainda com esse *dom*, que, contraditoriamente, sendo dado, não necessitaria da presença de seu próprio desejo de engravidar e ser mãe.

2. A vida reprodutiva da mulher tem um tempo a ser administrado, o tempo biológico, o tempo vivido nos limites do corpo. Nos últimos trinta anos, com o avanço das ciências médicas, esse limite foi estendido para alguma idade em torno dos quarenta anos. Sendo assim, dos trinta aos quarenta anos a mulher é alertada pelo médico, e também pelo seu entorno, que seu cronômetro está em contagem regressiva.

3. A vida produtiva da mulher é completamente conciliável com a maternidade. Toda mulher deve se adaptar à dupla jornada de trabalho como algo natural e dela esperado. Muitas conseguem e passaram por isso. É possível.

4. Não se pode engordar para além dos limites definidos pela medicina (em geral, nove quilos), sob pena de desfiguração do corpo desejável, para fins de manutenção da imagem previamente estabelecida como a mais adequada para a sequência de sua vida produtiva, também de sua vida amorosa e sexual.

5. Após o parto e o decorrente nascimento do bebê, a retomada da vida produtiva e de uma aparência livre e *isenta* de sinais da maternidade é o ideal a ser firmemente perseguido. Lembro, aqui, a história recente de uma cantora de

música popular brasileira que reapareceu publicamente um mês após o parto com o corpo totalmente *recuperado e restaurado*. O que fazer com os sinais e as sequelas deixados no corpo depois do parto e do puerpério?

Anne Marie Moulin (2006/2012) afirma que o corpo no século XX sofreu intervenção crescente da medicina, que passou a enquadrar os acontecimentos comuns da vida, deslocando os prazos e multiplicando as possibilidades. Impressiona a ampliação do tempo, no caso da maternidade e das possibilidades de a mulher se tornar mãe cada vez mais velha. Sem dúvida, em resposta às também crescentes necessidades da mulher em fazer frente às exigências de sua vida produtiva, o progresso da medicina apresentou alternativas valiosas, a ponto de as gerações de mulheres, desde a segunda metade do século XX, decidirem pela maternidade, gradualmente, cada vez mais tarde. Hoje, é comum encontrar mulheres primigestas com idade em torno de quarenta anos, período em que a maioria das mulheres começa a se ocupar mais praticamente das questões que envolvem a decisão de tornar-se mãe, embora, certamente, essa tenha sido uma de suas principais preocupações na década anterior.

Apesar disso, a atenção dada à maternidade acaba por determinar que as mulheres sejam controladas desde muito cedo por uma rede de prescrições médicas. O corpo feminino é, em primeiro lugar, para os médicos, um corpo grávido que se deve conduzir até o parto seguro e, depois, colocar a serviço do bebê. Segundo Anne-Marie Sohn (2006/2012), desde o início do século XX, o objetivo central da medicina, e dos médicos na linha de frente, era a proteção materna e infantil. Os médicos tinham o dever de combater o aborto e impor aleitamento, de preferência à mamadeira. Começavam, também, os primeiros tratamentos contra a infertilidade e também o desenvolvimento dos contraceptivos, cujo alvo, desde o início, era unicamente as mulheres. Nesse sentido, desde que a pílula foi legalizada – nos Estados Unidos em 1957 e na França em 1967 –, as mulheres passaram a sofrer um acompanhamento médico muito mais rigoroso que antes.

É interessante observar que, no caso das mulheres, o progresso da medicina trouxe benefícios inegáveis do ponto de vista da liberação sexual, dos avanços do feminismo e da entrada da mulher no mundo do trabalho. Paradoxalmente, o controle sobre o corpo da mulher foi intensificado. O acompanhamento ocasional obstétrico foi substituído por uma gestão que dura toda a vida, da contracepção ao aborto, passando pelo completo enquadramento do corpo feminino durante a gravidez e chegando aos tratamentos hormonais de substituição, como se verá a seguir.

As passagens do tempo e seus períodos de estrangulamento e transição, como venho defendendo até aqui, são, atualmente, marcas de controle sustentadas pela cooptação evidente e assustadora da mulher – sobretudo de seu corpo – na perseguição de ideais coletivos, sendo que esse percurso se sustenta nos próprios ideais narcisistas de ser amada e de pertencer a grupos, ativados em substituição às perdas amorosas edípicas. A armadilha montada é que a ampliação de possibilidades na vida da mulher, ainda hoje, conflui ou deve confluir para o momento em que ela deverá assumir suas funções sociais em relação à maternidade. Esse conflito é gerador de intensa angústia, pois, ainda hoje, não se aceita facilmente que uma mulher decida não ser mãe. Além disso, a mulher de quarenta anos, ou mais, que decida ser mãe precisará lidar com as marcas deixadas em seu corpo pela gravidez tardia, acrescidas das baixas de sua produção hormonal que estarão logo mais ali, à espreita.

É possível sugerir que os efeitos do acompanhamento meticuloso sobre o corpo da mulher ao longo da vida geram sintomas e distorções patológicas. Uma espécie de *hipocondria ampliada*, como mencionei anteriormente, pois a necessidade de garantir a manutenção da aparência e a imagem ideais em cada etapa é o substrato inevitável do discurso da medicina, em nome dos objetivos de manutenção da saúde e da qualidade de vida da mulher.

O exercício que venho fazendo aqui não é tarefa fácil, pois a tentativa de desvendar quais são os custos e as perdas da mulher como pagamento de tantos cuidados não costuma ser muito bem recebida. Claro está, não se trata de recusar ou rejeitar os avanços da medicina, mas é fundamental a explicitação dos contextos cultural e ideológico nos quais eles são desenvolvidos. A liberdade sexual e a entrada da mulher no mundo do trabalho apresentam uma conta que vai sendo debitada tanto no nível de seu corpo quanto nas suas dimensões psíquicas.

h. Menopausa e perda da fertilidade

Como se pode acompanhar, as etapas fisiológicas pelas quais o corpo da mulher passa e a vivência constante da relação ambivalente entre a vida e a morte soam como trombetas que anunciam, em volume gradualmente mais alto e estridente, a presença do envelhecimento. Entre a dimensão biológica e as condições culturais, a tentativa de dominação da mulher a partir dos limites impostos por seu corpo pode ser facilmente aferida. Não por acaso, o público feminino é o alvo preferencial da chamada indústria da beleza. Sohn (2006/2012) afirma que os corpos são portadores de valores, lugares de poder, em especial o corpo das mulheres, que se converteu em *forte trunfo de gestão e controle coletivo*.

Segundo essa autora, não se pode dizer que as mulheres não saíram ganhando com esses avanços da medicina e suas armas de gestão sobre o corpo, pois passaram a controlar a própria fertilidade e tiveram acesso ao prazer sem escândalo. Contudo, as mulheres, no entrecruzamento entre a busca da vida amorosa e da maternidade e os apelos da emancipação sexual, se colocaram *mais passivamente responsivas aos avanços masculinos que a solicitá-los*. Nesse sentido, acabaram por se submeter ao desenvolvimento das ciências e da medicina na tentativa de se manter em condição de seduzir, fazendo de seu corpo um instrumento a ser manipulado a fim de incrementar sua eficácia e seu poder de sedução.

> *Emancipação sexual e igualdade dos sexos não rimam ainda senão imperfeitamente. Deste modo, convém ler também a dinâmica dos corpos sexuados perpassando de um extremo ao outro as relações sociais de sexo (SOHN, 2006/2012).*

Chega o tempo da menopausa, momento que melhor expressa a afirmação anterior. A marcação do tempo no corpo da mulher se apresenta mais uma vez, chegando sempre antes que ela mesma possa saber exatamente o que está acontecendo. A mulher busca reconstruir sua identidade e refazer suas ancoragens afetivas na medida em que atravessa cada uma dessas marcas temporais. Muitas mulheres, ao saírem do período de gravidez tardia, ainda buscando sua reinserção no mercado de trabalho e a recuperação do corpo/fetiche idealizado, se veem imediatamente atormentadas pela chegada de sinais de decrepitude, que serão inevitavelmente recebidos de maneira assustadora, uma vez que as alterações de seu corpo provocam significativo mal-estar físico e psíquico.

Os anos em torno dos cinquenta são, basicamente, os anos da menopausa. E acontece, então, uma mudança profunda e misteriosa. Os hormônios, aliados da mulher e tão necessários ao desenvolvimento de seu corpo, sofrem uma queda drástica e sinalizam o fim do período reprodutivo. Os ovários reduzem em quase 70% a produção de estrógeno, hormônio responsável, entre outras coisas, pela absorção de cálcio pelos ossos e pela produção de colágeno, além da ovulação. As alterações são muitas e atingem o desejo sexual, a anatomia e a funcionalidade da vagina, que perde elasticidade e lubrificação. A redução metabólica é significativa e poderá resultar em aumento de peso, principalmente na região dos quadris e do abdome. Os cabelos, já em grande parte brancos, se tornam quebradiços e ressecados, a pele se torna 30% mais flácida, principalmente a pele do rosto, ficando mais vulnerável a hematomas e perdendo sua capacidade de produzir os óleos sebáceos. Como se já não bastasse, a oscilação hormonal e metabólica interfere na regulação da temperatura corporal e a mulher é atingida por ondas de calor provocadas pelo aquecimento interno do corpo, gerando intenso mal-estar.

Pode-se argumentar que esse tipo de envelhecimento não seria prerrogativa das mulheres, pois todos envelhecemos inevitavelmente, mas me parece bastante difícil fazer esta equiparação, pois o que está inquestionavelmente em jogo no corpo da mulher é o término da vida reprodutiva, articulada à impiedosa impronta cultural, profundamente violenta na maior parte das culturas e das sociedades, especialmente naquelas regidas pelo capitalismo selvagem e tardio, como a nossa. Anteriormente, foi possível explicitar o alcance da angústia frente ao real do corpo que envelhece também pela perda de valor social do velho de modo geral. Os aspectos ideológicos interferem e amplificam as oscilações de toda ordem provocadas não apenas pela *dança dos hormônios*, já suficiente para desorganizar o equilíbrio físico/psíquico da mulher, mas acrescidas, ainda, de vivências de angústias de morte e revivescências de angústias narcísicas, de perda de amor, de lugar ou de pertencimento social.

Se, na adolescência, a mulher passou a ser liberada e responsabilizada para encontrar seu próprio marido, acirrando-se, como mencionado anteriormente, um conflito de caráter narcísico, com a chegada da menopausa e as vivências em torno do envelhecimento do corpo, a angústia que se apresenta é secundariamente relativa à perda da capacidade de se tornar desejável e de desejar. Em tempos de aumento significativo da longevidade, a mulher se vê condenada a perder o poder de seduzir, saindo dos jogos amorosos, ao mesmo tempo que tem sua prole crescida e fora de casa ou já está em vias de se aposentar, ou as duas coisas. Perda, luto e morte são os significantes que entram em cena mais tardiamente, dependendo de como a mulher encontra novas possibilidades de reinserção e reconstrução de sentidos para sua vida. *Hadassah* se apresentou à análise justamente nesse momento, quando buscava se desembaraçar de uma trama urdida pelas narrativas singulares, que desvelavam seus aprisionamentos e seus enfrentamentos em relação à figura materna e seus aspectos identificatórios inconclusos, certamente potencializados pelos limites advindos das dificuldades que encontrava, em sua idade, de circulação e pertencimento social.

Em resposta a essas condições, os programas de reposição e substituição hormonal, atualmente bastante difundidos, colocam-se como possibilidades para a mulher retardar o envelhecimento de seu corpo. Desenvolvidos há mais ou menos três décadas, os tratamentos com hormônios respondem ao desejo da mulher de preservar sua qualidade de vida e sua feminilidade. Os hormônios assim repostos retardam e até evitam a entrada da mulher na menopausa. Contudo, foi também possível acompanhar controvérsias e polêmicas relativas a essas práticas, uma vez que se verificou uma correlação bastante significativa entre a reposição hormonal e o aparecimento ou o agravamento de estados cancerígenos. Além disso, quando a mulher precisa abandonar a reposição, vive finalmente os efeitos de sua menopausa em uma idade bastante avançada. Do mesmo modo que a gravidez em mulheres de quarenta anos apresenta custos maiores ao corpo, a menopausa tardia, assunto atualmente sequer mencionado nos compêndios científicos, certamente trará consequências a serem minimamente consideradas quando da escolha pela mulher desses tratamentos.

266 A MULHER, A FEMINILIDADE E O GÊNERO FEMININO

Não se pode esquecer que a associação feita pela medicina entre belo e sadio ao longo do século XX constitui, hoje, a base cada vez mais sólida na construção de um enorme mercado em torno da medicina estética e de seus adjacentes. Nesse sentido, é possível compreender por que as mulheres que vivem a ameaça da menopausa são, certamente, as principais consumidoras dos mercados que visam, como nomeia Pascal Ory (2006/2012), à modelagem ou à modelização dos corpos:

> *A luta contra o envelhecimento pelo recuo dos limites da terceira idade confere, em compensação, o máximo de terreno às operações que têm por objetivo eliminar, atenuar ou retardar as rugas, as manchas e outros sinais de decrepitude (2006/2012, p. 159).*

A perda da condição de objeto de desejo e a vivência da perda das principais ancoragens amorosas confrontam a mulher com a angústia primária de morte, como desenvolvido no capítulo anterior. Paradoxalmente, as técnicas de prolongamento da juventude e da vida colocam a mulher constantemente em risco de morrer, seja pelas intoxicações químicas dos procedimentos estéticos, seja pelo desenvolvimento de tumores cancerígenos a elas associados ou, mais especificamente, pelos riscos inerentes a procedimentos claramente invasivos a que se submete, como as cirurgias plásticas e as lipoaspirações, por exemplo.

Ory é enfático ao afirmar que o desenvolvimento das técnicas sofisticadas de cirurgia plástica, alcançado pelos Estados Unidos ao longo de todo o século XX (o desenvolvimento brasileiro também não é desprezível), se coloca como resposta a sociedades nas quais o individualismo conquistador, a prosperidade individual e a espetacularização dos resultados são os pilares das estruturas sociais e de suas estratificações. A ameaça de decadência e decrepitude que alcança as mulheres entre os cinquenta e os sessenta anos de idade é a possibilidade da perda dos valores cultural e social depositados fortemente em sua imagem e em seu corpo. Evidentemente, há mulheres que sofrem mais ou menos intensamente os efeitos desses movimentos que outras. Existem fatores advindos de suas condições psíquicas e narcísicas, de suas condições de vida e culturais, que impedem ou possibilitam saídas mais ou menos criativas e continuidade de viabilização do desejo. Contudo, a meu ver, não existe mulher que viva o período de sua menopausa de maneira indiferente. A "ameaça" de perda da feminilidade, a diminuição do poder de sedução, as dúvidas sobre a (im)possibilidade de seguir na vida sexual e amorosa são riscos vividos a partir de indícios corporais inescapáveis, a serem compreendidos a partir das ressignificações necessárias em torno da complexa construção de sua identidade de gênero, como bem vaticinara Freud ao examinar o caminho de tornar-se mulher.

i. A validade do percurso

Finalizo destacando que o controle e a gestão do corpo feminino, que fizeram aparecer em detalhes o segundo sexo escondido até o século XIX, têm relação direta com os chamados movimentos de *feminilização* da sociedade, decorrentes do avanço das mulheres no espaço social e no campo de trabalho e dos movimentos feministas, surgidos não coincidentemente com o advento da psicanálise e das controversas contribuições freudianas acerca da sexualidade feminina e da feminilidade. A meu ver, ao distinguir passividade e feminilidade como traços constitutivos do psiquismo humano, ao defender a bissexualidade na origem das posições sexuais dos seres humanos e sua noção de corpo erógeno, Freud abriu caminho para se pensar em um corpo simbólico, forjado também pela impronta cultural em suas múltiplas e infinitas possibilidades, já que funda, como bem afirma Carlo Ginzburg (1989), sua teoria a partir do paradigma indiciário.[36] Freud certamente rejeitou as grandes classificações dedutivas sobre o sujeito e, nessa mesma perspectiva, buscou indícios que o auxiliassem em sua tentativa de desvendamento do universo feminino.

No caso da mulher, os indícios corporais e a análise das marcas produzidas pelas etapas biológicas de seu desenvolvimento psicossexual trazem uma contribuição valiosa no caminho da produção de novos saberes, em um tempo em que já foram superadas e abandonadas, a meu ver, as lutas em torno da defesa simplista da igualdade entre os sexos, como queriam as primeiras feministas. Igualdade de direitos, nos dias de hoje, significa levar em conta essas diferenças.

Curiosamente, se a mulher passou a ter seu corpo gerido e controlado em torno de sua capacidade ou sua incapacidade de reproduzir, o homem, apenas tardiamente, voltou a ser tomado como objeto de preocupação e controle, nos moldes dos movimentos de *feminilização* das ciências médicas em seus objetivos. Foi apenas em 1997, com o advento do Viagra, que a medicina se declarou publicamente ocupada em torno das funções sexuais

---

36 A esse respeito, ver Ginzburg (1989). Historiador nascido em Turim, Itália, em 1939, Ginzburg parte do método de crítica de arte usado por Giovanni Morelli, contemporâneo de Freud, e considera a teoria psicanalítica para construir o paradigma de um *saber indiciário*, método de conhecimento cuja força está mais na observação do pormenor revelador que na dedução. Morelli é conhecido por ter criado um método que busca identificar características de um estilo artístico por meio de uma análise minuciosa, conferindo atenção aos detalhes.

masculinas. Uma nova maneira de abordar a impotência, até então escondida e protegida sob fortes tabus, veio retirá-la das classificações psicopatológicas para ser explicada como disfunção orgânica (SOHN, 2006/2012).

Nessa medida, penso ser fundamental a descida aos saberes da fisiologia médica e da biologia, pelo que influenciam na construção de narrativas que sustentam a administração e o controle coletivo da vida humana. O sujeito psíquico perde, assim, toda a relevância se deixarmos de insistir nos indícios e nos sinais, únicos antídotos contra essa teia aprisionadora do homem em pleno século XXI.

A parábola das estátuas pensantes

Apesar dos medos, é tempo de finalizar

"Da mais alta janela da minha casa
Com um lenço branco digo adeus
Aos meus versos que partem para a humanidade

E não estou alegre nem triste.
Esse é o destino dos versos.
Escrevi-os e devo mostrá-los a todos
Porque não posso fazer o contrário
Como a flor não pode esconder a cor,
Nem o rio esconder que corre.
Nem a árvore esconder que dá fruto.

Ei-los que vão já longe como na diligência
E eu sem querer sinto pena
Como uma dor no corpo."
Fernando Pessoa, *A poesia completa de Alberto Caieiro*, 2005

Em 1910, numa carta ao pastor Pfister,[37] Freud afirmara que as coisas psicanalíticas são compreensíveis apenas quando relativamente completas e pormenorizadas, assim como a própria análise, que só avança quando o paciente decide descer de suas abstrações substitutivas até os pequenos detalhes. De maneira surpreendente, para quem viera prezando garantir a "cientificidade" da psicanálise, ele afirma que a discrição é incompatível com a boa exposição de uma análise e que ao analista resta a necessidade de "ser inescrupuloso, expor-se, entregar-se como pasto, trair-se, portar-se, enfim, como um artista que compra tintas com o dinheiro da despesa da casa e queima seus móveis para aquecer o modelo". Finalizando, assim, esta etapa, sinto-me impressionada com o que resultou do trabalho empreendido, sobretudo pela paradoxal sensação de ter realizado corretamente uma tarefa para a qual não pude abrir mão de cometer alguns *atos criminosos* aqui e ali, como Freud alertara, referindo-se a questões que os psicanalistas não poderiam ou deveriam evitar. A transferência e o exame da transferência só se viabilizam pela tolerância à contaminação, ao contágio, sendo o lugar do analista bastante distinto daquele que apregoavam as indicações da medicina científica, das quais partiu Freud. O psicanalista necessita mergulhar, fazer parte, se deixar impressionar, para, apenas assim, ganhar condição de analisar seus pacientes e refletir teoricamente sobre as indagações por eles suscitadas.

As ideias centrais aqui desenvolvidas se sustentam em conceitos da teoria freudiana que, por si mesmos, constituem uma base um tanto inconstante, pois parecem se modificar insidiosamente

---

37 Freud se correspondeu com Pfister de 1909 a 1939. Eram amigos, mas viviam às turras. De um lado, um curador de almas ateu e judeu e, de outro, um pastor protestante, que se referia a Freud como "o amado adversário". Ver *Cartas entre Freud e Pfister (1909-1939)*: um diálogo entre a psicanálise e a fé cristã. Viçosa: Ultimato, 2009.

durante as tentativas de apropriação. As alterações empreendidas por Freud em sua teoria nos anos 1920 já se faziam presentes em textos anteriores, seja como questões explicitamente abandonadas por ele nos labirintos e nos entraves que encontrava, seja por elementos que, apenas posteriormente, se deram a conhecer. Ainda que indissociáveis, uma dupla direção de impasses se apresentava, obrigando-o à queima simbólica *de páginas de sua teoria*, embora nunca tenha se livrado exatamente das cinzas.

Em primeiro lugar, a narrativa freudiana ganha consistência, profundidade e complexidade pelas dificuldades encontradas na clínica, que provocaram significativo desencantamento em relação às reais possibilidades de êxito e ao alcance de seu método. Freud colocou em questão, centralmente, a própria noção de cura, sobretudo no texto *Análise terminável e análise interminável* (1937/1976), no qual a neurose de transferência aparece sob o risco de se converter em substrato indesejável da análise e a compulsão à repetição, como uma espécie de funcionamento automático e autônomo do psiquismo, que, inabordável ou inalcançável pelo método psicanalítico, atende apenas a comandos gerados no registro do corpo e da dimensão traumática primária da existência. Já em 1925, Freud vivera o auge de suas tensões com Otto Rank e, de certo modo, com Ferenczi, o que reeditava suas antigas dores das experiências vividas no início dos anos 1910 com a dissidência de seus principais discípulos, Jung e Adler, cuja ruptura se deu em virtude dos conceitos desenvolvidos em torno de seu primeiro dualismo pulsional. Rank e Ferenczi, entre outras questões importantes, confrontavam-no, mais especificamente, com as evidentes dificuldades encontradas na consecução e no desenvolvimento das análises de seus pacientes, cada vez mais longas, sendo seus resultados, do ponto de vista da cura pretendida, absolutamente questionáveis.

Em *O sintoma e a clínica psicanalítica: o curável e o que não tem cura* (2003), Maria Cristina Ocariz ressalta que o sintoma decifrável, tratável, do começo da análise caminha para aquele intratável, indecifrável, incurável e irredutível do fim da análise. Pelo fato paradoxal do sintoma ser uma defesa, mas também uma doença, aparecem certos limites, certas bordas do Real, que são impossíveis de retificar. Segundo a autora, essa constatação exige da psicanálise uma profunda reconsideração dos limites e da finalidade de seu exercício.

> *O ser humano não se cura na vida. Pode curar-se do padecimento neurótico, mas não tem como evitar os sofrimentos produzidos pelos acidentes e vicissitudes da vida [...] Aprender a lidar com a própria "loucura" faz parte da cura psicanalítica. As pessoas não devem ter preconceito nem medo das palavras "neurose" ou "loucura". No mínimo, todos os seres humanos são neuróticos. A categoria do "normal" que Freud usava perdeu sua existência (OCARIZ, 2003, p. 194-195).*

Concordo com a autora, mas destaco o fato de que, certamente, o desencantamento de Freud é decorrente de um longo e doloroso percurso enfrentado na clínica que o levou ao abandono gradual das noções positivas que pressupunham, em suas classificações, um sujeito normal em oposição a um sujeito neurótico que necessitaria ser curado. Em segundo lugar, a outra dimensão dos impasses enfrentados por ele refere-se, propriamente, aos efeitos que essas dificuldades traziam para a teoria como um todo. Freud se dá conta da inconsistência de alguns de seus principais conceitos, no bojo de seu próprio edifício teórico, após as formulações acerca do conceito de pulsão de morte. Além disso, como relatou Peter Gay (1988/2012), um de seus principais biógrafos, as questões que preocuparam Freud a partir de meados dos anos 1920 não eram para ele puras abstrações, nem dissociáveis de suas inquietações sobre a vida cotidiana. As principais questões que o intrigavam e incomodavam eram também extraídas de sua realidade imediata e de sua vida pessoal. Havia um intenso intercâmbio entre sentimentos privados e generalizações científicas na mente de Freud, chegando Gay a afirmar que ele era, nesse período, um homem propriamente desiludido. Vale lembrar que, também em 1925, Freud se mostrou abertamente atingido pela notícia da morte de Josef Breuer, de quem havia recebido generosamente os impulsos principais para o desenvolvimento de sua teoria.

Vivendo a realidade do pós-guerra e o agravamento da crise que anunciava uma outra, Freud tinha a dimensão do quanto a teoria psicanalítica estava se tornando complexa e até obscura. Após a publicação de *Inibições, sintomas e ansiedade* (1925/1976), Freud escreve uma carta à Lou Andreas-Salomé, na qual antecipa que suas revisões mais recentes turvariam as águas, mas acreditava que o tempo levaria ao clareamento das novas ideias, pois suas mudanças não eram, afinal, "tão subversivas assim" (GAY, 1988/2012). Para ele, a psicanálise – teoria e clínica – não tinha alcançado "ainda" o direito à *"rigidez dogmática"* e era necessário seguir *"cultivando constantemente a vinha".* O "ainda" na frase anterior trai, certamente, suas antigas pretensões positivistas. Porém, na verdade, a *rigidez dogmática* jamais seria alcançada pela psicanálise, pois os conceitos por ele desenvolvidos nesse segundo período carregavam, inescapavelmente, a marca subversiva e inapreensível do próprio sujeito, colocando a psicanálise em um *para além da ciência*, essencial para os psicanalistas de hoje e questionado reiteradamente por outros campos de conhecimento. Na relação com outros saberes, sobretudo as ciências médicas, na realidade do entreguerras, Freud se viu atravessado por questionamentos, que não representavam para ele novidade alguma, acerca da validade de seus preceitos teóricos, da própria natureza psíquica dos sintomas e da eficácia do método clínico por ele desenvolvido.

O mergulho nesse mar de águas escuras continua uma tarefa complexa. Principalmente pela consciência de que as águas jamais clareariam, apenas possibilitariam o aprofundamento de questões que, hoje, se encontram acessíveis aos psicanalistas, mas continuam acedendo à clínica pela via do enfrentamento de inquietações cotidianas acerca dos efeitos de nossa prática sobre a *dimensão considerada não tratável dos sujeitos*, justamente por se apresentarem como sua *condição essencial de existência*. Os fragmentos aqui destacados trazem, a meu ver, a marca de certos fenômenos que intrigam psicanalistas contemporâneos, para longe do estrito campo das neuroses. Porém, o percurso freudiano demonstrou, no final das contas, que era preciso prosseguir navegando, ainda que na escuridão, tendo como guia alguns poucos feixes de luz que, vez ou outra, abrem clareiras essenciais à continuidade do trajeto.

Fazer-me acompanhar da clínica, mais precisamente por meio de suas dificuldades e de seus infortúnios, não tornou, necessariamente, mais iluminado o caminho, pois a densidade dos casos adiciona, certamente, uma série infindável de elementos que ganham força própria e desencadeiam infinitas possibilidades interpretativas. Embora correndo o risco de me perder no caminho, a principal razão a justificar as escolhas até aqui tomadas é o fato de acreditar que, do diálogo da psicanálise com o contemporâneo – fenômenos clínicos, sociais, políticos e de outros saberes –, não haveria realmente como fazer diferente. O tema aqui tratado aponta propriamente para os fracassos, as dificuldades e os infortúnios não apenas encontrados na clínica, mas na vida em uma sociedade na qual os sujeitos mal se enxergam, certamente não se escutam e escondem suas lacunas e suas mazelas atrás da imagem, sobretudo da literalidade da imagem de seus corpos, que se transformaram em *palco de batalhas sangrentas e cruéis*. A consciência desse enovelamento já assinalado por Freud, quando se viu impelido a escrever sobre as relações do homem com a cultura e as dificuldades do viver, obriga a psicanálise na contemporaneidade a se voltar muito mais detidamente ao exame ampliado das condições de existência, como antídoto necessário aos riscos de reducionismo e responsabilização individual dos sujeitos pelo seu mal-estar.

O processo civilizatório que culmina no desenvolvimento de sociedades construídas a partir do *reforçamento* das fronteiras individuais carrega a contradição de que a suposta liberdade passa a ser concedida a partir de um custo significativo imposto pelos mecanismos de controle coletivo e, sobretudo, de autocontrole. Elias (1994) destacou precisamente o esquema básico em que o "sou uma pessoa e tenho um corpo", evidenciado a partir da construção em torno das ideias de uma sociedade de indivíduos, assentava-se no pressuposto de que o corpo é feito de matéria, tem extensão espacial e ocupa certa posição no espaço. Para ele, essa estranha noção de coisa "descoisificada" que é a mente, apesar de não ser espacial, ocupa uma posição muito bem definida no espaço, no interior do corpo.

> *foi essa ideia de que "eu", ou "minha inteligência", "minha consciência", "minha mente" está contida em meu corpo, como num traje de mergulho, que proporcionou o alicerce comum até mesmo a visões diametralmente opostas da controvérsia epistemológica. Como travejamento incontestado da autopercepção, ela ficou subjacente à questão de se e até que ponto as ideias internas*

*correspondiam aos objetos "externos". Esse é o cerne
da questão. As pessoas vivenciavam-se como sistemas
fechados (ELIAS, 1994, p. 95).*

Como afirma o autor, o modelo subjacente ao sujeito do conhecimento era um Eu individual dentro de seu invólucro. Essa relação entre um sujeito encerrado em uma espécie de *roupa de mergulho* e a própria vida, na travessia do tempo, sustenta-se em certo tipo de confronto cotidiano dos sujeitos contra as interferências ou as invasões que lhe parecem vir de uma dimensão que lhe é estranha e autônoma, o próprio corpo. As tensões e as modificações corporais atravessam o sujeito psíquico e, na maioria das vezes, são tomadas como intensas agressões vindas de fora. Como se fossemos todos Bauby, presos em seu escafandro e ansiando alcançar a liberdade das borboletas,[38] vive-se hoje, mais do que nunca, em uma intensa vigilância contra o próprio corpo, cuja consequência é a alienação quase completa da subjetividade. Quando a existência é reduzida a uma empreitada de natureza puramente fisiológica, física e estética, o sujeito passa a ser principalmente seu corpo, debatendo-se no espaço durante a travessia de um tempo que não importa conhecer.

Elias recorre a uma parábola – *a parábola das estátuas pensantes* – para descrever o encarceramento dos sujeitos em seu próprio corpo:

---

38 No livro *O escafandro e a borboleta* (1997), Jean-Dominique Bauby escreve sobre seu penar depois de ter sofrido um extenso e severo acidente vascular cerebral. O autor, um editor famoso de uma revista de moda parisiense, se vê confrontado, como na ideia descrita por Elias, com a prisão dentro de sua roupa de mergulho. Tendo como único movimento de seu corpo o piscar de seu olho esquerdo, vê-se impelido a se dizer apenas a partir dessa exígua janela, relatando de maneira comovente a história de traição pelo próprio corpo, mas não pela capacidade psíquica de seguir sendo quem era e, sobretudo, seguir sendo um sujeito desejante.

À margem de um largo rio, ou talvez na encosta íngreme da montanha elevada, encontra-se uma fileira de estátuas. Elas não conseguem movimentar seus membros. Mas têm olhos e podem enxergar. Talvez ouvidos, também capazes de ouvir. E sabem pensar. São dotadas de "entendimento". Podemos presumir que não vejam umas as outras, embora saibam perfeitamente que existem outras. Cada uma está isolada. Cada estátua em isolamento percebe que há algo acontecendo do outro lado do rio ou do vale. Cada uma tem ideias do que está acontecendo e medita sobre até que ponto essas ideias correspondem ao que está sucedendo. Algumas acham que essas ideias simplesmente espelham as ocorrências do lado oposto. Outras pensam que uma grande contribuição vem de seu próprio entendimento; no final, é impossível saber o que está acontecendo por lá. Cada estátua tem sua própria opinião. Tudo o que ela sabe provém de sua própria experiência. Ela sempre foi tal como é agora. Não se modifica. Enxerga. Observa. Há algo acontecendo do outro lado. Ela pensa nisso. Mas continua em aberto a questão de se o que ela pensa corresponde ao que lá está sucedendo. Ela não tem meios de se convencer. É imóvel. E está só. O abismo é profundo demais. O golfo é intransponível (1994, p. 96-97).

O autor defende que o sentimento que essa parábola expressa, eminentemente do indivíduo que se sente só, é predominante nas sociedades ocidentais de hoje, nas quais raízes profundas na linguagem implantada de geração para geração levaram à reificação presente em analogias espaciais como "vida interior", "mundo externo", "sede da razão" ou, ainda, "conhecer-se por dentro". Segundo ele, ao usar essas expressões, atribuíram-se a certas atividades humanas qualidades espaciais que elas não possuem na realidade, cuja finalidade, em última instância, é garantir pura e simplesmente o controle social por meio do autocontrole do indivíduo. Nesse sentido, é preciso compreender como a trama social é delicadamente tecida, uma vez que serão os pais e os professores que ajudarão a criar nos sujeitos uma segunda natureza, conforme suas experiências profundamente particulares e singulares. A descarga pulsional direta se torna cada vez mais difícil.

Será preciso considerar, assim, que a tentativa de constituição de sujeitos capazes de reflexão, antecipação de futuro por meio do pensamento e adiamento das ações se sustenta no bloqueio dos impulsos que, não podendo ser completamente anulados, são levados a desvios de toda ordem, de tal modo que apenas o autocontrole individual poderá garantir o encapsulamento dos impulsos primários, pelo qual cada sujeito, inescapavelmente, pagará seu preço. Quanto mais a base de sustentação que fixa as estátuas pensantes as condena ao isolamento ou à alienação, mais o abandono do interesse pelo que acontece fora do corpo se intensifica. A instabilidade que lhe é paradoxalmente inerente poderá levar à ruptura apenas pela descarga espontânea de impulsos odiosos, únicos capazes, pela força de destruição, de promover mudança significativa. Elias afirma que o corpo, como vivenciado pelo sujeito, separa uma pessoa da outra como uma parede, ainda que ele possa ser, também, o único veículo a lhes unir, como um continente que isola do exterior e contém a própria pessoa.

O valor da parábola utilizada por Elias diz respeito à maneira como ela reflete drasticamente os impasses e as contradições dos sistemas sociais que, historicamente, possibilitam e, ao mesmo tempo, se valem da transformação dos sujeitos e de suas consciências, pela cooptação insidiosa de seus movimentos primários inconscientes. Os movimentos corporais, na origem necessários à sobrevivência, foram se restringindo, principalmente, em torno do par olhar/ser olhado. Frases ditas às crianças como: "não pode tocar", "não ponha as mãos", "só se pode olhar", entre outras, fixam sujeitos passivos em espaços cuja movimentação e a flexibilidade praticamente inexistem. A dança, os esportes – incluo as academias de ginástica – são, nessa perspectiva, apenas concessões compensatórias necessárias. Para o autor, a parábola das estátuas pensantes exagera, mas produz o efeito esperado, pois as estátuas veem o mundo, formam concepções sobre ele, mas se veem separadas e dele apartadas. A sensação de vazio, ou de um muro invisível entre uma pessoa e outra, o Eu e o mundo, é parte e sustentáculo da vida nas sociedades ocidentais.

É interessante observar que Elias toma os filósofos para referi-los como sujeitos que, desde dentro de si, olham para si mesmos, para o outro e para o mundo, buscando, ao menos, encontrar sentido para sua existência e para o que poderia existir no entremuros – *entrecorpos, entre-estátuas* –, de modo a evitar que ele se apresente ou seja percebido estritamente como abismo. Contudo, o excesso de autonomia dos sujeitos encerrados a partir de seu autocontrole adquirido condena-os a cada vez mais autonomia, o que acarreta na realidade o acirramento da vivência que o sujeito tem do próprio corpo como uma totalidade redutora daquilo que ele é ou poderá vir a ser. O trabalho do psicanalista não pode se furtar a uma compreensão ampliada dessa natureza proposta por Elias. A meu ver, a psicanálise surge nesse "entremuros" como um de seus efeitos, nesse espaço vislumbrado pelos sujeitos que denuncia, pela espreita da exterioridade, a presença de uma alteridade tão inacessível quanto determinante.

282   A PARÁBOLA DAS ESTÁTUAS PENSANTES

Agamben (2002) aponta que os indivíduos do século XIX e suas supostas conquistas e direitos – sobretudo no que se refere à sua possibilidade de ocupar um território vivido como próprio e intransferível – entram na era da biopolítica sob acirrado ordenamento jurídico, econômico e político. A queda dos soberanos, que outrora tinham o poder de exclusão e inclusão e concediam aos sujeitos o direito à existência política, dá lugar ao que o autor chama de *totalitarismo da democracia*. A prática política na modernidade demonstra que entre totalitarismo e democracia não existe diferença alguma, concordando Agamben com Walter Benjamin (1921/2013), que caracterizou os tempos democráticos como um permanente estado de exceção.

> *Com efeito, quer o homem viva sob um regime totalitário quer sob um regime democrático, o exercício do poder político sobre sua vida torna-o sujeito a ser despido de sua humanidade (atributo conferido pelo direito), tornando-se decretação do estado de exceção, torna a força da lei em força de uma nova lei (AGAMBEN, 2002, p. 61).*

Colocar Elias em diálogo com Agamben justifica-se pelo que suas ideias, assim articuladas, revelam da vida do homem em sociedade, que se encontra em permanente estado de exceção, na medida em que as pessoas/estátuas pensantes, tão diferentes e distantes no tempo e no espaço, são constantemente assujeitadas a situações fáticas e díspares. A relação destacada por Agamben, ao examinar situações de exceção, como a de presos dos campos de concentração nazistas, condenados à pena de morte, doentes terminais, detentos de Guantánamo ou refugiados nos campos "humanitários" na África, dentre outras, é a de que todas essas pessoas foram reduzidas à mera existência biológica. São *Homo sacer* entregues à própria sorte em razão da biopolítica, para usar uma designação de Foucault, que o autor substitui por *tanatopolítica*. A decisão do soberano é substituída – na passagem das sociedades monárquicas para as democráticas – pelas decisões sustentadas pelo ordenamento jurídico e biológico, mas o direito a viver e morrer continua a determinar qual vida merece ser vivida: *o* Homo sacer *matável*.

A psicanálise surge, portanto, em um determinado momento histórico das sociedades ocidentais, como tentativa de compreender o assujeitamento do homem e suas mazelas, buscando dar voz ao sujeito que vive a vida administrada, à parte das diferenças entre os regimes políticos em que vivem. Se o campo de concentração foi o palco da tanatopolítica de um regime totalitário, os questionamentos acerca do "como", "por quê" e "de que modo foi possível" obrigam ao exame tanto dos regimes de exceção, próprios, inclusive, das sociedades atualmente ditas democráticas – *em nome da democracia* –, quanto da disseminação de políticas atenuadas, que não deixam de ser, do mesmo modo, mortíferas e/ou mortais. Efeitos da administração da vida imposta pela coletividade, em aliança aos movimentos mortíferos e primários do sujeito. São os mecanismos de cooptação cotidiana da *vida nua*. Em *Bem-vindo ao deserto do real* (2003), Slavoj Žižek sugere, ao se referir à análise de Agamben, que, "perante a Lei, somos tratados como cidadãos, sujeitos legais, enquanto no plano do obsceno Super-eu complementar dessa lei incondicional vazia, somos tratados como *Homo sacer*" (p. 47).

À psicanálise, colocam-se imperativamente indagações e problematizações decorrentes dos impasses enfrentados na dimensão das estruturas das sociedades ocidentais, em complementariedade às condições primárias e violentas sobre as quais se assenta o sujeito psíquico. Muito tem sido escrito e produzido pelos psicanalistas das mais diversas orientações teóricas, oriundos de distintas condições culturais, acerca do impacto da cultura sobre a organização psíquica, tanto no que diz respeito à reflexão sobre os modos de subjetivação quanto aos fenômenos que acorrem diretamente à clínica contemporânea. Ressalto a importância da frase de Žižek citada anteriormente, no que aponta para a impossibilidade de a psicanálise se sustentar em um modelo que a mantenha, de maneira *simplista*, como uma contraposição às ciências médicas e às neurociências, pois essas disciplinas, convertidas em decifradoras e administradoras do *Homo sacer*, não fizeram mais que responder ao ordenamento social imposto às sociedades contemporâneas, sobretudo as ocidentais. Ao postular a existência do Super-eu, Freud sepultou definitivamente a perspectiva binária e parcial da classificação dos sujeitos pela óptica da normalidade *versus* a da patologia. Se a pulsão se origina no corpo e ganha ou alcança qualidade psíquica, o Super-eu se forja mais tardiamente em outra fronteira, a partir da relação entre a cultura e a dimensão subjetiva.

Trata-se de manter a tensão inerente às disciplinas que surgem, justamente, para buscar compreender o *entremuros*. É, portanto, fundamental dialogar e compreender como as bases fisiológicas, o registro do corpóreo e as tentativas de saídas propriamente psíquicas, encontradas pelo sujeito fixado em espaços exíguos e controlados, respondem e se articulam a suas produções sintomáticas que se apresentam como saídas possíveis, seja pela via direta da descarga do sofrimento no corpo, seja pela formação de compromisso, que apresenta ao sujeito os limites e o alcance de suas movimentações ao longo da vida. Psicanalistas têm observado o aparecimento de manifestações psicopatológicas que, como afirma Flávio C. Ferraz, em artigo publicado em *Desafios para a psicanálise contemporânea*

(2003),[39] chegam nos consultórios em larga escala e em ritmo crescente. O autor ressalta que esses fenômenos exacerbados, já conhecidos – anorexia, bulimia, doenças psicossomáticas, depressões, síndrome do pânico, diversas formas de adição –, são diferentes das neuroses descritas pela psicanálise freudiana. Além disso, Ferraz reafirma como denominador comum para estes grupos de sintomatologias diferentes uma baixa capacidade de elaboração psíquica, em relação direta a um déficit de experiência subjetiva, nos mesmos moldes propostos por Benjamim quando preconizou o conceito de *atrofia da experiência*.

O saber propriamente psicanalítico se forja, assim, a partir dessa análise ampliada dos fenômenos clínicos e psicopatológicos que surgem como respostas às dificuldades que o homem enfrenta em seu viver. Trata-se, a meu ver, muito menos de psicanálise aplicada, aquela compreendida como a utilização dos conceitos psicanalíticos para lançar luz aos fenômenos sociais diretamente, mas mais exatamente da necessidade de se manter tensão e contraposição inerentes ao processo social constitutivo da subjetividade, cujos efeitos obrigam os homens a se defenderem de suas *mônadas*, encastelados em seu corpo, sofrendo intensamente os limites da existência e da ameaça inescapável da morte, à espreita.

Helena, Hércules, Maria, Alice e *Hadassah* apresentaram seu sofrimento, sua angústia e suas indagações sobre seus sintomas apenas em certa medida, pois o que cada um deles buscava desvelar, principalmente, era o modo de vida ao qual se sentiam subsumidos e submetidos. Na verdade, eles buscavam discorrer sobre a vida

---

39 Entre as boas publicações a este respeito, recomendo FERRAZ, F. C.; FUKS, L. B. *Desafios para a psicanálise contemporânea*. São Paulo: Escuta, 2003; e MEZAN, R. *Freud, pensador da cultura*. São Paulo: Brasiliense, 1985, e seu mais recente livro, *Sociedade, cultura e psicanálise*. São Paulo: Karnac, 2015.

que conseguiam levar, oscilando entre as bordas do real da pulsão e as fronteiras de um muro a partir do qual espreitavam a realidade; as inibições, os sintomas e as angústias que experimentavam, forjados, sobretudo, em um *a priori* que carregavam, mantido e vigiado constantemente pelo Super-eu; a ameaça que viviam originada na possibilidade tenebrosa, e enganosamente encantadora, de se verem reduzidos à mera existência biológica. O *Homo sacer* deixado à própria sorte em razão da biopolítica.

Em *Educação e emancipação* (1969/1995), Adorno destaca a importância fundamental da recuperação e do (re)conhecimento dos elos históricos tecidos pelas etapas civilizatórias e que sustentam os sistemas sociais da atualidade, sem os quais a apropriação da realidade externa seria reduzida à pobreza da dimensão puramente espacial, fora da ordem simbólica, condenando o homem a um estado de alienação que inviabiliza as possíveis mudanças ou construções de novas modalidades do existir. Do mesmo modo, a psicanálise surge e continua a ser um instrumento poderoso de elaboração dos elos históricos singulares que sustentam o sujeito, certamente podendo alterar o jogo e a correlação de forças que o atravessam desde dentro e de fora.

A noção de cura compreendida como eliminação dos sintomas é, nessa direção, impossível, pois os sintomas psíquicos apresentam enraizamento profundo e expressam o modo de funcionamento mental do sujeito. Em sua literalidade, também revelam o que o sujeito é essencialmente. Quais seriam, assim, os objetivos e os efeitos da psicanálise? Qual é a relação e o espaço que a psicanálise deve encontrar em suas reflexões sobre a cultura? No âmbito da coletividade, o método psicanalítico, certamente, impõe a necessidade de trazer à luz a maior amplitude possível dos aspectos presentes e determinantes da vida em sociedade. No que se refere à suposta cura dos sujeitos pretendida na clínica, o desvendamento das subjetividades, em seus ciclos repetitivos de resolução sintomática da vida, produz efeitos bastante diversos daqueles dos chamados tratamentos médicos dos sintomas. Como reafirmou Lacan, o sujeito não pode ser compreendido sem sua dimensão sintomática, sem sua própria loucura. Se considerarmos que o psiquismo tende para a estabilidade e a garantia da manutenção da vida que é possível viver, é preciso compreender a doença como mais que um corpo estranho ou um tumor a ser extirpado. Ela está imbricada e imiscuída à estrutura do tecido que sustenta o sujeito, o corpo, o Eu e, ainda, o Super-eu.

Os casos aqui apresentados buscam ressaltar, além dos impasses vividos por cada um dos analisandos, as dificuldades que são enfrentadas no cotidiano da clínica. Vistos pela óptica da positividade, poderiam ser compreendidos como insucessos, impedimentos e fracassos, seja de minha prática especificamente, seja do método psicanalítico que sustenta meu trabalho clínico. Contudo, devo atentar para o fato de que, em psicanálise, não existem tratamentos ideais e resultados plenos. A implicação diária do psicanalista diz mais respeito à sustentação em transferência das possibilidades narrativas de cada um de seus pacientes, buscando alcançar, inclusive, aquelas que beiram o sem sentido, o irrepresentável, e flertam com o funcionamento autômato e primário do sujeito, nos limites de seus transbordamentos traumáticos. A renúncia à própria produção defensiva de sentidos, evitando qualquer atravessamento do desejo de cura de seus pacientes, é, nessa perspectiva, o imperativo imprescindível à pratica clínica do psicanalista.

Analisando as relações entre a psicanálise e as neurociências, Benilton Bezerra Jr. (2011) afirma que, a partir do momento em que Freud desistiu de completar o *Projeto para uma psicologia científica*

288 A PARÁBOLA DAS ESTÁTUAS PENSANTES

(1895/1976b), admitiu, em certa medida, que a biologia era o alicerce ou o fundamento do psiquismo, passando a utilizar o termo "biológico" como elemento puramente especulativo, metafórico ou analógico. Curiosamente, o autor afirma que essa base biológica, fundada nos primórdios de seu desenvolvimento teórico, serviu como *"passaporte"* para que Freud descrevesse insistentemente o ser humano como um ser em que cultura e natureza se amalgamam. Assim, as ciências da natureza e a psicanálise se mantiveram em campos apartados, quando não antagônicos.

Porém, na viragem dos anos 1920 empreendida por Freud, a psicanálise se viu, novamente, às voltas com a dimensão biológica – embora diferentemente do *Projeto* – como aspecto indissociável da constituição e da sobrevivência psíquica, tanto naquilo que ela sustenta quanto no que "vulnerabiliza" o psiquismo. Como afirma Bezerra Jr., essa rarefeita relação da psicanálise com a biologia expressa o fato mais amplo de que, na maior parte do século XX, o horizonte epistemológico esteve marcado por um forte dualismo metodológico e ontológico, opondo ciências da natureza e ciências do homem. Mesmo Lacan, diz o autor, se aproximou da biologia apenas para insistir no antinaturalismo como o solo próprio da psicanálise. Embora essa divisão tenha sido urdida ao longo de complexos embates históricos, a cristalização desse quadro impediu que se pudesse pensar criticamente seus termos. As falsas oposições acabam por sustentar visões até certo ponto obscurantistas, pois as ciências humanas tendem a tomar a versão positivista do naturalismo científico como a única possível e, ao recusar o positivismo, recusa inteiramente o naturalismo.

Bezerra Jr. indaga de modo pertinente se o *Projeto* era o testemunho da vocação naturalista que acompanharia Freud ao longo de sua vida ou, ao contrário, o início do processo em que esse naturalismo foi deixado para trás para abrir caminho para a psicanálise.

A verdade é que essa ambiguidade, para além das imprecisões de seus termos, expressa a ruptura com a perspectiva essencialmente binária, pois a psicanálise se assenta justamente na investigação da tensão provocada pela dimensão conflitiva inerente e constitutiva do humano. A oposição abstrata e binária entre natural e não natural, percebidos como termos estranhos um ao outro, foi sendo substituída, como alerta o autor, por outra visão do processo de interação do ambiente natural e o histórico social, pois a essência é inteiramente influenciada pela existência, mostrando que experiências sociais e fenômenos mentais moldam e transformam a materialidade anatômica e funcional do cérebro e do corpo em consequência.

De qualquer modo, penso que, hoje, é possível escrever sobre esses termos permanecendo na brecha dessa contradição que, se existe em sua enunciação mais superficial, não pode ser enfrentada a partir da intenção ingênua da superação ou da ultrapassagem de um dos lados da investigação. Como mencionado anteriormente, a expressão usada por Freud em carta a Lou Andreas-Salomé – *rigidez dogmática* – se mostrou insustentável, pois o rigor, não a rigidez, em psicanálise se refere, mais propriamente, à produção de um tipo de conhecimento que contém em si mesmo aquilo que jamais poderá ser dado a conhecer.

Green (2010) ressalta que os psicanalistas ficam embaraçados para se definir aos olhos dos outros, mas também aos seus próprios olhos. Perguntados sobre sua identidade ou sobre a natureza de sua prática, respondem de maneira confusa, parecendo trair uma necessidade de dissimular alguma coisa inconfessável. Eles hesitam em qualificar o que fazem, não estão satisfeitos com seu confinamento no papel de psicoterapeutas, embora protestem também quando se tenta contestar essa sua função. Mas também não são mais hermeneutas. A literatura psicanalítica contemporânea testemunha o mal-estar dos psicanalistas em se situar. Porém, o analista não ignora que aqueles que vêm a ele são movidos pelo desejo de uma mudança, sofrendo os efeitos de um estado que lhe parece nefasto, que torna sua vida penosa, de um mal que os corrói sem trégua. Mesmo diante da diversidade de casos que afluem à clínica na atualidade, os psicanalistas continuam a resistir ao modelo da doença. Na verdade, eles não podem escapar do fato de que os fenômenos que acedem à clínica não podem ser compreendidos, por um lado, apenas à luz das condições sociais, tampouco, por outro, como desvios das normas biológicas.

A compreensão adquirida por meio da relação de proximidade com os pacientes, diria Green, rejeita as classificações de toda ordem, por terem caráter *anonimizante*. Além disso, a identificação do analista com seus pacientes, que o levam a reconhecer, nele mesmo, mecanismos próximos daqueles que os analisandos lhe revelam – acessíveis apenas pela transferência –, torna a tarefa de psicanalisar quase impossível, no que diz respeito a sustentar a difícil condição do homem que, para a psicanálise, seja qual for o lado que se está no divã, é habitado intrinsecamente por uma desordem, sofrendo as consequências complexas de suas tentativas de dar consecução à sua vida.

> *aquele que vive por sua própria conta tem o sentimento de que as consequências incrivelmente complexas, resultantes disso não poderiam encontrar solução nos meios, nas oportunidades ou nas situações colocadas à sua disposição no tempo em que ele vive. Estes já não podem sequer ter um papel de paliativo que, pelo menos, ofereceria a esse sujeito, às voltas com uma sensação de abandono geralmente despercebida aos olhos dos outros,*

uma saída que dê um valor à sua existência (GREEN, 2010, p. 278).

Nessa direção, a decisão de iniciar cada capítulo a partir da tessitura delicada e complexa das narrativas nos casos aqui relatados se sustentou na "ética que define o sujeito", como diria Lacan, e não pelo seu contrário. A meu ver, o discurso de cada um deles garante que a densidade e a profundidade de suas subjetividades restem preservadas, para além de qualquer tentativa de sistematização. O desejo de "vir em busca de algo", sempre em jogo na procura de um psicanalista para ser escutado, fala também do apego de Eros às chances que ele pode encontrar de viver, ainda que em contraste com sofrimentos de toda ordem. A passagem do tempo carrega a marca da ambivalência da existência humana, pois nascer, crescer, envelhecer e morrer são etapas de todo destino. Scott Fitzgerald, ao fantasiar a inversão do sentido do tempo, caso de seu personagem Benjamin Button, escreveu em seu diário que "a felicidade depende do bom desempenho das funções naturais, exceto uma – envelhecer. O sentido único do tempo é próprio do único tempo que dá sentido". Nessa reflexão, reside um paradoxo daqueles que certamente fazem a psicanálise – teoria e clínica – permanecer como um instrumento potente diante dos conflitos subjetivos na contemporaneidade, pois, se envelhecer é função natural e não adoecimento, resta enfrentar os sentimentos de "infelicitação" que ela produz. A infelicidade que o envelhecimento carrega diz respeito ao sentido único do tempo, conceito regulador da ordem simbólica, que dá sentido à vida e anuncia a morte.

O corpo adquiriu protagonismo por ser a ancoragem fundamental desse dilema. Viver durante quase um século se tornou bem mais comum que nos tempos de Freud e, curiosamente, ele viveu muito para sua época, ainda que submetido a intenso sofrimento provocado pelo tipo e pela gravidade da doença que o matou. Mais curiosa ainda era sua crença de que morreria aos 62 anos. Talvez este tenha sido o momento *no qual escolheu seus próprios meios de morrer*. Apesar disso, é inegável o quanto ele trabalhou, produziu e viveu na idade madura, nos 21 anos que ainda lhe restaram. E, quando estava próximo do fim, mostrou-se, mais uma vez, capaz de seguir escolhendo, ao decidir diretamente sobre o ato final que encerraria sua vida.

A felicidade da juventude de Fitzgerald de uma Paris sempre em festa é ilusão necessária do início de um século que, paradoxalmente, viveu a Primeira e a Segunda Grandes Guerras. Ainda hoje, é um ideal que sustenta a venda de uma vida, no fim das contas, inacessível para estátuas pensantes. Este livro buscou, *pretensiosamente*, contribuir para a árdua tarefa do desvendamento do entremuros, teve a intenção de criar *instabilidade e excitabilidade*, no melhor sentido erótico que essas palavras podem ter. A parábola das estátuas é uma analogia certeira da hipertrofia do corpo em prejuízo da experiência. Ao escutar os sujeitos em suas desventuras na relação com o corpo/invólucro, suporte da imagem, ao psicanalista resta, fundamentalmente, interrogar seus analisandos, visando lançá-los para o "além", no qual a recuperação da densidade e da complexidade psíquicas segue sendo a única maneira de decifração, ainda que somente em certa medida, do *trauma próprio a cada um*. Eticamente, ao sujeito é dada a possibilidade de encontrar seu desejo e escolher como deseja viver e morrer. Embora aqui sejam abordados impasses e sofrimentos do viver, sobretudo provocados pelos atravessamentos poderosos da cultura sobre a subjetividade, inclusive no nível de seu próprio corpo, caberá sempre ao sujeito arbitrar sobre sua persistência ou não nos modos de sua existência sintomática. A pretensão, assim, não é própria de intensão isolada desta autora, embora também assim possa ser compreendida, mas a marca do pensamento psicanalítico, naquilo que ele carrega e produz de contágio. A ruptura das fronteiras construídas coloca os sujeitos diante de seus próprios e verdadeiramente inescapáveis limites, o que não significa necessariamente "cura" ou conquista de sua redenção moral. Provoca o alargamento de suas chances de viver, sob seus próprios termos, sua própria finitude. O *crime de Antígona*, afinal, é o desejo.

Referências

ADORNO, T. W. *Mínima morália*. São Paulo: Ática, 1951/1993.

_____. Acerca de la relación entre sociologia y psicologia. In: JENSES, H. (Org.). *Teoria crítica del sujeito*. Buenos Aires: Siglo XXI, 1955/1986.

_____. *Educação e emancipação*. Rio de Janeiro: Paz e Terra, 1969/1995.

AGAMBEM, G. *Intervista a Peppe Savà: amo Scicli e Guccione*. Disponível em: <http://www.ragusanews.com/articolo/28021/giorgio-agamben-intervista-a-peppe-sava-amo-scicli-e-guccione>. Acesso em: 21 fev. 2017.

AGAMBEN, G. *Homo sacer*: o poder soberano e a vida nua I. Belo Horizonte: UFMG, 2002/2010.

ANDRÉ, S. *O que quer uma mulher?* Rio de Janeiro: Zahar, 1986.

ASSOUN, P. L. *Lacan*: que suis-je? Paris: Presses Universitaires Française, 2003.

AUDOIN-ROUZEAU, S. O corpo e a guerra. In: CORBIN, A.; COURTINE, J. J.; VIGARELLO, G. (Org.). *História do corpo*. Rio de Janeiro: Vozes, 2006/2012. v. 3.

BENJAMIN, W. *O capitalismo como religião*. São Paulo: Boitempo, 1921/2013.

BEZERRA JR., B. *Projeto para uma psicologia científica:* Freud e as neurociências. Rio de Janeiro: Civilização Brasileira, 2011.

BIRMAN, J. *Mal-estar na atualidade:* a psicanálise e as novas formas de subjetivação. Rio de Janeiro: Civilização Brasileira, 1999.

_____. *Gramáticas do erotismo*. Rio de Janeiro: Civilização Brasileira, 2001.

_____. *O sujeito na contemporaneidade*. Rio de Janeiro: Civilização Brasileira, 2012.

BOLGUESE, M. S. *Depressão & doença nervosa moderna*. São Paulo: Via Lettera, 2004.

_____. Paradigmas distintos: há contradição entre o tratamento do sintoma e a análise do sujeito? In: FUKS, L. B.; FERRAZ, F. C. (Org.). *O sintoma e suas faces*. São Paulo: Escuta/Fapesp, 2006.

_____. Dualidade pulsional: vida, morte e horror de envelhecer. In: ALONSO, S.; FERRAZ, F.; FUKS, L. (Org.). *Psicanálise em trabalho*. São Paulo: Escuta, 2012.

_____. O progresso da psicanálise: os limites da clínica. In: CROCHÍK, J. L. et al. (Org.). *Teoria crítica e formação do indivíduo*. São Paulo: Casa do Psicólogo, 2007. p. 129-144.

BOLLAS, C. *O momento freudiano*. São Paulo: Roca, 2013.

BOUZAR, D. *La vie après Daesh*. Paris: Les Éditions de l'Atelier/ Éditions Ouvrières, 2015.

CORBIN, A.; COURTINE, J. J.; VIGARELLO, G. (Org.). *História do corpo*. Rio de Janeiro: Vozes, 2006/2011-2012. v. 1, 2 e 3.

COURTINE, J. J. Introdução. In: CORBIN, A.; COURTINE, J. J.; VIGARELLO, G. (Org.). *História do corpo*. Rio de Janeiro: Vozes, 2006/2012. v. 3.

DEBORD, G. *La societé du spetacle*. Paris: Folio, 1967/1996.

DELORENZO, R. M. T.; MEZAN, R.; CESAROTTO, O. Narrar a clínica. *Revista Percurso*, n. 25, p. 105-110, 2/2000.

DRUMMOND DE ANDRADE, C. *Corpo*. São Paulo: Companhia das Letras, 1984/2015.

ELIAS, N. *A sociedade dos indivíduos*. Rio de Janeiro: Zahar, 1994a.

_____. *O processo civilizador*: uma história dos costumes. Rio de Janeiro: Zahar, 1994b.

_____. *O processo civilizador*: formação do estado e civilização. Rio de Janeiro: Zahar, 1993.

_____. *A solidão dos moribundos*. Rio de Janeiro: Zahar, 2001.

ESPANCA, F. *Livro de mágoas*. Lisboa: Bertrand, 1978.

ETTINGER, R. *The prospects of immortality*. London: Youniverse, 2009.

FAUSTO-STERLING, A. *Sexing the body*: gender politics and the construction of sexuality. New York: Basic Books, 2000.

FERRAZ, F. C. A loucura suprimida: normopatia, pós-modernidade e instituições psicanalíticas. In: FUKS, L. B.; FERRAZ, F. C. *Desafios para a psicanálise contemporânea*. São Paulo: Escuta, 2003.

FREUD, S. *Estudos sobre histeria*. São Paulo: Companhia das Letras, 1895/2011. (Sigmund Freud. Obras Completas).

_____. *As neuropsicoses de defesa.* Rio de Janeiro: Imago, 1895/1976a. (Edição Standard Brasileira das Obras Psicológicas Completas).

_____. *Projeto para uma psicologia científica.* Rio de Janeiro: Imago, 1985/1976b. (Edição Standard Brasileira das Obras Psicológicas Completas).

_____. *A sexualidade na etiologia das neuroses.* Rio de Janeiro: Imago, 1898/1976. (Edição Standard Brasileira das Obras Psicológicas Completas).

_____. *A interpretação dos sonhos.* São Paulo: L&PM, 1900/2012.

_____. *O método psicanalítico de Freud.* Rio de Janeiro: Imago, 1903/1976. (Edição Standard Brasileira das Obras Psicológicas Completas).

_____. *Moral sexual civilizada e doença nervosa moderna.* Rio de Janeiro: Imago, 1908/1976. (Edição Standard Brasileira das Obras Psicológicas Completas).

_____. *Recomendações aos médicos que exercem a psicanálise.* São Paulo: Companhia das Letras, 1912/2011. (Sigmund Freud. Obras Completas).

_____. *O interesse científico na psicanálise.* São Paulo: Companhia das Letras, 1913/2011. (Sigmund Freud. Obras Completas).

_____. *Introdução ao narcisismo.* São Paulo: Companhia das Letras, 1914/2011. (Sigmund Freud. Obras Completas).

_____. *O inquietante [Das unheimliche].* São Paulo: Companhia das Letras, 1919/2011. (Sigmund Freud. Obras Completas).

_____. *Além do princípio de prazer.* São Paulo: Companhia das Letras, 1920/2010. (Sigmund Freud. Obras Completas).

_____. *Psicologia das massas e análise do eu.* São Paulo: Companhia das Letras, 1923/2010. (Sigmund Freud. Obras Completas).

MARIA SILVIA DE MESQUITA BOLGUESE 299

_____. *O problema econômico do masoquismo*. São Paulo: Companhia das Letras, 1924/2010. (Sigmund Freud. Obras Completas).

_____. *Algumas consequências psíquicas das distinções anatômicas entre os sexos*. São Paulo: Companhia das Letras, 1925/2010a. (Sigmund Freud. Obras Completas).

_____. *Inibições, sintomas e ansiedade* (Edição Standard Brasileira das Obras Psicológicas Completas). Rio de Janeiro: Imago, 1925/1976.

_____. *A negação*. São Paulo: Companhia das Letras, 1925/2010b. (Sigmund Freud. Obras Completas).

_____. *O futuro de uma ilusão*. São Paulo: Companhia das Letras, 1927/2010. (Sigmund Freud. Obras Completas).

_____. *O mal-estar na civilização*. São Paulo: Companhia das Letras, 1929/2010. (Sigmund Freud. Obras Completas).

_____. *Sobre a sexualidade feminina*. São Paulo: Companhia das Letras, 1931/2010. (Sigmund Freud. Obras Completas).

_____. *Por que a guerra?* São Paulo: Companhia das Letras, 1932/2010. (Sigmund Freud. Obras Completas).

_____. *Novas conferências introdutórias à psicanálise*: feminilidade. São Paulo: Companhia das Letras, 1933/2010. (Sigmund Freud. Obras Completas).

_____. *Análise terminável e análise interminável*. Rio de Janeiro: Imago, 1937/1976. (Edição Standard Brasileira das Obras Psicológicas Completas).

FOUCAULT, M. *História da loucura*. São Paulo: Perspectiva, 1964/2004.

_____. *O nascimento da clínica*. Rio de Janeiro: Forense Universitária, 1967/1977.

300 REFERÊNCIAS

FUKS, L. B. *Narcisismo e vínculos*. São Paulo: Casa do Psicólogo, 2008. (Coleção Clínica Psicanalítica dirigida por Flávio Carvalho Ferraz).

GAY, P. *Freud*: uma vida para o nosso tempo. 2. ed. São Paulo: Companhia das Letras, 1988/2012.

GIACOIA JR., O. *Freud*: além do princípio do prazer. Rio de Janeiro: Civilização Brasileira, 2008.

GINZBURG, C. *Mitos, emblemas e sinais*: morfologia e história. São Paulo: Companhia das Letras, 1989.

GOETHE, J. W. *Fausto*. Rio de Janeiro: Ediouro, 1806-1832/1984.

GREEN, A. *Narcisismo de vida, narcisismo de morte*. São Paulo: Escuta, 1988.

_____. (Org.). *Psicanálise contemporânea*. Rio de Janeiro: Imago, 2001.

_____. *O trabalho do negativo*. Porto Alegre: Artmed, 2010.

GUYTON, A. C.; HALL, J. E. *Tratado de fisiologia médica*. São Paulo: Elsevier/Medicinas Nacionais, 2011.

GORI, R. *De quoi la psychanalyse est-elle le nom?* Democratie et subjetivité. Paris: Denoël, 2010.

GREENBERG, A. *Uma breve história da química*: da alquimia às ciências moleculares. São Paulo: Blucher, 2009.

HAWKING, S. *Uma breve história do tempo*. Porto Alegre: Intrínseca, 1988.

HORKHEIMER, M.; ADORNO, T. W. *Dialética do esclarecimento*. Rio de Janeiro: Zahar, 1944/1985.

LA BOÉTIE, E. *Discours de la servitude volontaire*. Paris: Flammarion, 1993.

LACAN, J. *O simbólico, o imaginário e o real*: nomes do pai. Rio de Janeiro: Zahar, 1953/2005.

_____. *O seminário*: o Eu na teoria de Freud e na técnica da psicanálise. Rio de Janeiro: Zahar, 1954-1955/1979.

_____. *O seminário*: as psicoses. Rio de Janeiro: Zahar, 1992.

_____. *Escritos*. Rio de Janeiro: Zahar, 1966/1998.

LAPLANCHE, J. O sexual, suas mensagens e sua tradução. *Revista Percurso*, v. 13, n. 13, 1994, p. 83.

_____. *Problemáticas I*: a angústia. São Paulo: Martins Fontes, 1987.

LAPLANCHE, J.; PONTALIS, J. B. *Vocabulário da psicanálise*. São Paulo: Martins Fontes, 1985.

LASCH, C. *A cultura do narcisismo*: a vida americana numa era de esperanças em declínio. Rio de Janeiro: Imago, 1983.

LASLETT, P. *A fresh map of life*: the emergence of third age (1987). London: Second Edition, 1996.

LEMINSKI, P. *Toda poesia*. São Paulo: Companhia das Letras, 2013.

LISPECTOR. C. *A descoberta do mundo*. Rio de Janeiro: Rocco, 1999.

MANNONI, M. *O nomeável e o inominável*. A última palavra da vida. Rio de Janeiro: Zahar, 1995.

MASSON, J. M. *A correspondência completa de Sigmund Freud para Wilhelm Fliess*: 1887-1904. Rio de Janeiro: Imago, 1986.

MEZAN, R. *Freud*: a trama dos conceitos. São Paulo: Perspectiva, 1987.

MICHAUD, I. O corpo e as artes visuais. In: CORBIN, A.; COURTINE, J. J.; VIGARELLO, G. (Org.). *História do corpo*. Rio de Janeiro: Vozes, 2006/2012. v. 3.

302 REFERÊNCIAS

MOTA, A.; MARINHO, M. G. (Org.). *Eugenia e história*. São Paulo: USP/UFABC/CD.G Casa de Soluções e Editora, 2013.

MOULIN, A. M. O corpo diante da medicina. In: CORBIN, A.; COURTINE, J. J.; VIGARELLO, G. (Org.). *História do corpo*. Rio de Janeiro: Vozes, 2006/2012. v. 3.

OCARIZ, M. C. *O sintoma e a clínica psicanalítica*: o curável e o que não tem cura. São Paulo: Via Lettera, 2003.

ORY, P. O corpo ordinário. In: CORBIN, A.; COURTINE, J. J.; VIGARELLO, G. (Org.). *História do corpo*. Rio de Janeiro: Vozes, 2006/2012. v. 3.

PEDROSSIAN, D. R. *A racionalidade tecnológica, o narcisismo e a melancolia*. São Paulo: Roca, 2008.

PESSOA, F. *A poesia completa de Alberto Caeiro*. Lisboa: Nostrum, 1914-1930/2005.

_____. *Antologia poética*. Rio de Janeiro: Casa da Palavra, 2012.

RICARDO, F. P. Cosmologia, mitos e ritos. In: RICARDO, B.; RICARDO, F. P. (Org.). *Povos indígenas do Brasil*. São Paulo: Instituto Socioambiental, 1996-2000.

ROUANET, S. P. *Teoria crítica e psicanálise*. Rio de Janeiro: Tempo Brasileiro, 2001.

ROUDINESCO, E. *Porque a psicanálise?* Rio de Janeiro: Zahar, 2000.

ROUDINESCO, E.; PLON, M. *Dicionário de psicanálise*. São Paulo: Martins Fontes, 1998.

SAFATLE, V. *Cinismo e falência da crítica*. São Paulo: Boitempo, 2008.

SILVA JR., N. A sublimação e seus impasses: sobre uma nova arquitetura do masoquismo e a ética da teoria pulsional freudiana.

In: ALONSO, S.; FERRAZ, F.; FUKS, L. (Org.). *Psicanálise em trabalho.* São Paulo: Escuta, 2012.

SOHN, A.-M. O corpo sexuado. In: CORBIN, A.; COURTINE, J. J.; VIGARELLO, G. (Org.). *História do corpo.* Rio de Janeiro: Vozes, 2006/2012. v. 3.

URRIBARI, F. André Green: a representação e o irrepresentável. *Revista Percurso,* v. 49-50, n. 4, 2013, p. 121.

VIEREK, G. S. Psychoanalysis and the future. In: REIK, T.; STAFF, C.; NELSON, B. N. (Ed.). *Journal of Psychoanalysis.* New York: Psychological Association for Psychoanalysis, 1957. p. 23.

VIGARELLO, G. Treinar. In: CORBIN, A.; COURTINE, J. J.; VIGA-RELLO, G. (Org.). *História do corpo.* Rio de Janeiro: Vozes, 2006/2012. v. 3.

VILLA, F. *La puissance du vieillir.* Paris: Le fil Rouge, 2010.

WEBER, M. *A ética protestante e o espírito do capitalismo.* São Paulo: Companhia das Letras, 1905/2004.

ŽIŽEK, S. *Bem-vindo ao deserto do real.* São Paulo: Boitempo, 2003.

GRÁFICA PAYM
Tel. [11] 4392-3344
paym@graficapaym.com.br